高等院校财经类专业系列教材（互联网+应用型）

新道VBSE
财务原理与实训教程

主　编　李永红
副主编　周　嫚

扫码申请更多资源

南京大学出版社

图书在版编目(CIP)数据

新道 VBSE 财务原理与实训教程 / 李永红主编. —南京：南京大学出版社，2020.7(2025.7 重印)
ISBN 978-7-305-23248-0

Ⅰ.①新… Ⅱ.①李… Ⅲ.①财务软件－高等学校－教材 Ⅳ.①F232

中国版本图书馆 CIP 数据核字(2020)第 079819 号

出版发行	南京大学出版社
社　　址	南京市汉口路 22 号　　邮　编　210093
书　　名	**新道 VBSE 财务原理与实训教程** XINDAO VBSE CAIWU YUANLI YU SHIXUN JIAOCHENG
主　　编	李永红
责任编辑	武　坦　　　　　　编辑热线　025 - 83592315
照　　排	南京开卷文化传媒有限公司
印　　刷	广东虎彩云印刷有限公司
开　　本	787 mm×1092 mm　1/16　印张 14.25　字数 347 千
版　　次	2020 年 7 月第 1 版
印　　次	2025 年 7 月第 3 次印刷
ISBN 978-7-305-23248-0	
定　　价	40.00 元

网　　址：http://www.njupco.com
官方微博：http://weibo.com/njupco
微信服务号：njuyuexue
销售咨询热线：(025)83594756

* 版权所有，侵权必究
* 凡购买南大版图书，如有印装质量问题，请与所购图书销售部门联系调换

内容简介

本书是普通高校应用型实训教材，以新道 VBSE 财务平台为依托，以项目全周期为主线，通过项目周期分解，梳理重点环节和问题，逻辑紧凑，激发学生主动学习的兴趣。本书共分三个模块，前期详细介绍 VBSE 财务组织以及财务平台的建立，然后是 VBSE 财会原理掌握与实战演练，从初期建账到期末结账，九大项目导向任务驱动，实施教、学、做一体化，对重难点问题进行单独实训，最后从业务拓展角度对五大财会实训知识相关问题进行专题讲解。

本书适用于应用新道 VBSE 财务教学平台进行财务实训的辅导，有利于学生熟练掌握项目业务的实际处理，也可作为教师熟悉新道 VBSE 财务平台操作技能的参考读物。

FOREWORD 前言

随着会计信息化、智能财税、大数据分析、云计算技术的发展，会计核算将逐步被人工智能取代，伴随企业转型升级的发展需求，人才市场对财务管理人员的需求将出现巨大缺口。当前全国高等院校会计和财务管理专业在校生人数的基数和比重非常大，高等院校需要适应社会对人才需求发展的变化，深化产教融合。教学模式的设计应以企业财务实际业务为设计背景，以学生为主体，实施以产促教，促进教育链、人才链与产业链、创新链有机衔接，推进财会人才供给侧结构性改革，适应新形势新需要，全面提高教育质量，扩大就业创业，对推进经济转型升级、培育经济发展新动能发挥重要作用。

基于上述背景，为响应国家深化产教融合的号召，创新产学合作育人机制，推进校企合作，实现真学真做，掌握真本领，突出以培养操作能力为本位的高校财会专业应用型教学模式改革，探索"教、学、做一体化"和"项目导向、任务驱动"的教学模式，实现高等财经教育与社会需求紧密对接，为国家培养企业急需的复合型财务工作人员，为高等财经教育教学改革起到示范引领作用，特组织编写本教材。

本教材是普通高校应用型实训教材，编写组充分吸收借鉴企业财务核算管理的最新成果和相关教材的成熟经验，立足我国高等院校培养应用型、高素质、复合型财会人才的目标，依托新道VBSE财务实践教学平台，以企业典型业务为主线，以财务部门的各岗位技能培养为目标，用"把企业搬进校园"的产品理念，为学生提供高仿真的企业工作环境、业务流程和业务数据，让学生通过任务驱动、角色扮演、实际操作等方式的演练，理解企业生产经营活动与财务处理之间的逻辑关系，掌握各岗位职责和财务基本实践技能，熟悉财务岗位之间以及财务岗位与企业内外部其他岗位的协同关系，并在此过程中提升学生发现问题解决问题的能力以及协调、组织、沟通等综合职业素养。

本教材由浅入深，共分三个模块，第一模块详细介绍VBSE财务组织以及财务平台的建立，第二模块是VBSE财会原理掌握与实战演练，从初期建账到期末结账，九大项目导向任务驱动，实施"教、学、做一体化"，对重难点问题进行单独实训。采用情景模拟教学法、主题教学法、案例教学法、团队互助教学法和探究式教学法,以项目全周期为主线条,通过项目全覆盖分析后,以复习的方式梳理前期过程中遇到的问题,强化学员对重点难点的理解,梳理可能存在的问题,分析平台搭建、宣传过程、账务处理等重要环节,让学员在深入理解 VBSE 平台的情况下反思在搭建平台业务处理过程中可能遇到的问题,完成从被动学习到主动思考的转变。第三模块从业务拓展角度对五大财会实训知识相关问题进行专题讲解。整个教材在教授学员 VBSE 财务知识的过程中,逻辑紧凑,目的明确,顺势而为,激发学员主动学习的激情。

  本教材适用于应用新道 VBSE 财务教学平台进行财务实训的辅导,有利于学生熟练掌握项目业务的实际处理,也可作为教师熟悉新道 VBSE 财务平台操作技能的参考读物。本教材编写组由李永红、周嫚、张蓉、白迪化组成,李永红主编在和编写组成员及行业企业专家进行充分探讨后,拟定本书目录,编写课程导读、模块一的项目三和模块二的项目五;周嫚编写模块一的项目一和项目二、模块二的项目一、项目二、项目六、项目九和模块三;张蓉编写模块二的项目七和项目八;白迪化编写模块二的项目三和项目四。李永红主编对全书的财务数据进行了校对和统一编撰,并经西安培华学院会计与金融学院赵选民院长和杨仕鹏博士审定通过,本书的编写得到了西安培华学院和新道科技股份有限公司的大力支持,在此向他们表示衷心的感谢。

  编者受时间和水平所限,书中难免会有错误和不妥之处,敬请专家和读者不吝指正。

编 者

2020 年 4 月

CONTENTS 目 录

课程导读 ··· 1
   任务一　课程目标 ··· 1
   任务二　课程内容清单 ··· 1
   任务三　课程方法 ··· 5

模块一　前期准备工作

项目一　平台搭建 ·· 6
   任务一　VBSE 财会平台简介 ·· 6
   任务二　VBSE 财会平台课前确认 ·· 6
项目二　案例企业介绍 ·· 8
   任务一　企业基本情况介绍 ·· 8
   任务二　企业财会制度介绍 ··· 18
   任务三　企业财会岗位介绍 ··· 25
项目三　团队组建 ··· 34
   任务一　实习动员 ·· 34
   任务二　CFO 候选人竞选 ··· 35
   任务三　现场招聘团队组建 ··· 38
   任务四　制作财会部门宣传海报 ··· 41

模块二　VBSE 财会原理掌握与实战演练

项目一　期初建账 ··· 43
   任务一　出纳岗填写期初数据 ··· 52
   任务二　费用核算岗填写期初数据 ··· 52

任务三　成本核算岗填写期初数据 ……………………………… 52
　　任务四　总账报表岗填写期初数据 ……………………………… 52
　　任务五　往来核算岗填写期初数据 ……………………………… 53
　　任务六　税务会计岗填写期初数据 ……………………………… 53
　　任务七　财务经理进行期初试算平衡 …………………………… 53
项目二　买卖资产确认与计量的原理掌握与实战演练 ……………… 54
　　任务一　交易性金融资产确认与计量原理掌握及实战演练 …… 55
　　任务二　可供出售金融资产确认与计量原理掌握及实战演练 … 59
　　任务三　持有至到期投资确认与计量原理掌握及实战演练 …… 63
　　任务四　长期股权投资确认与计量原理掌握及实战演练 ……… 65
　　任务五　投资性房地产确认与计量原理掌握及实战演练 ……… 70
　　任务六　固定资产确认与计量原理掌握及实战演练 …………… 73
　　任务七　无形资产确认与计量原理掌握及实战演练 …………… 77
项目三　现金存取与报销业务的原理掌握与实战演练 ……………… 79
　　任务一　现金存取业务 …………………………………………… 79
　　任务二　现金的保管与盘点业务 ………………………………… 85
　　任务三　出借备用金与各部门报销业务 ………………………… 86
　　任务四　利息计提业务 …………………………………………… 89
项目四　采购业务的原理掌握与实战演练 …………………………… 91
　　任务一　采购业务流程描述 ……………………………………… 91
　　任务二　到货、预付、应付款项原理掌握 ……………………… 98
　　任务三　到货、预付、应付款项实战演练 …………………… 103
项目五　销售业务的原理掌握与实战演练 ………………………… 108
　　任务一　销售业务流程描述 …………………………………… 108
　　任务二　发货、预收、应收款项原理掌握 …………………… 111
　　任务三　发货、预收、应收款项业务演练 …………………… 114
项目六　日常结算业务的原理掌握与实战演练 …………………… 126
　　任务一　薪酬工资的计量与分摊 ……………………………… 126
　　任务二　个人所得税的申报与缴纳 …………………………… 128
　　任务三　社会保险的计量与缴纳 ……………………………… 129
　　任务四　住房公积金的计量与缴纳 …………………………… 132
　　任务五　增值税的申报与缴纳 ………………………………… 134
　　任务六　附加税的申报与缴纳 ………………………………… 136

项目七　生产相关业务的原理掌握与实战演练 …………………………………………… 138
　　任务一　库存与存货管理 ……………………………………………………………… 138
　　任务二　生产完工管理 ………………………………………………………………… 147
项目八　成本相关业务的原理掌握与实战演练 …………………………………………… 151
　　任务一　资产盘点业务 ………………………………………………………………… 151
　　任务二　材料归集与分配业务 ………………………………………………………… 152
　　任务三　制造费用归集与分配业务 …………………………………………………… 153
　　任务四　自制半成品成本核算 ………………………………………………………… 155
　　任务五　产成品成本核算 ……………………………………………………………… 156
　　任务六　销售成本结转业务 …………………………………………………………… 158
　　任务七　月末损益类结转 ……………………………………………………………… 159
　　任务八　企业所得税核算 ……………………………………………………………… 161
项目九　期末结账 …………………………………………………………………………… 163
　　任务一　银行对账业务 ………………………………………………………………… 164
　　任务二　科目汇总 ……………………………………………………………………… 166
　　任务三　明细账汇总 …………………………………………………………………… 168
　　任务四　编制报表 ……………………………………………………………………… 170
　　任务五　装订凭证 ……………………………………………………………………… 179

模块三　VBSE财会实训知识业务拓展

项目一　备用金的出借与直接报销的会计处理区别 ……………………………………… 180
项目二　印章的使用办法 …………………………………………………………………… 181
项目三　增值税与个税调整相关应用 ……………………………………………………… 185
项目四　实务中预防管理费用出错的详细解释 …………………………………………… 207
项目五　实务中从财务报表视角看产品的竞争力 ………………………………………… 213

参考文献 ……………………………………………………………………………………… 217

课程导读

任务一 课程目标

1. 熟悉各财务及相关岗位的日常工作内容和职责要求。
2. 认知企业财务核算相关表单的填报及内在逻辑关系。
3. 熟悉企业最新纳税申报系统、网银操作。
4. 感知企业信息化软件财务核算与手工财务核算的区别。
5. 了解企业预算管理流程及预算管理的编制方法和步骤。
6. 了解典型财务分析的方法及应用。

任务二 课程内容清单

清单	任务		凭证号	合同号
12月6日 清单1	XFIN1001	实习动员		
	XFIN1002	系统操作培训		
	XFIN1003	岗前培训		
	XFIN1004	发放实习用品		
	XFIN1005	了解实训案例背景		
	XFIN1006	期初建账		
	XFIN1007	12月6日人力行政部行政助理借备用金500元	记1	
	XFIN1008	12月6日人力部行政助理借款812元购买办公用品	记2	
	XFIN1009	12月6日与九江塑电签订采购合同		合同号CG19120601
	XFIN1010	12月6日发放11月份薪酬	记3	
	XFIN1011	12月6日制造企业与北京京亿签订采购合同		合同号CG19120602
	XFIN1012	12月6日壶体车间上期在线半成品完工入库		
	XFIN1013	12月6日组装车间物料领用		

续表

清单		任务	凭证号	合同号
12月6日 清单2	XFIN1014	12月6日交易性金融资产初始计量	记4	
	XFIN1015	12月6日壶体车间物料领用		
	XFIN1016	12月6日可供出售金融资产初始计量	记5	
	XFIN1017	12月6日缴纳社保(11月份)	记6	
	XFIN1018	12月6日缴纳住房公积金(11月份)	记7	
	XFIN1019	12月6日组装车间上期在线成品完工入库		
	XFIN1020	12月6日以支票预付北京京亿40%货款	记9	
	XFIN1021	12月6日提前收到九江塑电全额发票	记10	
	XFIN1022	12月6日进行增值税申报与缴纳(11月份)	记11	
	XFIN1023	12月6日与山东万益签订销售合同		合同号:XS19120601
12月6日 清单3	XFIN1024	12月6日销售发货给山东万益		
	XFIN1025	12月6日开具销售发票给山东万益	记12	
	XFIN1026	12月6日提取现金10 000元	记13	
	XFIN1027	12月6日采购北京京亿201不锈钢板材入库		
	XFIN1028	12月6日长期股权投资初始计量	记14	
	XFIN1029	12月6日收北京城乡贸易以电汇方式支付的上期所欠货款	记15	
	XFIN1030	12月6日投资性房地产的初始计量	记16	
	XFIN1031	12月6日行政助理拿发票报销冲借款812元	记17	
	XFIN1032	12月6日现金送存银行	记18	
	XFIN1033	12月6日现金清查		
12月12日 清单1	XFIN1034	12月12日交易性金融资产后续计量红利宣告	记19	
	XFIN1035	12月12日提取现金5 000元	记20	
	XFIN1036	12月12日以支票付给北京京亿余下60%货款	记21	
	XFIN1037	12月12日交易性金融资产后续计量收到红利	记22	
	XFIN1038	12月12日采购九江塑电原材料入库		
	XFIN1039	12月12日九江塑电在途转入在库账务处理	记23	

续 表

清 单		任 务	凭证号	合同号
12月12日清单1	XFIN1040	12月12日持有至到期投资初始计量	记24	
	XFIN1041	12月12日与北京融通综合服务公司签订广告合同		
	XFIN1042	12月12日进行个税明细申报（11月份）	记25	
	XFIN1043	12月12日地税申报与缴纳（11月份）	记26	
12月12日清单2	XFIN1044	12月12日采购北京京亿304不锈钢板材入库		
	XFIN1045	12月12日与福建银海签订销售合同		合同号：XS19121201
	XFIN1046	12月12日以转账支票支付北京融通广告费	记27	
	XFIN1047	12月12日长期股权投资的后续计量红利宣告	记28	
	XFIN1048	12月12日收到北京京亿不锈钢板材全额发票	记29	
	XFIN1049	12月12日与天津万润签订销售合同		合同号：XS19121203
	XFIN1050	12月12日组装车间成品完工入库		
	XFIN1051	12月12日与昆明经贸签订销售合同		合同号：XS19121202
	XFIN1052	12月12日壶体车间物料领用		
12月12日清单3	XFIN1053	12月12日壶体车间半成品完工入库		
	XFIN1054	12月12日组装车间物料领用		
	XFIN1055	12月12日与九江塑电签订采购合同		合同号CG19121201
	XFIN1056	12月12日与四川电器签订采购合同		合同号CG19121202
	XFIN1057	12月12日采购员报销差旅费用，出差时间为12月6日至12日	记30	
	XFIN1058	12月12日销售员报销差旅费用，出差时间为12月6日至12日	记31	
	XFIN1059	12月12日人力行政部招待费报销	记32	
	XFIN1060	12月12日销售发货给福建银海		
	XFIN1061	12月12日开具销售发票给福建银海	记33	
	XFIN1062	12月12日收福建银海以支票方式支付的货款	记34	
	XFIN1063	12月12日收山东万益以电汇方式支付的货款	记35	
	XFIN1064	12月12日现金清查		

续 表

清 单		任 务	凭证号	合同号
供应商代表、客户代表、银行柜员、税务局专管员、服务公司业务员的阶段性考核				
12月28日清单1	XFIN1065	12月28日从九江塑电采购的原材料入库		
	XFIN1066	12月28日服务公司收取广告费		
	XFIN1067	12月28日计提借款利息	记36	
	XFIN1068	12月28日计算薪酬		
	XFIN1069	12月28日工资分摊	记37	
	XFIN1070	12月28日固定资产出售并收款	记38,39	
	XFIN1071	12月28日交易性金融资产处置	记40	
	XFIN1072	12月28日以支票支付服务公司设备维修费用	记41	
	XFIN1073	12月28日从四川电器采购的商品入库		
	XFIN1074	12月28日收到九江塑电开具的发票	记42	
	XFIN1075	12月28日服务公司收取设备维护费		
	XFIN1076	12月28日可供出售金融资产后续计量：公允价值变动	记43	
	XFIN1077	12月28日支付九江塑电货款	记44	
12月28日清单2	XFIN1078	12月28日组装车间成品完工入库		
	XFIN1079	12月28日销售发货给昆明经贸		
	XFIN1080	12月28日开具销售发票给昆明经贸	记45	
	XFIN1081	12月28日销售发货给天津万润		
	XFIN1082	12月28日支付九江塑电12月6日合同货款	记46	
	XFIN1083	12月28日收天津万润以电汇方式支付50%货款	记47	
	XFIN1084	12月28日增值税抵扣联认证		
	XFIN1085	12月28日长期股权投资的后续计量收到红利	记48	
	XFIN1086	12月28日投资性房地产的后续计量收房租	记49	
	XFIN1087	12月28日计算当月应交未交增值税	记50	
	XFIN1088	12月28日从四川电器采购的商品月末做暂估处理	记51	

续表

清　单		任　务	凭证号	合同号
12月28日 清单2	XFIN1089	12月28日计提折旧	记52	
	XFIN1090	12月28日无形资产摊销	记53	
	XFIN1091	12月28日存货盘点		
	XFIN1092	12月28日现金清查		
12月28日 清单3	XFIN1093	12月28日银行对账		
	XFIN1094	12月28日固定资产盘点		
	XFIN1095	12月28日材料成本归集		
	XFIN1096	12月28日制造费用归集及分配	记54	
	XFIN1097	12月28日自制半成品成本核算	记55、56	
	XFIN1098	12月28日自制半成品出库成本核算		
	XFIN1099	12月28日产成品成本核算	记57、58	
	XFIN1100	12月28日销售成本结转	记59	
	XFIN1101	12月28日计算税金及附加	记60	
	XFIN1102	12月28日月末损益类结转	记61、62	
	XFIN1103	12月28日所得税核算	记63	
	XFIN1104	12月28日科目汇总		
	XFIN1105	12月28日明细账汇总		
	XFIN1106	12月28日编制报表		
	XFIN1107	12月28日凭证装订(仅限线下实训模式)		

任务三　课程方法

教学模式的设计以企业财务工作为业务背景,以学生为主体,实施"教、学、做一体化"和"项目导向、任务驱动"的教学模式。

采用现代教学技术手段,引用情景模拟教学法、主题教学法、案例教学法、团队互助教学法、探究式教学法等多种教学方法。

模块一　前期准备工作

项目一　平台搭建

任务一　VBSE 财会平台简介

新道 VBSE 财务实践教学平台(简称 V 财),是以企业典型业务为主线,以财务部门的各岗位技能培养为目标,用"把企业搬进校园"的产品理念,为学生提供高仿真的企业工作环境、业务流程、业务数据,让学生通过任务驱动、角色扮演等方式的演练,理解企业生产经营活动与财务处理之间的逻辑关系,掌握各岗位财务基本实践技能、熟悉各财务岗位之间以及财务岗位与企业内外部其他岗位的协同关系,并在此过程中提升学生的方法能力以及协调、组织、沟通等综合职业素养。

任务二　VBSE 财会平台课前确认

一、教师操作流程

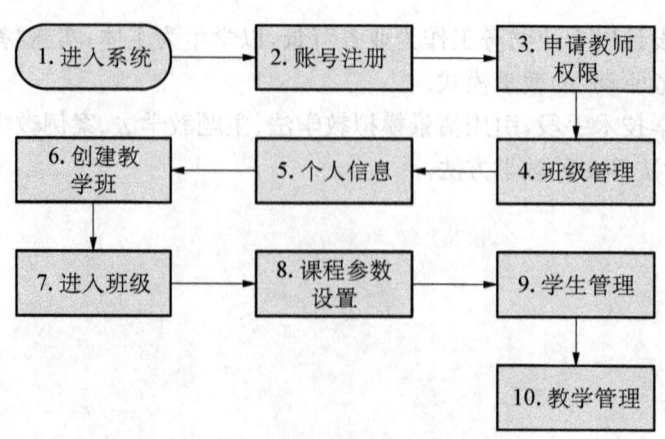

二、学生操作流程

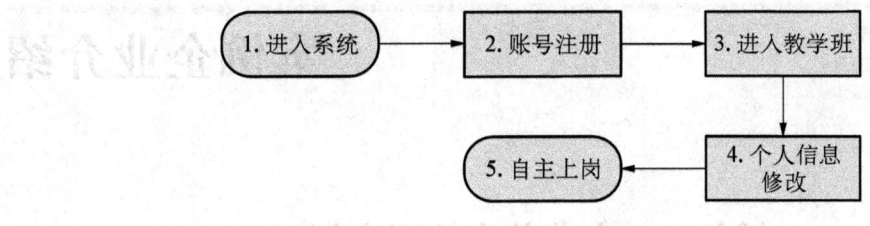

项目二

案例企业介绍

任务一　企业基本情况介绍

一、企业基本信息

本软件是由多个制造型企业构成,每个企业在名称上有些许差异,但是企业的资源都是一致的,每个团队的信息都是一样的。

仿真企业是一家中型小家电制造企业,属于有限责任公司,创建于2012年4月,主打产品是以电热水壶、豆浆机、电饭煲为代表的小家电企业。目前,企业有几座不同规模的厂房,厂房内安装有不同类别的生产设备,设备运行状况良好,公司财务状况正常。

例如,北京新锐电器有限公司是一个离散型的制造企业,属于有限责任公司。2012年1月创建,主打产品是电热水壶,同时销售电饭煲和豆浆机。

二、企业组织结构

组织结构是指对于工作任务如何进行分工、分组和协调合作。组织结构是表明组织各部分排列顺序、空间位置、聚散状态、联系方式以及各要素之间相互关系的一种模式,是整个管理系统的"框架"。组织结构是组织的全体成员为实现组织目标,在管理工作中进行分工协作,在职务范围、责任、权利方面所形成的结构体系。组织结构是组织在职、责、权方面的动态结构体系,其本质是为实现组织战略目标而采取的一种分工协作体系,组织结构必须随着组织的重大战略调整而调整。

组织结构一般分为职能结构、层次结构、部门结构、职权结构四个方面。

企业组织架构包含三个方面的内容:单位、部门和岗位的设置。

在具体进行组织结构调整时,应优先考虑的四个关键因素:业务发展、客户导向、资源利用率、管理运营效率。

案例企业的组织结构如下图所示。

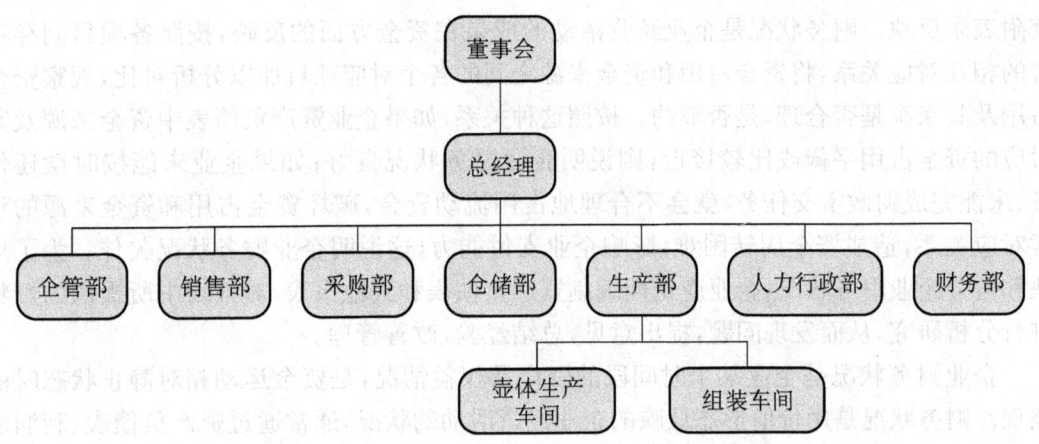

三、企业产品体系

北京新锐电器有限公司是专门从事电热水壶、电饭煲和豆浆机等小家电及其配件的研发、生产、加工、销售一体化的电气公司,产品畅销全国各地,为消费者带去便捷、时尚、健康的生活方式。在这三大系列中,电热水壶采用自主生产方式,电饭煲和豆浆机采用OEM代加工方式。

四、电热水壶的结构

电热水壶目前主打产品为不锈钢电热水壶,电热水壶是由壶体、壶盖、温控器、底座等组成。

五、电热水壶生产用材料

组装车间的材料有壶盖、底座、壶体及其他辅材。
壶体生产车间的材料有手柄、温控器、不锈钢板材、加热底盘等。

六、电热水壶生产工艺

壶体生产工艺为:裁剪钢板→成型→焊接→打磨→放入温控器、手柄、加热底盘并固定。
水壶生产工艺为:组装壶体、壶盖、底座→辅件固定。

七、企业前期财务数据

1. 企业的财务状况
财务状况是指企业在某一时刻经营资金的来源和分布状况。一般通过资金平衡表及其附表来反映。财务状况是企业经营活动的成果在资金方面的反映,按照各项目间存在着的相互对应关系,将资金占用和资金来源之间的各个对应项目加以分析对比,观察资金占用及其来源是否合理,是否节约。按照这种关系,如果企业资产负债表中资金来源及其对应的资金占用平衡或比较接近,则说明企业财务状况良好;如果企业未能按时偿还债务、未能完成财政上交任务,就会不合理地占用流动资金,破坏资金占用和资金来源的正常对应关系,造成资金周转困难,影响企业支付能力,这说明企业财务状况欠佳。为了反映和监督企业财务状况,企业应定期编制资产负债表和其他报表,对报表中所提供的资料进行分析研究,从而发现问题,提出意见,总结经验,改善管理。

企业财务状况是企业某个时间段的资产及权益情况,是资金运动相对静止状态时的表现。财务状况是用价值形态反映的企业经营活动的状况,通常通过资产负债表、利润表及有关附表反映,是企业生产经营活动的成果在财务方面的反映。

在会计界,曾经将资产负债表称为财务状况表(statement of financial position),在当前公认的资产负债表的定义中,也常常认为资产负债表是反映企业某一特定时点财务状况的报表。显然,这里的"财务状况"指的是资产负债表状况,也就是指资产负债表所包括的所有内容。一般认为,企业财务状况评价始于19世纪末20世纪初,当时主要是为银行服务的信用评价。资本市场形成后,财务状况评价扩展到为投资人服务的盈利评价。公司组织发展起来以后,财务状况评价由外部评价扩大到内部评价,为经营者改善内部管理服务。企业管理层能了解大量详尽的关于企业财务状况、获利能力、现金流量资料,且内部管理重点在于考核企业内部各部门的工作效率,而能大概描述企业运营的财务状况综合评价方法对企业内部管理效用不大。企业外部利益团体主要依赖企业公布的财务报告来获取相关信息,但企业财务报告内容过于庞杂,不能提供企业财务的总体状况的信息,且企业财务报告可能存在信息失真的现象,这就需要财务状况综合评价方法作为一个能剔除虚假财务信息的综合的反映企业总体财务状况的分析工具为其服务。财务状况综合评价方法主要还是用于债权人评价债务人的信用情况,投资人评价被投资企业的盈余能力、财务状况。企业财务状况综合评价方法主要是企业外部利益团体用来评价企业总体经营状况。因为财务状况综合评价方法主要是企业外部人使用,所以要求内容以可核查的会计数据为主,以保障其真实客观,文字表述因其难以核查弹性太大不宜成为财务状况综合评价方法的主要内容,只能起补充辅助的作用。

目前企业财务状况综合评价的主要方法有杜邦财务分析体系、沃尔评分法、经营业评价综合指数法、经营业绩评价综合评分法。

案例企业的资产负债表如下所示:

资产负债表

编制单位:北京新锐电器有限公司　　2019年11月30日　　　　　　　　　　单位:元

资产	期末余额	期初余额	负债和所有者权益 (或股东权益)	期末余额	期初余额
流动资产:			流动负债:		
货币资金	66 580 597.00	2 512 064.00	短期借款		2 500 000.00

续 表

资产	期末余额	期初余额	负债和所有者权益（或股东权益）	期末余额	期初余额
以公允价值计量且其变动计入当期损益的金融资产			以公允价值计量且其变动计入当期损益的金融负债		
应收票据			应付票据		
应收账款	863 044.00	954 122.00	应付账款	862 570.00	1 485 273.80
预付款项			预收款项		
应收利息			应付职工薪酬	941 104.50	896 235.60
应收股利			应交税费	360 121.63	312 211.26
其他应收款			应付利息		
存货	4 623 976.73	3 768 113.21	应付股利		
划分为持有待售的资产			其他应付款		
一年内到期的非流动资产			划分为持有待售的负债		
其他流动资产			一年内到期的非流动负债		
流动资产合计	72 067 617.73	7 234 299.21	其他流动负债		
非流动资产：			流动负债合计	2 163 796.13	5 193 720.66
可供出售金融资产			非流动负债：		
持有至到期投资			长期借款	2 000 000.00	1 000 000.00
长期应收款			应付债券		
长期股权投资			长期应付款		
投资性房地产			专项应付款		
固定资产	13 115 444.44	13 719 222.22	预计负债		
在建工程			递延收益		
工程物资			递延所得税负债		
固定资产清理			其他非流动负债		
生产性生物资产			非流动负债合计	2 000 000.00	1 000 000.00
油气资产			负债合计	4 163 796.13	6 193 720.66
无形资产	804 666.67	899 333.33			
开发支出			实收资本（或股本）	70 000 000.00	10 000 000.00

续 表

资产	期末余额	期初余额	负债和所有者权益（或股东权益）	期末余额	期初余额
商誉			资本公积		
长期待摊费用			减：库存股		
递延所得税资产			其他综合收益		
其他非流动资产			盈余公积		
非流动资产合计	13 920 111.11	14 618 555.55	未分配利润	11 823 932.71	5 659 134.10
			所有者权益（或股东权益）合计	81 823 932.71	15 659 134.10
资产总计	85 987 728.84	21 852 854.76	负债和所有者权益（或股东权益）总计	85 987 728.84	21 852 854.76

2. 企业的经营成果

反映企业经营成果的会计要素包括收入、费用和利润。它们直接关系到企业经营成果的计量。

1）收入

收入是指企业在销售商品、提供劳务及让渡资产使用权等日常活动中所形成的经济利益的总流入。收入不包括为第三方或客户代收的款项。

收入的主要特征：收入是从企业的日常活动中产生的；收入可能表现为企业资产的增加，或负债的减少，或二者兼而有之；收入能引起企业所有者权益的增加；收入只包括本企业经济利益的流入，不包括为第三方或客户代收的款项。

2）费用

费用是指企业为销售商品、提供劳务等日常活动所发生的经济利益的流出。

费用的主要特征：费用是企业在日常活动中发生的经济利益流出；费用可能表现为企业资产的减少，或负债的增加，或二者兼而有之；费用会导致企业所有者权益的减少。

3）利润

利润是指企业在一定会计期间的经营成果，包括营业利润、利润总额和净利润。

4）收入、费用、利润三者之间的关系

收入减去费用，并经过调整后，等于利润。在不考虑调整因素（比如营业外收入、营业外支出、补贴收入、投资收益等）的情况下，收入减去费用等于利润，即：

$$收入-费用=利润$$

它是编制利润表的基础。

在仿真企业中，根据课程设计中所涉及的业务对利润表中的项目进行了适当的简化，形成下表：

利润表

编制单位:北京新锐电器有限公司　　2019年8月　　　　　　　　　　　　单位:元

项　目	本月数	本年累计数
一、营业收入	8 738 893.46	88 674 829.20
减:营业成本	7 395 900.31	69 561 321.09
税金及附加	25 628.22	214 345.13
销售费用	231 830.70	2 538 947.66
管理费用	185 123.78	1 948 307.96
财务费用	62.33	521.33
资产减值损失		
加:公允价值变动收益(损失以"一"号填列)		
投资收益(损失以"一"号填列)		
其中:对联营企业和合营企业的投资收益		
二、营业利润(亏损以"一"号填列)	900 348.12	14 411 386.03
加:营业外收入		
其中:非流动资产处置利得		
减:营业外支出		
其中:非流动资产处置损失		
三、利润总额(亏损总额以"一"号填列)	900 348.12	14 411 386.03
减:所得税费用		2 587 453.32
四、净利润(净亏损以"一"号填列)	900 348.12	11 823 932.71
五、其他综合收益的税后净额		
(一)以后不能重分类进损益的其他综合收益		
(二)以后将重分类进损益的其他综合收益		
权益法下在被投资单位以后将重分类进损益的其他综合收益中享有的份额		
六、综合收益总额		
七、每股收益:		
(一)基本每股收益		
(二)解释每股收益		

八、企业在册人员信息

部　门	人员编制
企业管理部	1
销售部	2
仓储部	2
采购部	2
生产计划	2
壶体生产车间	75
组装车间	85
财务部	7
人力行政部	2
合　计	178

九、存货基本信息

产品编码	存货名称	规格型号
HF-0003	201不锈钢板材	0.5 mm×1 250 mm×2 500 mm
HC-0004	304不锈钢板材	0.5 mm×1 250 mm×2 500 mm
HF-0001	轻巧、经典型壶盖	通用:定制
HC-0001	豪华型壶盖	豪华型:定制
HF-0002	轻巧、经典型底座	通用:定制
HC-0002	豪华型底座	豪华型:定制
HF-0004	国产温控器	国产BB3
HC-0005	进口温控器	SKE903
HA-0002	轻巧型手柄	轻巧型:定制
HB-0002	经典型手柄	经典型:定制
HC-0006	豪华型手柄	豪华型:定制
HF-0005	轻巧、经典型加热底盘	通用:定制
HC-0008	豪华型加热底盘	豪华型:定制
HA-0003	轻巧型辅材套件	轻巧型:定制
HB-0003	经典型辅材套件	经典型:定制

续 表

产品编码	存货名称	规格型号
HC-0007	豪华型辅材套件	豪华型:定制
HA-0001	轻巧型壶体	轻巧型:定制
HB-0001	经典型壶体	经典型:定制
HC-0003	豪华型壶体	豪华型:定制
HW-0001	轻巧型电热水壶	轻巧型
HW-0002	经典型电热水壶	经典型
HW-0003	豪华型电热水壶	豪华型
P2001	经典型电饭煲	经典型
P2002	智能型电饭煲	智能型
P3001	精磨型豆浆机	精磨型
P3002	时尚型豆浆机	时尚型

十、电热水壶 BOM

轻巧型电热水壶 BOM 清单				
物料编码	物料名称	规格型号	BOM级别	单只水壶用量
HF-0001	轻巧、经典型壶盖	通用:定制	1	1
HF-0002	轻巧、经典型底座	通用:定制	1	1
HA-0001	轻巧型壶体	轻巧型:定制	1	1
HF-0003	201 不锈钢板材	0.5 mm×1 250 mm×2 500 mm	2	0.076 9 m²
HF-0004	国产温控器	国产 BB3	2	1
HA-0002	轻巧型手柄	轻巧型:定制	2	1
HF-0005	轻巧、经典型加热盘	通用:定制	2	1
HA-0003	轻巧型辅材套件	轻巧型:定制	1	1
		含包装盒、说明书、硬纸板衬垫		
经典型电热水壶 BOM 清单				
物料编码	物料名称	规格型号	BOM级别	单只水壶用量
HF-0001	轻巧、经典型壶盖	通用:定制	1	1
HF-0002	轻巧、经典型底座	通用:定制	1	1
HB-0001	经典型壶体	经典型:定制	1	1
HF-0003	201 不锈钢板材	0.5 mm×1 250 mm×2 500 mm	2	0.14 m²
HF-0004	国产温控器	国产 BB3	2	1

续表

物料编码	物料名称	规格型号	BOM级别	单只水壶用量
HB-0002	经典型手柄	经典型:定制	2	1
HF-0005	轻巧、经典型加热盘	通用:定制	2	1
HB-0003	经典型辅材套件	经典型:定制 含包装盒、说明书、硬纸板衬垫	1	1

豪华型电热水壶 BOM 清单

物料编码	物料名称	规格型号	BOM级别	单只水壶用量
HC-0001	豪华型壶盖	豪华型:定制	1	1
HC-0002	豪华型底座	豪华型:定制	1	1
HC-0003	豪华型壶体	豪华型:定制	1	1
HC-0004	304 不锈钢板材	0.5 mm×1 250 mm×2 500 mm	2	0.156 m²
HC-0005	进口温控器	SKE903	2	1
HC-0006	豪华型手柄	豪华型:定制	2	1
HC-0008	豪华型加热盘	豪华型:定制	2	1
HC-0007	豪华型辅材套件	豪华型:定制 含包装盒、说明书、硬纸板衬垫	1	1

十一、供应商基本信息

企业名称	法定代表人	电话	企业注册地址	注册登记日期
北京京亿不锈钢有限公司	李雷	010-26687662	北京市昌平区永定路 112 号	2012/1/1
无锡电器科技有限公司	张明	0510-8385186	无锡市锡山区友谊中路 15 号	2012/1/1
九江塑电科技有限公司	彭登峰	0792-8573212	江西省九江市开发区九瑞大道 96 号	2012/1/1
四川电器科技有限公司	王鹏	028-73186534	四川省成都市金牛区蜀西路 84 号	2012/1/1
河北尚嘉纸制品有限公司	张珊	0310-2376884	河北省石家庄市槐安路 60 号	2012/1/1
北京卓远科技有限公司	王伟	010-26687925	北京市海淀区北清路 80 号	2012/1/1
华润房地产有限公司	马云	010-26674960	北京市昌平区光明路 110 号	2012/1/1
久远互联网软件公司	周若	010-26674958	北京市昌平区光明路 36 号	2012/1/1
嘉实优势基金公司	林立	010-26674959	北京市昌平区光明路 37 号	2012/1/1

企业名称	统一社会信用代码	开户行	银行账号	账户余额
北京京亿不锈钢有限公司	110114745862890001	中国工商银行北京市分行昌平支行	0200000283627392710	10 000 000 000

续　表

企业名称	统一社会信用代码	开户行	银行账号	账户余额
无锡电器科技有限公司	1101147458628910 02	中国工商银行无锡分行	1103000283627392711	10 000 000 000
九江塑电科技有限公司	1101147458628920 03	中国工商银行九江分行	1507000283627392712	10 000 000 000
四川电器科技有限公司	1101147458628930 04	中国工商银行四川分行	4402000283627392713	10 000 000 000
河北尚嘉纸制品有限公司	1101147458628940 05	中国工商银行河北分行	0402000283627392714	10 000 000 000
北京卓远科技有限公司	1101147458628950 06	中国工商银行北京市分行昌平支行	0200000283627392715	10 000 000 000
华润房地产有限公司	1101147458629250 09	中国工商银行北京市分行昌平支行	0200000283627392743	10 000 000 000
久远互联网软件公司	1101147458629240 07	中国工商银行北京市分行昌平支行	0200000283627392741	10 000 000 000
嘉实优势基金公司	1101147458629250 08	中国工商银行北京市分行昌平支行	0200000283627392742	10 000 000 000

十二、客户基本信息

企业名称	法定代表人	电　话	注册地址	注册登记日期
北京城乡贸易城	韩梅梅	010—26687845	北京市大兴亦庄工业园区新兴路351号	2012/1/1
山东万益经贸有限公司	韩东	0533—2828679	山东省淄博市张店区柳泉路19号	2012/1/1
福建银海贸易有限责任公司	陆建平	0519—2378943	福建省福州市鼓楼区五四路109号东煌大厦13层	2012/1/1
昆明经贸大市场	彭清	0871—64669022	云南省昆明市西山区大商汇灯具A区29号	2012/1/1
天津万润贸易公司	瞿铭	022—38717663	天津市北辰区柳滩邯郸道2号	2012/1/1

企业名称	银行账号	账户余额	统一社会信用代码	开户行
北京城乡贸易城	0200000283627392716	10 000 000 000	1101147458628960 10	中国工商银行北京市分行昌平支行
山东万益经贸有限公司	1603000283627392717	10 000 000 000	1101147458628970 11	中国工商银行山东分行

续　表

企业名称	银行账号	账户余额	统一社会信用代码	开户行
福建银海贸易有限责任公司	1402000283627392718	10 000 000 000	1101147458628980 12	中国工商银行福建分行
昆明经贸大市场	2502000283627392719	10 000 000 000	1101147458628990 13	中国工商银行昆明分行
天津万润贸易公司	0302000283627392720	10 000 000 000	1101147458629000 14	中国工商银行天津分行

任务二　企业财会制度介绍

一、财务规则

企业财务规则主要包括账簿设置与会计核算程序规则、会计核算规则、税务规则、银行贷款等方面的主要规则,各企业必须按照本规则的各项规定组织财务核算,进行财务管理。

1. 账簿设置和会计核算程序规则

企业按照《会计法》《企业会计准则》等法律规范和会计制度的规定组织会计核算。各企业按照会计制度的要求设置各种账簿,选择账务处理程序,组织会计核算。

1) 账簿设置

各个企业必须根据《企业会计准则》的规定设置本单位的会计科目和会计核算账户。企业设置以下账簿:总分类账、明细分类账、日记账。总分类账户按照财政部统一规定一级会计科目设置;明细分类账户根据各单位生产经营特点设置。

2) 记账凭证

企业记账凭证连续编号。

3) 会计核算程序

(1) 填制或者取得原始凭证。

任何一项经济业务发生,必须及时填制或者取得相应的原始凭证,要素齐全,手续完整,责任明确。

(2) 审核原始凭证。

审核原始凭证的合法性、真实性、完整性。会计人员发现原始凭证不完整、有错误,可以责成经手人补充完整或者重新开具后再予以办理。

(3) 填制并审核记账凭证。

会计人员根据审核无误的原始凭证及时填制记账凭证。记账凭证必须审核,审核人负责审核记账凭证的合法性、正确性和完整性。记账凭证的审核人与填制人不能为同一人。

(4) 登记日记账。

根据审核无误的记账凭证,由出纳人员逐日逐笔登记日记账。登记完日记账之后,凭证过账。

(5) 登记明细账。

会计人员根据审核无误的记账凭证及时登记各类明细分类账簿。本规则要求登记完明细账之后,凭证过账打对勾,最后登记明细账的人员在凭证记账处盖章。

(6) 登记总分类账簿。

会计人员根据本单位选定的账务处理程序,对本会计期间的全部记账凭证进行汇总处理,并根据处理结果登记总分类账簿。

(7) 期末账项调整。

按照权责发生制原则处理跨期业务。

(8) 对账与结账。

要求各个生产制造企业及时组织会计核算,按时记账、对账和结账。本规则要求各个生产制造企业采用月结方法组织对账并进行结账。

(9) 编制财务报告。

财务部门在正确组织会计核算的基础上,要及时反映企业经营业绩,按期编制财务报告。

4) 实施会计信息化、管理信息化

各个生产制造企业首先必须规范手工会计核算,会计核算制度和会计管理制度健全完整,在手工运行一个月后,实施会计电算化、会计信息化,甚至管理信息化。

5) 会计档案

所有会计凭证、会计账簿、财务报告等会计档案应该按年装订成册,并妥善保管,以便查阅。会计档案在实训结束后全部上交实习指导老师。

2. 会计核算规则

1) 会计核算基本规则

会计日常核算必须按月进行,并编制财务报表。企业必须提交的会计报表为资产负债表和利润表,鼓励企业尽量提交现金流量表。

2) 结算方式

企业可以采用的结算方式包括现金结算方式和银行结算方式,具体规则如下:

(1) 现金结算方式。

在模拟市场的各项交易活动中,严格限制现金的使用。一般来说,现金只能用于限额为1 000元以下的交易,特殊业务除外(如差旅费,可以支付现金)。

(2) 银行结算方式。

银行结算方式包括:① 支票结算,包括现金支票与转账支票;② 托收承付结算;③ 银行承兑汇票结算;④ 电汇结算。

3) 存货计价方式

(1) 存货采用全月一次加权平均法核算;

(2) 自制半成品采用实际成本价核算。

4) 职工工资的分配与有关费用的提取

(1) 职工工资。

职工工资费用由人事部门按月计算,并将计算结果及时报送财务部门,由财务部负责发放;职工工资收入应该缴纳个人所得税,个人所得税由职工个人负担,生产制造企业是职工个人所得税的代扣代缴义务人。

(2) 职工福利费。

按实际发生列支,全年列支福利费不得超过国家规定的工资总额的14%。

(3) 工会经费。

按照国家有关规定,企业必须按照当月工资总额的2%提取工会经费。

(4) 职工教育培训费。

按实际发生列支,全年列支职工教育经费不得超过国家规定的工资总额的2.5%。

(5) 五险一金计算方式。

由公司承担并缴纳的养老保险、医疗保险、失业保险、工伤保险、生育保险、住房公积金分别按基本工资的20%、10%、1%、1%、0.8%、12%的比例计算;职工个人承担的养老保险、医疗保险、失业保险、住房公积金分别按8%、2%+3(大额医疗)、0.2%、12%的比例计算。按工资总额的2%计提工会经费,按工资总额的1.5%计提职工教育经费,职工福利费按实际发生数列支,不按比例计提;各类社会保险金当月计提,当月缴纳。按照国家有关规定,公司代扣代缴个人所得税,其费用扣除标准为3 500元,附加费用2 800元。工资分摊按合并制单。

5) 折旧费用计算规则

固定资产一律采用直线法(平均年限法)计提折旧,企业按月计提固定资产折旧。企业计提固定资产折旧,应该编制"固定资产折旧计算表",按照固定资产使用部门,将折旧费用计入相应的成本费用中。

6) 设备维修费、维护费

机器设备的日常维护费必须按月支付,不得拖欠;大修理费用可以采用待摊的方式。设备大修理费用于修理时一次性支付,不得拖欠。

生产制造企业因为维护保养、修理设备而支付的维护费、维修费,由外部相关部门收缴。

7) 制造费用的归集和分配

生产车间发生的各项间接费用,必须先归集后分配,编制"制造费用分配表",及时归集,按照合理的分配标准分配制造费用,以便准确计算各种产品的制造成本。

8) 固定资产出售规则

未到期仍可以正常使用的固定资产可以随时出售,出售价具体按照合同执行。

由于固定资产使用年限到期,或者因为技术进步,没有维护保养好,没有及时大修理等,固定资产可能提前报废;报废的固定资产不能出售,只能回收残值。

9) 成本计算规则

企业的成本计算包括采购原材料的采购成本、自制半成品生产成本和产成品生产成本。

成本计算的基本方法为品种法。

(1) 原材料采购成本按月计算；采购材料承担的运杂费，需要编制运杂费分配表，计算采购材料的实际采购成本。

(2) 自制半成品成本按月计算；计算自制半成品的成本编制"半成品成本计算表"。

(3) 产成品成本按品种法计算。计算产成品的制造总成本和单位成本，编制"产品成本计算表"。

① 根据各种产品的物料清单和材料消耗定额，计算直接材料费。

② 计算直接人工费。包括直接生产人员的工资和福利费及各种补贴。

③ 归集、分配当期制造费用。制造费用包括间接材料费、间接人工费和计入制造费用的折旧费、维护费、大修理费用、动力费等。

④ 其他费用。其他费用主要包括废品损失和停工损失。废品损失按已耗人、财、物计算；停工损失按实际停工时间计算。

⑤ 在完工产品和在产品之间分配当期生产费用。

⑥ 编制产品成本计算表，计算各种产品的总成本和单位成本。

(4) 发出存货成本结转时间与发出存货计价方式相关联。

① 统计本期销售产品的数量、销售市场、销售价格等资料，编制产品销售情况统计表。

② 根据一贯性原则，计算已销产品的生产成本。

③ 结转本期已销产品的生产成本。根据发出存货的计价方式，销售成本期末一次结转。

④ 结转其他销售业务的成本。

⑤ 已发货未开票的不确认收入。

10) 预借或报销差旅费

凡是需要出差办理业务的人员，可以预借差旅费，差旅费实行预借报销制度。

(1) 出差人员预借差旅费，办理相关手续。

(2) 按照规定报销或支付差旅费。

11) 利息计算

(1) 企业的银行存款，于收到利息单时确认利息收入。

(2) 短期贷款等应支付的利息，应该按月计息，按季付息。

(3) 长期贷款利息一般按月计算，按照贷款合同约定时间支付。

12) 预提或者摊销有关费用

对于跨期摊配业务，生产制造企业应该按照权责发生制原则进行会计处理。

(1) 预提费用处理；

(2) 摊销应由本期负担的各项费用；

(3) 无形资产摊销。企业拥有的无形资产，摊销期为10年，按账面价值平均摊销。

13) 财产清查

为了保证企业财产物资的安全完整，企业应该每月或者每季度进行财产清查，至少每年进行一次财产清查。

(1) 对库存现金盘点，填写现金盘点报告单和账存实存对照表，确认现金长款、短款金额。

（2）获取银行对账单，进行银行对账，编制银行存款余额调节表。

（3）对本企业的流动资产、固定资产等实物资产进行全面盘点，填写盘点报告单和账存实存对照表，确认盘盈、盘亏资产的种类、数量和金额。

（4）核对各种往来款项，确认账实是否相符；每个会计期间，企业应该主动与银行对账，以保证账实相符；双方对不上的账项，要查明原因，分清责任；对于未达账，应该编制银行存款余额调节表。

（5）对账实不符的各项资产进行账务处理。

（6）查明账实不符的原因，报经有关领导批准，分别不同原因对盘盈、盘亏资产进行相应的账务处理。

（7）结转净收益或净损失。

14）票据管理

企业日常会计核算所需要的原始单据，如果属于企业内部往来的单据，可以自制，也可以购买；如果需要开具给外单位的票据，必须使用统一正规票据（模拟实习统一使用）。所有票据的存根联必须保管好，备查。

发票等票据在税务部门购买；支票等票据在银行购买。

15）期末损益类结转规则

（1）投资收益、财务费用两个科目按余额结转。

（2）其他损益类科目按借贷方发生额结转。

（3）所得税计提规则：按季度计提。

3. 银行贷款业务

企业向银行贷款分为短期贷款和长期贷款两大类，企业必须按照申请贷款的用途使用贷款。

1）银行贷款的程序

企业向银行借款筹集资金，需要按照一定的程序办理。

（1）贷款企业向银行提交书面贷款申请、财务报表等银行所需资料；

（2）银行审核资料的真实性和项目可行性；

（3）银行确定本年度贷款额度和本次贷款额；

（4）贷款企业与银行签订贷款合同，约定贷款额、期限、贷款用途、利率、还款方式等；

（5）贷款企业收到银行转入基本存款账户的贷款资金。

2）银行贷款额度限制

企业通过银行贷款可以筹集多少资金，参看银行相关规则。

二、单据编码规则

日期格式参照：2015 年 09 月 06 日；支票大写为：贰零壹伍年零玖月零陆日

单据号除专门指定的之外，其他为流水号格式：

增值税专用发票：制造企业发票号：7894××××

供应商、客户、服务公司：6245××××

采购入库：CG-000××

生产入库：SC-000××

销售出库：XS-000××

材料出库：CL-000××

企业发货单：XS-001××

客户发货单：XS-100××

供应商发货单：XS-200××

转账支票，一本25页：90000001——90000025

现金支票，一本25页：80000001——80000025

其他单据为6位流水号：××××××

原材料、半成品、产成品存放仓库名称为：仓库

注：发票单价、金额、税额需要保留两位小数

采购入库单、到货单、发货单、领料单上的类型或者出库类型可不填写

凭证号、合同号明细见《12月份任务列表凭证及合同编号》

成本计算过程中保留6位小数，往账簿登记时保留两位小数

三、税务规则

1. 增值税规则

定义：增值税是对我国境内销售货物或提供劳务以及进口货物的单位和个人，就其取得的货物或应税劳务销售额计算税款，并实行税款抵扣制的一种流转税。

税率：一般纳税人适用的税率有：16%、10%、6%、0%；小规模纳税人适用征收率，征收率为3%。

计算公式如下：

$$进项税额 = 买价 \times 扣除率$$

$$销项税额 = 销售额（不含税）\times 税率$$

$$当期应纳税额 = 当期销项税额 - 当期进项税额（可抵扣）$$

发票类型：增值税普通发票、增值税专用发票。

最大区别是增值税专用发票可以抵扣进项税款。

2. 个人所得税规则

2018年8月31日，关于修改个人所得税法的决定经十三届全国人大常委会第五次会议表决通过。起征点确定为每月5 000元。新个税法规定：居民个人的综合所得，以每一纳税年度的收入额减除费用6万元以及专项扣除、专项附加扣除和依法确定的其他扣除后的余额，为应纳税所得额。

$$应纳税所得额 = 月度收入 - 5\,000元（起征点） - 专项扣除（三险一金等） -$$
$$专项附加扣除 - 依法确定的其他扣除$$

个人所得税税率表(综合所得适用)

级 数	全年应纳税所得额	税率(%)
1	不超过 36 000 元的部分	3
2	超过 36 000 元至 144 000 元的部分	10
3	超过 144 000 元至 300 000 元的部分	20
4	超过 300 000 元至 420 000 元的部分	25
5	超过 420 000 元至 660 000 元的部分	30
6	超过 660 000 元至 960 000 元的部分	35
7	超过 960 000 元的部分	45

四、现金管理办法

1. 目的

为加强现金管理,规范现金结算行为,确保企业资金安全,根据国家《现金管理暂行条例》,结合本公司实际情况,特制定本制度。

2. 适用范围

本办法适用现金限额管理,库存现金管理以及盘点监督管理。

3. 现金管理原则

企业的现金管理按照账款分开的原则,由专职出纳负责;

出纳与会计岗位不能由同一人担任;

出纳不得兼管现金凭证的填制及稽核工作。

4. 现金限额管理

企业按规定建立现金库存限额管理制度,超过限额的现金应及时存入银行;

备用金需要总经理审批;

本企业的现金开支范围包括:员工报销差旅费等零星开支,单笔报销金额不超过15 000 元;本企业的现金限额为 20 000 元,超过 20 000 元的库存现金应及时存入银行。

5. 现金盘点与监督管理

出纳要每天清点库存的现金,登记现金日记账,做到按日清理、按月结账、账账相符、账实相符;

财务部经理或财务经理指定的人应每月底或不定期抽盘现金,有差异的应查明原因,按规定程序报批处理,造成重大损失的,还要追究责任人的法律责任。

五、车间员工绩效管理办法

1. 车间各组长实际绩效工资计算公式

壶体车间:

实际绩效工资＝(轻巧型壶体产量＋调整数)×0.1＋(经典型壶体产量＋调整数)×0.1＋
(豪华型壶体产量＋调整数)×0.1

组装车间：

实际绩效工资＝[(轻巧型水壶产量＋调整数)×1.6＋(经典型水壶产量＋调整数)×2.3＋
(豪华型水壶产量＋调整数)×3]×0.1

2. 工人实际绩效工资计算公式

壶体车间：

实际绩效工资＝(轻巧型壶体产量＋调整数)×1＋(经典型壶体产量＋调整数)×1＋
(豪华型壶体产量＋调整数)×1

组装车间：

实际绩效工资＝(轻巧型水壶产量＋调整数)×1.6＋(经典型水壶产量＋调整数)×2.3＋
(豪华型水壶产量＋调整数)×3

【注意】(1) 调整数：每月质量达标的生产小组会调增产量，出现质量问题的小组会调减产量，采用小组长负责制，调增调减数所引起的绩效工资计算仅对小组长个人产生影响。公式里员工绩效工资计算的调整数均为0。

(2) 公式里的各产品的"产量"组长与员工不同，组长的"产量"等于本组所有员工"产量"合计数。

(3) 此处"产量分配"与本月实际投产量不同，原因为：① 工资表"产量分配"的产量是按产品各工序进行统计的；② 工资表"产量"包括每月对于返修品等不良产品修复所产生的重复产量。

3. 车间管理员实际绩效工资计算标准

车间管理员绩效工资只算最终的产成品的产量，其绩效工资计算公式为：

实际绩效工资＝[(轻巧型水壶产量＋调整数)＋(经典型水壶产量＋调整数)＋
(豪华型水壶产量＋调整数)]×0.1×0.5

4. 除车间以外的管理部门人员绩效工资

管理部门人员绩效工资为固定值，不随产量的变动而变动，即：

管理部门人员绩效工资＝绩效工资标准

任务三　企业财会岗位介绍

机　构	岗　位	角　色
制造企业	出纳岗	出纳、采购部经理
	费用核算岗	费用会计、薪资会计、资产会计、车间管理员

续 表

机　构	岗　位	角　色
制造企业	成本核算岗	成本会计、仓管员
	往来核算岗	应收会计、应付会计、销售专员、生产计划部经理
	税务会计岗	发票专员、税务会计、人力行政部经理、营销部经理
	总账报表岗	总账报表会计、行政助理、采购专员
	财务经理岗	稽核会计、财务经理、总经理
外围资源	客户	客户代表
	供应商	供应商代表
	银行	银行柜员
	税务	税务局专管员
	服务公司	服务公司代表

一、出纳岗（兼任）岗位职责

1. 出纳

（1）负责办理银行账户的开立、变更和撤销业务；

（2）现金收支管理，做到账款相符，确保现金的安全；

（3）定期进行银行对账，编制银行余额调节表；

（4）银行结算业务的办理；

（5）签发支票、汇票等重要空白凭证并登记；

（6）保管库存现金、有价证券、重要空白凭证、印章等；

（7）登记现金日记账和银行存款日记账；

（8）及时整理并传递原始票据，完成协同工作；

（9）编制资金报表，按月装订并定期归档；

（10）办理贷款卡的年检；

（11）完成领导交给的其他各项临时工作。

2. 采购部经理

（1）制订采购计划，保证满足经营活动的需要；

（2）供应商开发、评估与管理；

（3）采购物流、资金流、信息流的管理；

（4）制定、审核、签署与监督执行采购合同；

（5）控制采购成本和费用；

（6）部门日常费用报销。

二、费用核算岗(兼任)岗位职责

1. 费用会计

(1) 熟悉会计制度和财政部门对各项费用开支的有关规定,在预算范围内,严格掌握费用开支标准,坚持原则,节约费用,不该支付的费用不予报销;

(2) 认真审核各种费用单据,授权审批人和经手人签字齐全,原始单据数字清楚,业务情况反映明确;

(3) 收到费用单据及时填制记账凭证,金额和摘要清楚,按照规定分清各部门和各项费用的小细目,制单和复核手续齐全;

(4) 每月应按权责发生制原则,有关费用预结入账;

(5) 月末编制部门费用汇总表,与预算进行对比分析,对每月的费用进行预警,对超当月预算的费用,提请各部门关注;

(6) 对预算的执行进行总体跟踪和控制,保证在预算控制范围内开支,对异常费用做专项分析,编制相关的管理报表。

2. 薪资会计

(1) 编制工资及福利费用财务预算;

(2) 负责核算发放员工的工资、奖金、津贴、补贴、生活费等薪资福利;

(3) 负责应付工资会计核算;

(4) 负责计提、汇缴职工住房公积金,做好公积金查询和管理工作;

(5) 按工资总额的一定比例计提职工福利费、工会经费、职工教育经费;

(6) 根据人保中心提供的养老保险金、医疗保险金、失业保险金清单,上缴各类基金,计提企业与职工个人所承担的各类基金。

3. 资产会计

(1) 负责根据资产更新改造计划和合同,进行审核原始凭证,编制记账凭证,支付项目款项,进行在建工程核算;

(2) 参与固定资产建造工程项目验收会,办理在建工程结算、进行固定资产核算;

(3) 负责根据批准的固定资产报废或调出审批单进行固定资产减少核算,结转固定资产清理账户、非流动资产处置的营业外收支账户;

(4) 进行固定资产管理,完成建卡、销卡及登账等事后工作;

(5) 负责固定资产折旧计算,并按各项成本费用分摊;

(6) 配合相关部门,参与资产清查,对清查结果做总结报告。

4. 车间管理员

(1) 生产领料;

(2) 生产加工;

(3) 成品完工入库管理;

(4) 生产统计;

(5) 设备维修管理;

（6）日常费用报销。

三、成本核算岗（兼任）岗位职责

1. 成本会计
（1）材料采购的入库登记；
（2）材料领用的核算；
（3）辅助生产成本、制造费用归集与分摊；
（4）生产成本的核算；
（5）销售成本的结转；
（6）存货、生产成本、销售成本科目记账凭证的编制；
（7）存货、生产成本、销售成本账簿的登记；
（8）半成品、产成品的入库登记；
（9）定期与仓管员进行各项原料、物料、产成品、半成品的实物盘点，进行账实核对；
（10）产品成本和生产效率的初级分析；
（11）保管好各种凭证、账簿、报表及有关成本计算资料，防止丢失或损坏，按月装订并定期归档。

2. 仓管员
（1）填写物料出入库单据，办理物料出入库手续；
（2）填写物料卡；
（3）负责原料的质检，出具质检报告；
（4）办理销售出库；
（5）仓库盘点；
（6）监控库存变化、及时补充库存。

四、往来核算岗（兼任）岗位职责

1. 应收会计
（1）根据销售合同对每个客户建立台账管理，做好销售合同的管理，每月月初及时同业务员核对销售订单跟踪执行情况与应收、预收账款；
（2）认真核对并确认客户的每一笔回款，登记应收账款明细账；
（3）负责应收账款账龄分析，对应收账款金额较大、账龄较长的客户进行重点跟踪，包括及时与客户对账，查明原因并向部门主管领导汇报；
（4）负责审核销售合同是否按公司定价进行报价，对低于公司报价的销售合同及时上报；
（5）负责对客户开具发票情况的审核；
（6）按月提供客户回款计划执行情况及回款计划统计表。

2. 应付会计

(1) 负责应付账款的管理、录入,指导并跟踪各部门执行情况;

(2) 会同有关部门制定应付及预付款项的核算和管理办法,负责应付及预付款项的核算工作;

(3) 办理应付及预付款项的结算;

(4) 负责监督采购入库签字手续是否齐全;

(5) 负责对采购价格、各项费用的真实情况进行审核、监督与控制;

(6) 负责对应付、预付及采购费用票据的审核工作。

3. 销售专员

(1) 执行销售计划;

(2) 销售接单,签订销售合同;

(3) 客户联系及管理;

(4) 应收账款管理,跟催货款;

(5) 销售发货管理;

(6) 跟踪销售订单执行。

4. 生产计划部经理

(1) 结合企业的经营目标和生产实际,为决策层提供生产规划方面的建议、方案;

(2) 为实现企业的经营目标提供生产方面的保证;

(3) 对企业的生产环节进行计划、组织、控制,并创造一个文明、安全、无污染的生产环境;

(4) 负责对本部门下属员工的考核评价、教育指导和提升、转职申报等工作。

五、税务会计岗(兼任)岗位职责

1. 发票专员

(1) 开具增值税发票,确保增值税发票的安全,做好票据登记工作;

(2) 每月做好抄税、报税工作。

2. 税务会计

(1) 按需购买各类发票;

(2) 严格按照税务发票的管理规定,保管好库存未使用的空白发票;

(3) 根据业务需求,开具发票并登记;

(4) 定期进行增值税抵扣联认证工作;

(5) 准确计算增值税、城建税等各项税金;

(6) 编制国地税各税种纳税申报表;

(7) 按时申报国地税各税种及缴纳税款;

(8) 按期整理装订纳税申报表和发票留存联及抵扣联;

(9) 配合完成税务部门安排的各种检查以及其他工作;

(10) 根据业务要求,办理其他涉税事项。

3. 人力行政部经理
(1) 制定年度人力资源规划与预算；
(2) 制定部门工作目标和计划；
(3) 制定公司的招聘、培训、薪酬评价、员工档案管理等制度并组织实施；
(4) 负责工作分析、岗位说明书与定岗定编工作；
(5) 参与招聘，核定聘约人员；
(6) 核定人员工资和奖金；
(7) 负责干部培训及绩效考核；
(8) 负责处理各种与劳动合同相关的事宜。

4. 营销部经理
(1) 制定全年销售目标和销售计划；
(2) 销售制度制定及考核、费用预算；
(3) 营销策划、销售运作与管理、进度控制；
(4) 重要销售谈判、销售订单汇总；
(5) 管理日常销售业务，控制销售活动；
(6) 客户关系管理。

六、总账报表岗(兼任)岗位职责

1. 总账报表会计
(1) 负责审核资产会计所做的凭证；
(2) 负责编制各类报表，包括管理类报表；
(3) 负责汇总科目明细账，并登记总账。

2. 行政助理
(1) 对项目及部门各类文档进行分类整理并归档；
(2) 对企业购销合同进行管理；
(3) 负责总经理日常行程安排、协助起草报告、组织会议及其他办公服务工作；
(4) 公司证照的办理、年审、更换、作废等，公司印章保管、使用管理；
(5) 企业资产管理；
(6) 负责召集公司办公会议，做好会议记录；
(7) 收集各部门人员需求信息；
(8) 参加招聘会，初试应聘人员；
(9) 执行并完善员工入职、转正、离职、辞退手续；
(10) 组织新员工培训、在职人员培训；
(11) 统计考勤，计算员工薪酬和奖金；
(12) 维护员工信息管理职工档案。

3. 生产计划员
(1) 生产计划的制订；

(2) 生产进度的控制；
(3) 生产计划及生产进度的适当调整；
(4) 统计数据的分析。

4. 采购专员
(1) 根据生产计划和安全库存，编制物料采购计划；
(2) 询价、议价，与供应商接触并谈判；
(3) 起草并签订采购合同；
(4) 根据计划下达采购订单；
(5) 协助仓储部办理采购货物的入库；
(6) 跟踪采购订单执行情况；
(7) 负责建立供应商档案并及时更新。

七、财务经理岗(兼任)岗位职责

1. 稽核会计
(1) 负责审核原始凭证、记账凭证的签章的完整性，对不合格的记账凭证，责成有关人员查明原因，更正处理；
(2) 负责审核各种明细账、总账和会计报告，并核对相符；
(3) 负责财务稽核工作。

2. 财务经理
(1) 根据企业实际情况，编制企业财务管理制度，制定部门工作目标；
(2) 全面负责企业的财务会计工作；
(3) 审核原始票据，保证支出合理、合法；
(4) 审核记账凭证；
(5) 登记总账；
(6) 编制科目汇总表和财务报表；
(7) 结合经营状况，定期进行经营分析；
(8) 分析检查企业财务收支，合理筹集企业资金，确保企业资金安全；
(9) 负责企业预算制定与监控；
(10) 组织年终决算和年审事务；
(11) 保证按时纳税，按照国家税法和其他规定，严格审查应交税费，督促有关岗位人员及时办理手续；
(12) 积极完成领导交给的各项临时工作。

3. 总经理
(1) 组织制定公司总体战略与年度经营规划；
(2) 建立和健全公司的管理体系与组织结构；
(3) 组织制定公司基本管理制度；
(4) 各职能部门经理的任免。

八、客户代表岗位职责

（1）制订采购计划；
（2）发布商品采购信息，提供拟采购商品的相关信息；
（3）供应商管理，搜集供应商相关信息，建立供应商档案，评审和管理供应商；
（4）合同管理，组织采购合同的评审，对合同进行分类档案管理，并对合同的执行进行监督等；
（5）收货管理，根据合同约定收货；
（6）应付款管理，对应付款项建立应付账款台账，加强应付款管理，保证企业信用；
（7）档案管理，对采购过程的各种文档进行分类归档整理。

九、银行柜员岗位职责

（1）对外办理存取款、计息、结算、贷款业务；
（2）办理营业用现金的领解、保管；
（3）出售银行票据，向企业出售各种银行票据，方便客户办理业务；
（4）掌管本柜台各种业务用章和个人名章；
（5）办理柜台轧账，打印轧账单，清理、核对当班库存现金和结存重要空白凭证和有价单证，收检业务用章；
（6）档案管理，对银行柜台业务的各种文档进行分类归档整理。

十、供应商代表岗位职责

（1）做好公司各项业务的运营，包含材料、厂房、仓库、设备的租赁与销售；
（2）制订销售计划，预计市场需求，制订月度、季度销售计划；
（3）销售信息发布；
（4）客户管理，搜集客户相关信息，建立客户档案，评审和管理客户；
（5）销售合同管理，组织销售合同的评审，建立销售合同台账，对合同进行分类档案管理，并对合同的执行进行监督等；
（6）发货管理，根据客户需要组织合同商品发货；
（7）应收款管理，对应收款项建立应收账款台账，加强应收款的账龄和催收管理；
（8）销售监控与评价，加强对销售过程的监控，对销售过程和结果进行评价；
（9）档案管理，对销售过程的各种文档进行分类归档整理。

十一、税务局专管员岗位职责

（1）税款征收，包含增值税、企业所得税、个人所得税、印花税、房产税、城建税、教育费附加、地方教育附加等项目；

（2）发票售卖，包含增值税专用发票和增值税普通发票；

（3）对发票的印制、购领、使用、监督以及违章处罚等各环节的监督与管理；

（4）纳税检查，依据国家税收政策、法规和财务会计制度规定，对纳税人、扣缴义务人履行纳税义务、扣缴税款义务真实情况的监督和审查；

（5）税收统计、分析；

（6）税务违法处罚；

（7）档案管理，对税务各项业务单据进行分类归档整理。

十二、服务公司业务员岗位职责

（1）做好公司各项业务的运营工作，包含培训服务，广告宣传、市场调研、礼品和办公用品出售、餐饮娱乐等；

（2）服务合同管理，组织合同评审，对各类合同分类管理；

（3）对合同执行状态进行跟进与监督；

（4）应收款管理，对应收款项建立应收账款台账，加强应收款的账龄和催收管理；

（5）客户管理，搜集客户相关信息，建立客户档案，评审和管理客户；

（6）其他服务，作为第三方，代办制造企业的其他服务事项，收取相应费用，开具发票；

（7）档案管理，对销售过程的各种文档进行分类归档整理。

项目三

团队组建

任务一 实习动员

通过实习大会的方式动员学生正视本次实习工作，了解实习的相关事宜，包括 VBSE 的含义、本次实训特点以及实习软件等等。

VBSE 实训特点：

（1）通过不同的组织形态对比，发现适合学生实训的方面来抽取典型企业特征，让学生置身于相对真实的市场环境、商务环境、政务环境、公共环境，依据相对真实的岗位工作内容进行角色设置，进行流程管理，根据业务规则进行业务单据填制等等。在仿真的软件中进行模拟经营和业务运作，通过多人协同进行财务核算和管理。

（2）章证单据的高仿制作使学生紧跟制度、规则的填写方法，下图所示的增值税专用发票的开具与填制，让学生体验真实业务场景。

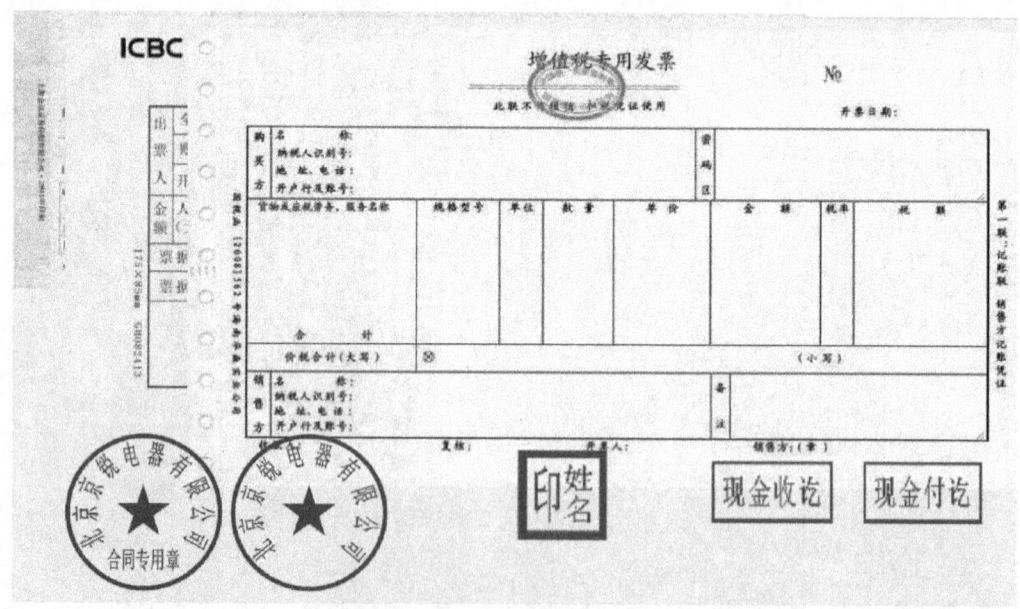

（3）下图所示，实训软件内置知识点，学生边学边用，学以致用，当对某个会计分录或者记账规则不明白时，可以通过点击本知识点进行理论学习。

任务二 CFO候选人竞选

一、CFO工作职责

  财务总监的工作职责可以大致分为三个领域：会计监管领域、财务分析决策领域、与会计和财务相关的管理领域。

  首先，在会计监管领域内，财务总监应具体处理好以下几项工作：① 对企业会计核算的合规性、真实性、可比性、一贯性等进行监督，审核公司的重要财务报告；② 依法检查公司财务会计活动及相关业务活动的合法性、真实性和有效性，及时发现和制止违反法律法规的行为和可能造成出资者重大损失的经营行为，并向董事会报告；③ 组织公司各项审计工作，主要是对公司及各子公司的年度报表审计；④ 依法审定公司及子公司财务、会计、审计机构负责人的任免、晋升、调动、奖惩等事项。

  其次，在财务分析领域，财务总监的职责有以下几项：① 对企业的财务活动的合法性、真实性、有效性等进行监督；② 负责制定财务政策，做出资本预算、计划，进行风险管理；③ 参与审定公司的财务管理规定及其他经济管理制度，监督检查子公司财务运作和资金收支情况；④ 与公司总经理联合审批规定限额范围内的大额支出事项；⑤ 参与审定公司重大财务决策，包括审定公司财务预、决算方案，审定公司重大经营性、投资性、融资性计划和合同以及资产重组和债务重组方案，参与拟订公司的利润分配方案和弥补亏损方案。

  最后，在与会计和财务相关的管理领域，这些领域内的工作与财务、会计工作相关或者对财务、会计工作有较大影响。虽然财务总监的主要职能是财务监督，但是监督总是寓于管理之中的，财务总监在行使对企业筹资、投资、用资、耗资等一系列财务活动的监督职能时,总是要与财务计划、成本控制、会计核算、财务分析等许多财务、会计的具体组织管理工作紧密结合起来,因而财务总监也必然具有一定的管理职能。

与会计和财务相关的管理范围主要包括:① 新产品的开发和产品的定价;② 对董事会批准的公司重大经营计划、方案的执行情况进行监督;③ 公司重大投资项目和制定战略发展规划等;④ 大量增减员工的计划等。

财务总监应承担的责任在于权和责的对立统一,是激励、约束的需要。这些责任包括:① 与总经理一起对公司报出的财务报告的真实性承担责任;② 对公司因财务管理混乱、财务决策失误所造成的经济损失承担相应责任;③ 对公司重大投资项目决策失误造成的经济损失,承担相应责任;④ 对公司严重违反财经纪律的行为承担相应责任。

二、CFO 应具备的基本素质

1. 专业能力

(1) 统筹会计核算及账务处理:指导会计团队把会计核算搞清楚是一切的基础(包括收入、成本、费用、资产、负债等)。

(2) 财务管控(现金流管理):领导对内的应收应付、库存、现金出纳等的管理和对外的税务合规。

(3) 财务分析,为企业增加利润(利润表管理):在实现全面预算管理的基础上,主持财务和业务团队合作,对企业价值链进行分析,从而通过定价策略调整、成本优化、供应链规划等手段为企业增加利润。

(4) 投/融资分析,为企业增加市值(资产负债表管理):主持企业对内的资产项目投资决策和对外的融资项目(债务、股权、融资租赁)。投融资往往联系在一起,如何打通就是这项能力的关键所在(每个项目都可以看作是孵化一个小公司)。

(5) 战略及财务规划,为企业可持续发展提供目标和路线:主持中长期产品、渠道、市场战略的财务及投融资规划。

2. 组织能力

(1) 沟通能力:这是企业领导层必备的对内(战略部署、指导执行、跨部门合作)及对外(客户、政府税务部门、投资人、供应商)发挥影响力的基础。

(2) 组织建设能力:培养人才和领导团队的基础。

(3) 流程/制度建设能力:建设高效流程,至少包括以财务决策分析为目标的 PDCA 流程(计划、执行、检测、调整)和以内控为目标的财务管控流程。

3. 企业家能力

(1) 风险管理:为企业构建风险保护机制(战略/制度)对抗不确定性(包括下面投资新机会的不确定性)。

(2) 发现商业规律/机会的能力:通过宏观环境、产品、市场、渠道、竞争对手的数据分析找到生意机会。有人会说这个交给 CEO、COO、CMO 等就可以了,其实不然。在正规上市企业,如果 CEO 要投资一个新的生意机会/进入一个新市场是需要董事会表决的,表决就需要财务数据。所以,虽然其他各种总监也能找到机会,但是只有财总认可的财务分析模型(通常也是财务部的人做的)才能够把各种机会转化成量化的财务指标。

4. 学习能力

(1) 学习上述能力的能力:上述各种能力的积累九成靠个人,一成靠机遇。个人能否制造和抓住机会快速地把经验转化为能力,这本身就是一种能力。

(2) 学习企业/生意各个细节的能力:对 CFO 最基本的要求就是把企业整盘生意用财务报表的形式表达出来并深刻了解内在逻辑。没有对企业里里外外(市场规模、生产、营销、渠道等)的理解,数字也就只是数字。

三、竞聘 CFO

公司 CFO,作为公司负责财务的最高执行人员,责任重大,负责公司理财、市场交互、项目估价、风险管理、产品市场预测、战略规划,是企业核心竞争力的主要体现。要想成为一名合格的财务总监,必须具备扎实的专业技能,良好的沟通协调能力,优秀的管理能力,熟悉公司的经营策略,有耐心有责任心,承压能力强。要想竞聘成功,需事先进行自我评估,敢与竞争,向公司领导及员工展示自己的工作能力与职场风采。

四、选出最佳 CFO 人选

在选择最佳 CFO 的过程中,我们要了解竞聘者的能力与素养。未来的财务总监应熟悉具体微观操作的人员进行工作的运作方式,以及在工作现场所发现的问题。更重要的是,他要对在微观操作层面中出现的与宏观政策之间的差异对政策制定所带来的影响程度有非常清醒的认识。这样,他才能从出现的各种问题和差异中辨识出,哪些是最重要的问题,需要对企业的整个经营策略的方向进行调整才能解决;哪些是部门之间协调就够解决的问题;哪些是需要完善部门规范或者修改一些本部门与其他部门做业务接口方面的制度规范才能解决的问题。

对于总监级别的人来说,本部门或者其所属各个部门的人员所从事的具体工作不是他应当掌握的技能,但他需要知道所属各部门的人员的工作成果会对公司的经营策略造成何种程度的影响。就像一个财务总监,遇到公司资金出现的问题,就要向总经理汇报并及时调整经营策略,并要其他总监根据调整的策略各自对本部门的工作做出足够的应对。

财务和相关部门负责人员的选用是财务总监的权力,由于每个财务总监的风险管理偏好和控制手法不同,他们需要非常得力并能得心应手的部下来快速理解财务总监的意图,并完成财务总监对于其职权范围经营目标的设计。所以财务总监应具备面向资本市场的基本信息披露能力。对公司财务数据能够进行有效分析,从财务口实现公司的数据化管理,从财务分析中发现问题,解决问题,系统性统筹优化财务流程,对业务形成支持。系统性实现企业的内控,进行财务风险管理,进行有效的成本、费用管理,在业务流程层面对公司可能存在的业务风险进行控制。进行很好的税务筹划,完善的预算、结算控制,完善的资金规划和调度。具备丰富的融资手段和良好的融资技巧,包括但不限于银行融资、债券、信托、可转债、股权融资,丰富的投资手段和良好的投资水平。理财:用包括货币市场金融工具在内的各种工具进行理财;对于股权投资和并购的重大事项进行把握;关系管理:面向包括银行、政府等相关者进行有效的关系管理。财务总监对筹资和投资活动本身对于企业经营活动,特别是财务活动中所影响的收益和风险要有清楚的认识,这样才能给董事会层面的决策以充分的依据。精通企业估值;深刻理解资本市场,对融资、投资、企业财务信息披露会给一级、二级市场传递什么样的信号有清醒的认识,对公司市值管理的来龙去脉和实施路径有准确的见解和完善的规划;对资本市场的法律框架有较为全面的了解,能够应用多种法律主体搭建资本运作的操作架构,在符合外部约束条件之下进行运筹。

任务三　现场招聘团队组建

一、公司财务团队组建的意义

一个企业的兴衰与财务息息相关,企业管理必须以财务管理工作为中心。财务管理工作是组织资金运动,处理同有关方面财务关系的一项经济管理工作。它是一种价值管理,渗透和贯穿于企业一切经济活动之中。企业的资金筹集、使用和分配,一切涉及资金的业务活动都属于财务管理工作的范围。

企业的生产、经营、进、销、调、存每一环节都离不开财务的反映和调控,企业的经济核算、财务监督,更是企业经济活动的有效制约和检查。财务管理工作是一切管理活动的共同基础,它在企业管理中的中心地位是一种客观要求。

随着社会主义市场经济体制的逐步建立,财会工作在企业管理中越来越占有重要的地位。必须坚持一手抓生产发展,一手抓财务管理工作,既要向生产要效益,又要向管理要效益,管理也是生产力。财务管理工作与经济效益有着密切的联系。

企业的中心目标就是围绕着如何以较小的消耗取得尽量大的经济效益,加强财务管理工作能够促进企业节约挖潜、控制费用、降低消耗;通过资金的筹集调度,合力运用资金,提高资金的使用效果,防止资金的浪费;通过对存活的管理可以优化库存结构,减少存货积压,做到经济库存;通过价格的拉动,可以增加企业的收入;通过对国有资产的管理可以促使企业合理有效地使用国有资产,并且做到国有资产的保值、增值。因此充分发挥财务管理工作的龙头作用,就能更加有效地提高经济效益。

财务会计的一个重要职能就是反映企业经济活动情况,为企业经济管理提供完整的以财务信息为主的经济信息。企业的会计信息不仅是企业内部管理的需要,还是企业外部有关决策者所需要的,因为企业不是孤立存在的,它必然要与外界发生各种各样的联系,进行信息交流,如国家宏观经济管理部门、企业外部的投资人、债权人等,都需要利用会计信息进行有关的经济决策。

通过会计核算,对原始数据进行收集、传递、分类、登记、归纳、总结、储存,将其处理成有用的经济管理信息;然后开展财务分析,对企业财务活动的过程和结果进行评价和分析,并对未来财务活动及其结果做出预计和测试。通过这一系列财务管理工作环节,使企业能够向外界提供准确、真实的信息,从而有助于国家宏观调控,使投资人进行合理投资,银行做出信贷决策以及税务机关依法征税。

加强资金管理,提高资金的营运效益是财务管理工作的首要任务。资金是企业的"血液",企业资金运动的特点是循环往复地流动,资金的生命在于"活",资金活,生产经营就活,一"活"带百"活",如果资金不流动,就会"沉淀"或"流失",得不到补偿增值。只有提高资金使用效率,才能确保企业的经济效益,正因为如此,资金管理成为企业财务管理工作的中心是一种客观必然。

财务管理工作具有灵敏度高的特点,企业生产经营管理各方面的效果和问题都会通过不同的财务指标及时反映出来,如决策是否得当,经营是否有方,生产组织是否合理,产品质量及品种是否适合需要,产销是否衔接畅通,耗费是否正常,收入和盈利的取得是否合理等,都会对财务指标产生重大影响。

财务部门通过对财务指标的经常性的计算、预测、整理、分析、肯定成绩、揭露问题、寻找原因,提出改进措施,促使企业不断提高经济效益。

在日常工作过程中财务部门不断对财务流程进行优化创新,如通过流程改造对代销、经销分开核算减少了财务录入工作量;对银行借款采用每天一笔记录入账,从而减少银行对账的工作量;为加强资金的安全管理,采用相互核对监督的方式进行盘点、监督。例如,现金出纳对收银主管的备用金进行监盘,财务经理与主办会计对出纳的货币资金安全进行监督;利用财务软件批量运算功能对报表提取数据,提高了报表提取的工作效率。当然,这不过是财务团队日常工作中创新的一小部分,还有大量工作需要不断地努力去创新,通过创新提高财务团队的整体实力。

公司的财务工作必须由一支精良的财务人员队伍去完成,因而,财务团队的建设显得尤为重要。

二、公司财务团队分工协作的重要性

公司财务团队在企业文化建设、公司凝聚力和团队精神、实现公司目标愿景等方面发挥重要作用。团队内没有分工就没有合作,如果一项工作没有明确的分工,则每一位财务人员就不知道自身的工作任务在哪,具体要承担什么样的工作责任,也谈不上合作,导致的结果就是混乱不堪;而且财务团队内本身对一些工作岗位就有一些特殊的要求,如职务不相容原则、内部控制等,这就决定了要建立一个财务团队首先就得进行合理的分工。

在日常工作中传统的分工是采用串联的工作方式,也就是流水作业,如一名财务人员负责验收录入,然后传递到下一财务人员进行统计汇总,再传递到下一人员进行成本核算,最终进行报表的编制与传送。这样的工作方式优点在于分工明确,能够促进整体的合作。缺点在于职责不是十分明确;数据准确性差,如果数据从第一个环节出错那么所有的数据都不正确;未加强财务管理,如资产管理、资金管理等。

如果采用并联的工作方式,将财务团队岗位分为财务经理、主办会计、结算会计、固定资产管理会计、应收应付会计、出纳等。这种方式的优点是能够进一步明确财务团队各岗位会计人员职责和权限,由多个部分进行单独核算后进行合并汇总,提高了数据的准确性,更利于财务管理的执行。其缺点是不利于个人整体学习,每个人只熟悉自己分管的那一部分。

有合理的分工还不够,还得强调团队人员的合作。首先,加强财务人员之间的合作意识,使他们懂得财务工作是一个整体性的工作,任何一个财务人员的工作不到位都会影响团队的工作效率;其次,在工作过程中创造一个良好的工作氛围,使财务人员之间形成一种相互协作的作风;最后,财务经理人应当不断指导下属如何进行合作。有了分工也有了合作,一个财务团队就掌握了良好的工作方式。

三、什么样的人适合从事财务工作

财务人性格特点一:循规蹈矩。由于财务工作中存在着许多重复性工作,导致他们养成了特定的工作模式,过起了每天日复一日循规蹈矩的生活,这样的特点在财务人中具有普遍性。在职业生涯中,循规蹈矩的工作和生活可以避免许多不必要的错误和麻烦。

财务人性格特点二:思维敏捷。会计工作中,复杂的报表、麻烦的办事程序有时会给工作的进展带来重重阻力。工作中时常会有一些意外出现,事务琐碎,这需要财务人员具有敏捷的思维和过人的处事能力。

财务人性格特点三:勤奋努力。一个财务会计工作者,想要在会计行业有更深一层次的发展,有一种方式就是考试。会计从业人员要参加职业资格评价(会计职称)考试。除此之外,还有更高级的注册会计师考试、注册税务师考试等。

财务人性格特点四:严谨细致。从基础的记账到做账、做报表等,任何一项任务都需要有严谨细致的工作态度才能准确无误地完成。严谨细致是每一位会计人必备的职业操守。

财务人性格特点五:交际能力强。财务是一个既要与单位内部上下进行沟通,又需要面对税务、银行进行外部交流的工作。交际能力强也是会计人必备的性格特点,交际能力差的人即使做了会计,发展也会受到局限。交际能力强这一性格特点,无论在哪里,都有助于在职场形成沟通顺畅达到双赢的状态。

四、如何成为一名优秀的财务人员

随着社会经济的不断发展,企业对财务管理的要求也越来越高。从最初的古代结绳记事到如今的复式计账,会计的发展走过了许多的路程。如何能成为一名优秀的财务人员呢?

一要擅长沟通,熟练掌握沟通技巧。一名财务人员需要面对的不再是几个会计科目,几百份凭证,他需要面对许许多多的人,企业外部如政府部门、客户、供应商、审会中介机构、社会签证机构,企业内部如投资者、企业高层领导、直接上司、平级别的同事、其他部门。内外部关系处理不好,往往很难处理各种各样的事情。比如,不能处理好部门同事的关系,就不能很好地将财务最基本的事情完成;如果不能与财政、统计、工商、税务搞好关系,那么从现实来看,这些部门会设置许多障碍。沟通中要遵循的是:对上司尊敬而不盲从,不卑不亢;对政府部门要以整体利益为重;对同事要平心静气,理解为本。

二是精通专业知识。第一是会计知识。从基本的报表要素到会计报编制,从国家最近的会计法律、法规、规章制度到企业内部会计制度,都必须烂熟于心。第二是税务知识,尤其要熟悉税法。企业对于财务的要求很高,尤其对于税务工作。最基本的是知道如何报税、如何处理税务会计问题,如何运作大型企业集团的税务筹划。第三是金融知识。有的人以为财务人员不需要学习金融,其实这是不对的。随着现在金融改革的加快,国际金融的变化,企业结算的方式、资金运转都需要会计熟悉金融。第四是计算机知识。网络是目前数据传递极重要的手段,在特定的时候,企业进行账务处理完全就是在拼运用计算机的能力,运用会计电算化的能力。第五是财务管理知识。首先是预算管理,预算与成本费用,与利润关系密切。好的预算,通过有效的执行,能为企业产生好的效益。其次是资金运作,资金是企业的命脉,没有资金的企业,就像没有血液的躯体。第六是统计知识。统计学从来就不是一个孤独的学科,现代的企业数据量相当大,现在管理的要求使得我们必须将统计学应用到财务管理中,加强信息提供的能力。

三是熟悉财务各种岗位。只有熟悉每个岗位,才能从数据中发现问题,同时了解别人的工作,因为工作成果是一个团队共同工作完成的。

任务四 制作财会部门宣传海报

一、部门海报的宣传作用

海报是公司部门宣传的重要手段之一,作为一种视觉传达艺术,需体现出部门特色与平面设计的结合优势。它的设计理念、表现手段及部门特色体现较之其他广告媒介更具典型性和实用性。

海报是视觉形象化的设计,海报画面力求生动直观,以其真实的生活感受和美的感召力,表现出不可抗拒的宣传力量。海报重视各种艺术表现手法,以其图文并茂的优势,增强艺术渲染力,生动准确地传达部门信息,达到优良的审美效果。例如,在海报的文字语言的艺术处理上,要力求准确、生动和精炼,并注意其形象性。

商业中的商品海报以具有艺术表现力的摄影、造型写实的绘画和漫画形式表现较多,给消费者留下真实感人的画面和富有幽默情趣的感受。而非商业性的海报,内容广泛、形式多样,艺术表现力丰富。特别是文化艺术类的海报画,根据广告主题,可充分发挥想象力,尽情施展艺术手段。财务部门海报更应结合财务核算对象特点展开想象力,以其新颖的构思、短而生动的标题和广告语,通过海报的远视性和艺术性,体现财务部门严谨务实的思想理念。

二、海报的设计技巧

可以召集部门成员商议海报内容,提供奇思妙想,确定海报主题,搜集海报资料,提炼海报文字。首先确定设计方案想突出一个什么主题,具体到某一个方面,设计的关键词、意义是什么。然后搜集相关背景资料,围绕素材设计现状、发展方向、应对办法、进展情况。从最开始想到的原型、意象入手,在创作中进行处理与拓展,运用抽象化、拟人化手法进行深化,从细节构图、形状、动作、色调、字体确定表达的寓意,使海报具备亲和力、感染力、活力动感的效果。

三、海报的制作过程

制作部门宣传海报前不要急于下手,搜集精美的素材是制作优秀海报成功的一半。好的素材承担的是海报主视觉部分,不同于文案需要经过思维转换才能让读者领会主旨,素材直达受众的第一眼印象,从而吸引受众阅读海报的具体内容。可以通过网络的素材库搜集海报模板,根据素材的颜色、风格、字体、背景以及具体的类型选择模板。

海报的基本要素有图像素材、文案、色和字体排版。根据这几点要素,可以确定海报的宣传调性。根据活动主题的不同,确定海报的基调也相应的不同,根据海报基调来选择图像素材。以招聘海报为例,首先确定海报的基调是比较正式的,并且能体现人才的与众不同,应当选择合适的背景素材,利用醒目色与背景色相区别出来,切合招聘的主题。根据主题和背景撰写文案,可以根据背景确定文案,也可以根据文案选择背景,文案是仅次于图像给人带来最直观信息传达的部分,所以文案的撰写要准确、简洁、有力地表达海报主题。

模块二 VBSE 财会原理掌握与实战演练

项目一

期初建账

> **知识目标**
> 1. 熟悉会计、出纳及财务经理岗位的工作分工。
> 2. 掌握期初建账的财务工作流程。
> 3. 掌握会计凭证的填制与审核、账簿分类及登记的要点。

> **技能目标**
> 1. 熟悉公司财务期初建账的工作流程。
> 2. 掌握填制会计凭证的方法和注意事项。
> 3. 掌握会计账簿各科目之间的平衡关系。

> **知识准备**

一、了解财务工作流程

1. 了解账务处理流程

本企业采用科目汇总表账务处理程序。科目汇总表账务处理程序又称记账凭证汇总表账务处理程序,它是根据记账凭证定期编制科目汇总表,再根据科目汇总表登记总分类账的一种账务处理程序。

(1) 根据原始凭证编制汇总原始凭证;

(2) 根据涉及现金和银行存款的凭证(收款凭证或付款凭证)逐笔登记现金日记账和银行存款日记账;

(3) 根据原始凭证、汇总原始凭证和记账凭证登记各种明细分类账;

(4) 根据各种记账凭证编制科目汇总表;

(5) 根据科目汇总表登记总分类账;

(6) 期末,现金日记账、银行存款日记账和明细分类账的余额同有关总分类账的余额核对相符;

(7) 期末,根据总分类账和明细分类账的记录,编制会计报表。

2. 了解填制凭证注意事项

记账凭证是进行登账、报表的基础。填制记账凭证是财务人员每天必做的工作,掌握记账凭证填制的要求,是做好财务工作的一项重要内容。

填制记账凭证注意事项如下:

(1) 以审核无误的原始凭证为依据;

(2) 填写记账凭证的日期;

(3) 按照凭证的种类顺序填写记账凭证的编号,按自然顺序连续编号,不得跳号、重号;

(4) 摘要既要真实准确又要简明扼要;

(5) 正确填制会计科目,应当填写会计科目的全称,不得简写;

(6) 记账凭证的金额必须与原始凭证的金额相符,阿拉伯数字应书写规范;

(7) 计算和填写所附原始凭证的张数,用阿拉伯数字写在记账凭证的右侧"附件××张"行内;

(8) 记账凭证填制完成后,一般应由财务人员根据职责签名盖章,以示其经济责任;

(9) 填制记账凭证应选择钢笔或签字笔,用蓝黑墨水或碳素墨水书写。

3. 了解记账凭证审核内容

所有填制好的记账凭证,都必须经过其他财务人员认真的审核。在审核记账凭证的过程中,如发现记账凭证填制有误,应当按照规定的方法及时加以更正。只有经过审核无误后的记账凭证,才能作为登记账簿的依据。记账凭证的审核主要包括以下内容:

(1) 记账凭证是否附有原始凭证,记账凭证的经济内容是否与所附原始凭证的内容相同;

(2) 会计凭证是否连续编号;

(3) 会计科目使用是否正确,借贷方对应关系是否清晰、金额是否正确;

(4) 记账凭证中的项目是否填制完整,摘要是否清楚;

(5) 附件张数是否记录正确;

(6) 有关人员的签章是否齐全,凭证记账栏统一略。

4. 了解登记账簿注意事项

登记账簿是指根据审核无误的原始凭证及记账凭证,按照国家统一会计制度规定的会计科目,运用复式记账法把经济业务序时地、分类地登记到账簿中去。登记账簿是会计核算工作的主要环节。登记账簿注意事项如下:

(1) 登记会计账簿时,内容要准确完整,应当将会计凭证日期、编号、业务内容摘要、金额等信息逐项记入账内,做到数字准确、摘要清楚、字迹工整。

(2) 登记账簿要及时。

(3) 登记完毕后及时在记账凭证上注明已经登账的符号,表示已经记账,凭证记账栏略。

(4) 账簿中书写的文字和数字上面要留有适当空格,不要写满格,一般应占格距的 1/2。

（5）登记账簿要用蓝黑墨水或者签字笔书写，不得使用圆珠笔或者铅笔书写。

（6）下列情况，可以用红色墨水笔记账：按照红字冲账的记账凭证，冲销错误记录；在不设借贷等栏的多栏式账页中，登记减少数。

（7）各种账簿应按页次顺序连续登记，不得跳行、隔页。如果发生跳行、隔页，应当将空行、空页划线注销，或者注明"此行空白""此页空白"字样，并由记账人员签名或者盖章。

（8）凡需要结出余额的账户，结出余额后，应当在"借或贷"等栏内写明"借"或者"贷"等字样。没有余额的账户，应当在"借或贷"等栏内写"平"字，并在余额栏内用"0"表示。

（9）发现差错必须根据差错的具体情况采用划线更正、红字更正、补充登记等方法进行更正。

（10）每一账页登记完毕结转下页时，应当结出本页合计数及余额，写在本页最后一行和下页第一行有关栏内，并在摘要栏内注明"过次页"和"承前页"字样。

二、熟悉账簿

1. 熟悉账簿的分类

账簿分类名称		作用	适用科目
日记账	现金日记账	记录现金收支及结余	现金
	银行存款日记账	记录银行存款收支及结余	银行存款
分类账	总账	汇总登记全部经济业务，进行分类核算	一级科目
	明细账	分类登记经济业务事项的账簿，并受总分类账的控制和统驭	最末一级科目
备查账		满足企业生产经营需要	根据企业需要自行确定
三栏式		登记不同的会计科目	除日记账、多栏式、数量金额式登记以外的其他科目
多栏式		登记不同的会计科目	期间费用科目、生产成本、制造费用等
数量金额式		登记不同的会计科目	存货类科目
活页式		分类账和备查账使用	除现金及银行存款以外的其他科目
订本式		日记账使用	现金及银行存款日记账

示例：
(1) 总账。

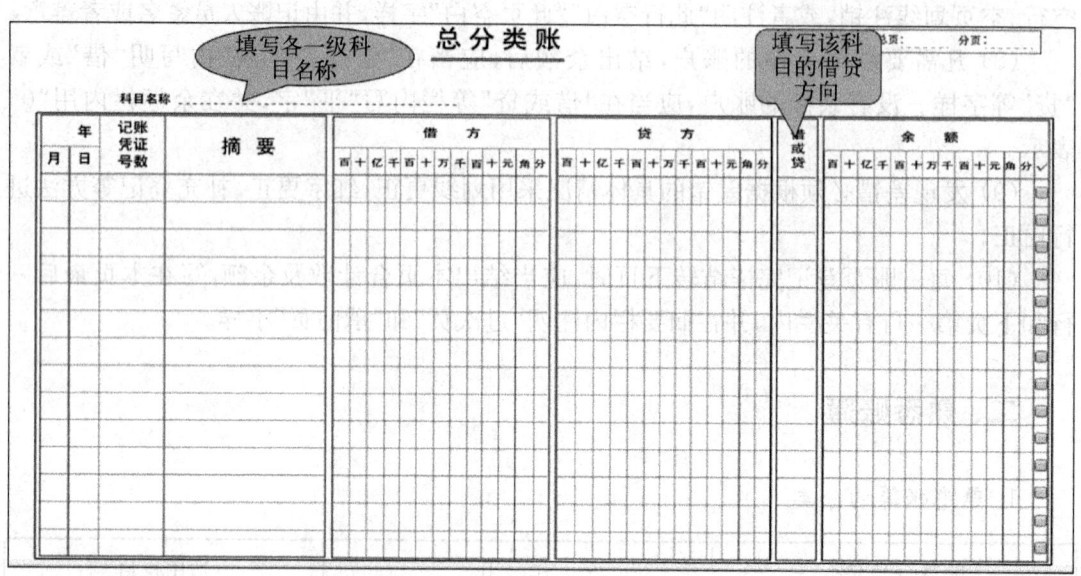

(2) 日记账。

（3）三栏式明细账。

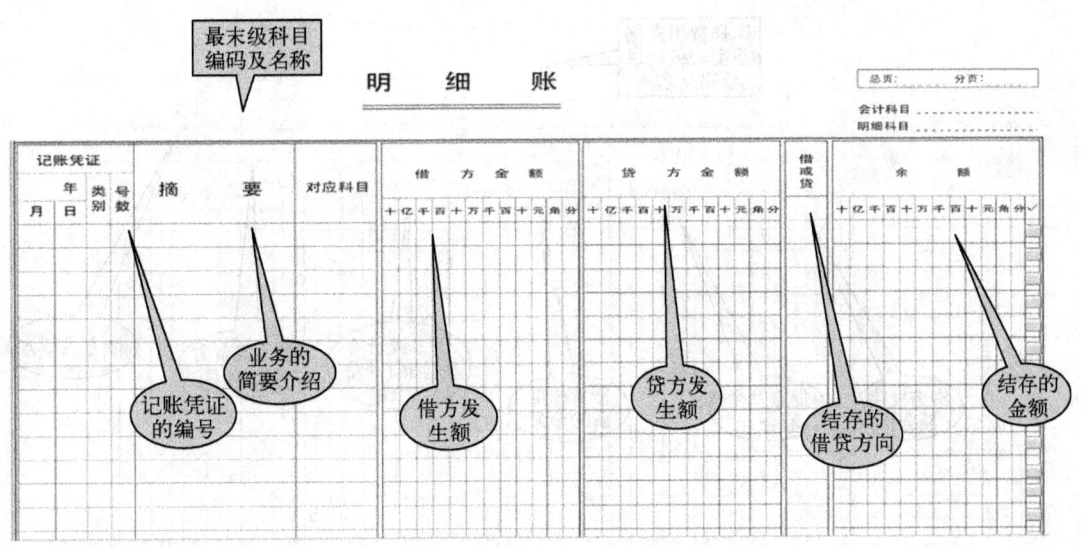

（4）数量金额式明细账。

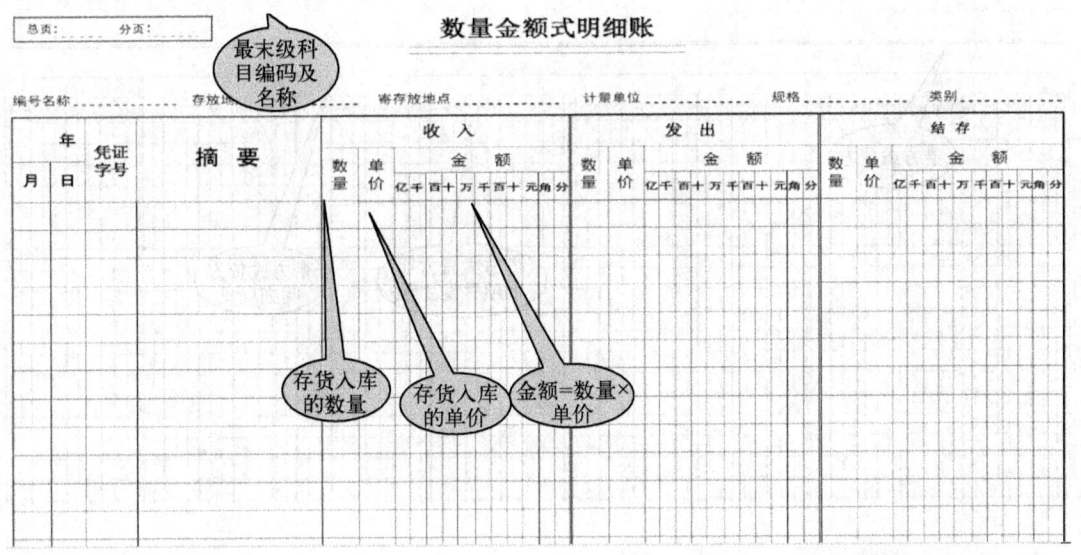

(5) 多栏式明细账。

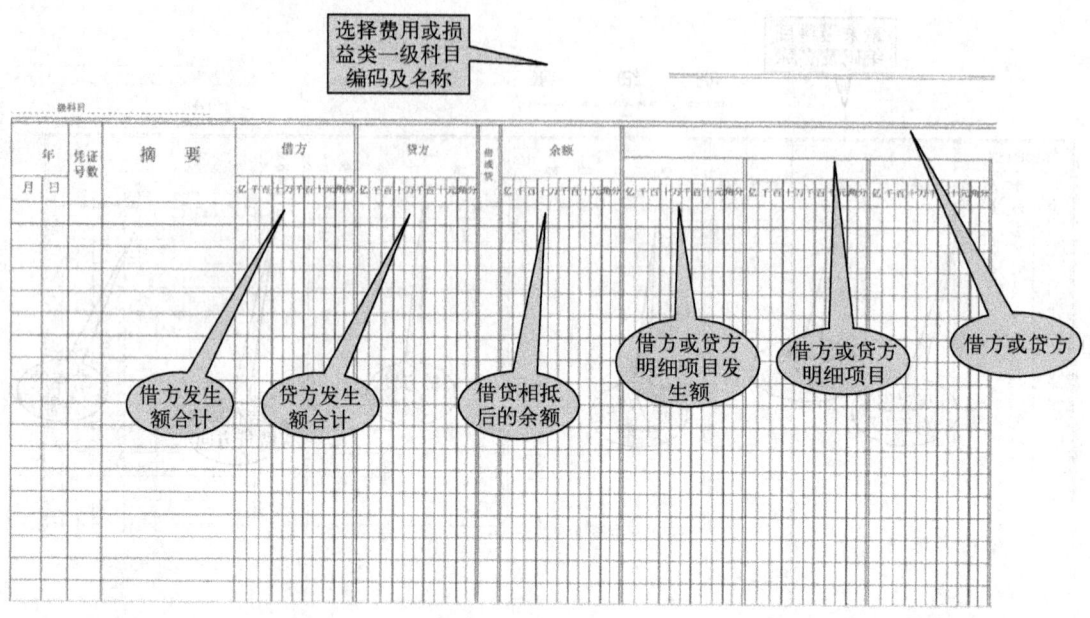

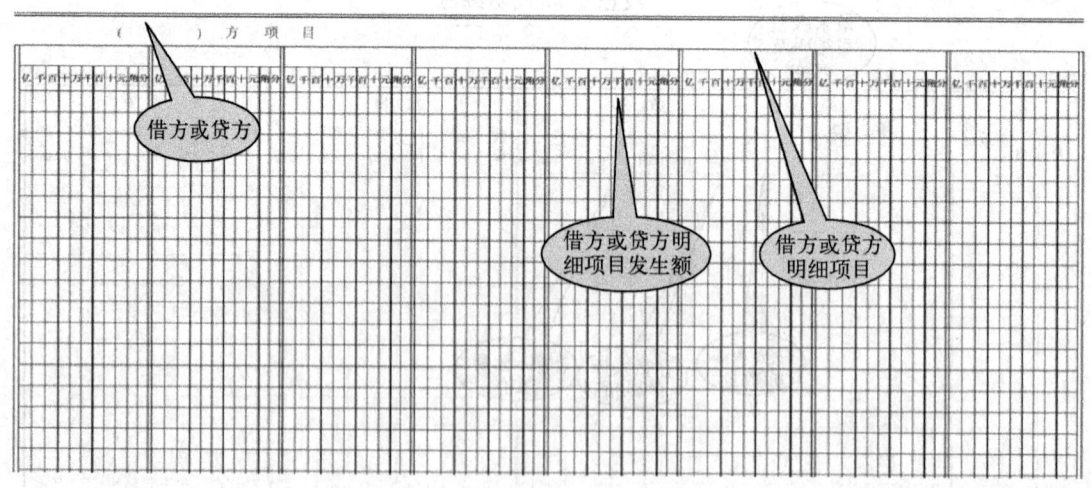

(6)应缴增值税明细账。

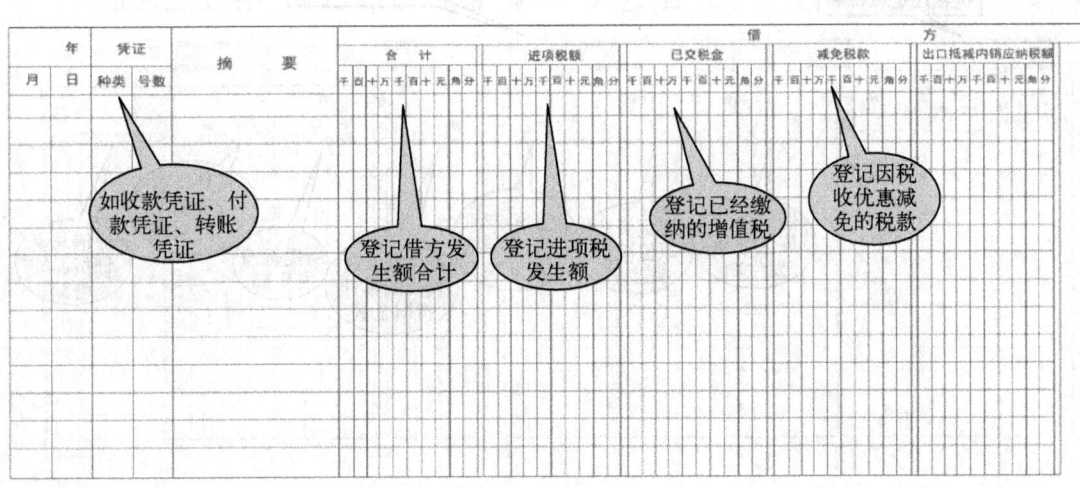

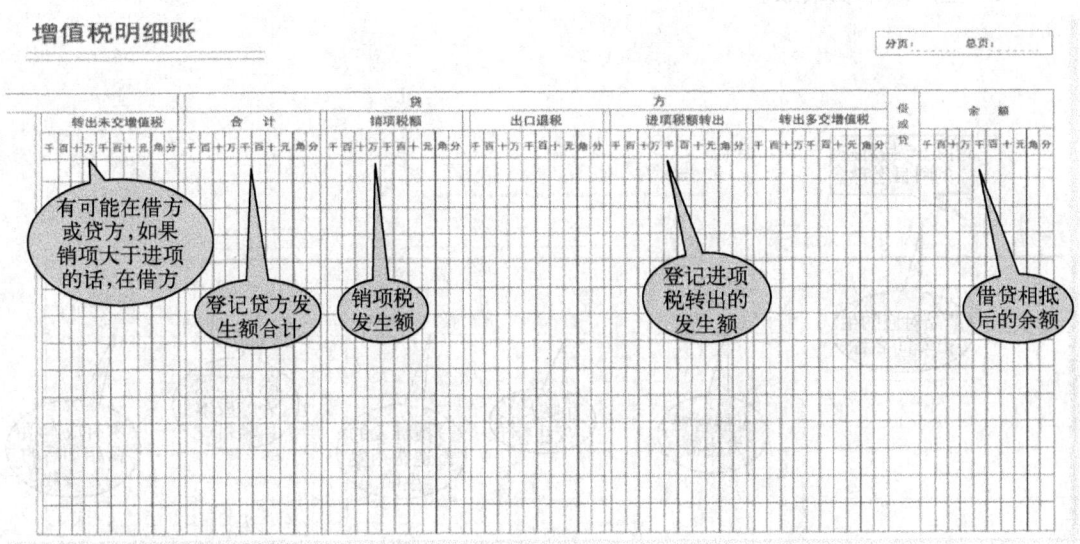

（7）固定资产明细账。

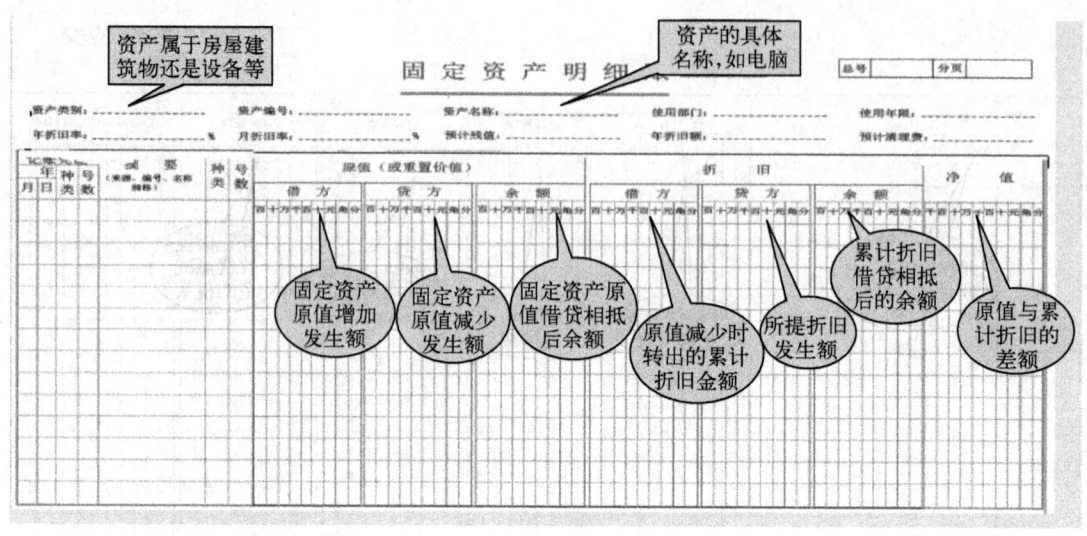

（8）生产成本明细账。

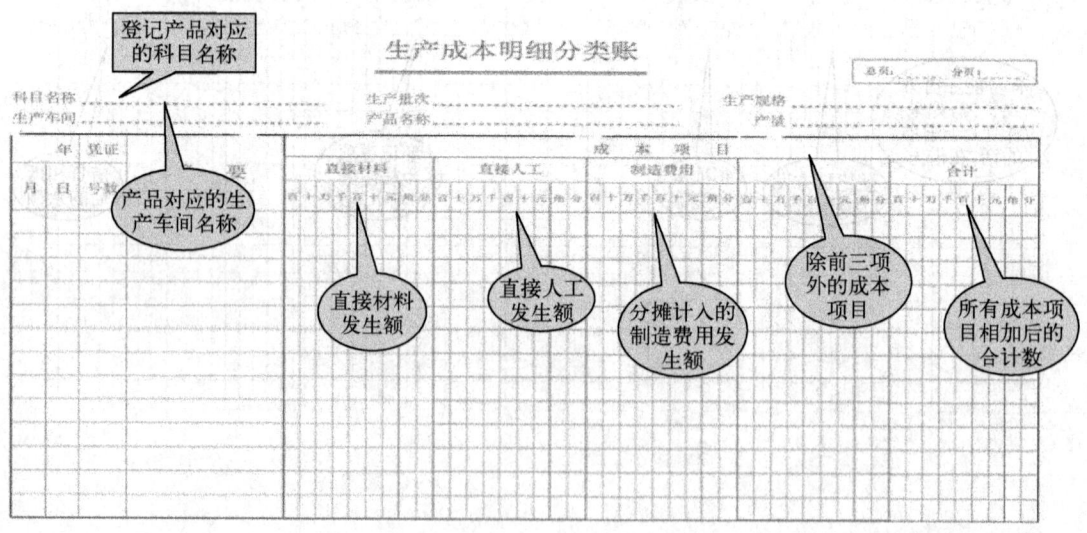

2. 熟悉内部岗位分工

岗 位	分 工	管理科目
出纳岗	1. 对涉及现金的凭证进行出纳签字； 2. 登记现金和银行存款日记账	1. 现金； 2. 银行存款
费用核算岗	1. 填制凭证； 2. 登记账簿	1. 销售费用；2. 管理费用；3. 其他应收款；4. 财务费用；5. 应付职工薪酬；6. 其他应付款；7. 交易性金融资产；8. 应收股利；9. 库存商品；10. 持有至到期投资；11. 可供出售金融资产；12. 长期股权投资；13. 投资性房地产；14. 固定资产；15. 累计折旧；16. 固定资产清理；17. 无形资产；18. 累计摊销；19. 其他综合收益
成本核算岗	1. 填制凭证； 2. 登记账簿	1. 在途资产；2. 原材料；3. 库存商品；4. 生产成本；5. 制造费用；6. 主营业务成本
往来核算岗	1. 填制凭证； 2. 登记账簿	1. 应收账款；2. 预收账款；3. 主营业务收入；4. 其他业务收入；5. 预付账款；6. 应付账款；7. 应付利息；8. 长期借款
税务核算岗	1. 填制凭证； 2. 登记账簿	1. 应交税费；2. 税金及附加；3. 所得税费用
总账报表岗	1. 负责编制和登记总账； 2. 负责编制会计报表； 3. 审核凭证； 4. 编制科目汇总表	1. 应收资本；2. 资本公积；3. 本年利润；4. 利润分配；5. 营业外支出；6. 投资收益
财务经理岗	1. 进行财务分析；2. 进行预算审核；3. 审核会计报表	

3. 熟悉建账原则和建账步骤

建账就是根据《中华人民共和国会计法》和国家统一会计制度的规定及企业具体行业要求和将来可能发生的会计业务情况，确定账簿种类、格式、内容及登记方法。

1) 建账原则

(1) 依法原则。各单位必须按照《中华人民共和国会计法》和国家统一会计制度的规定设置会计账簿，不允许不建账，也不允许在法定的会计账簿之外另外建账。

(2) 全面系统原则。设置的账簿要符合各单位生产经营规模和经济业务的特点，使设置的账簿能够反映企业经济活动的全貌。

(3) 组织控制原则。设置的账簿要有利于账簿的组织、建账人员的分工，利于财产物资的管理，便于账实核对。

(4) 科学合理原则。建账应根据不同账簿的作用和特点有统驭或平行制约的关系，以保证账簿资料的真实、正确和完整。

2）建账步骤

（1）根据企业生产经营需要，选择会计科目并设置二级科目及辅助科目，明确建账科目。

（2）在账簿的"启用表"上，写明单位名称、账簿名称启用日期以及记账人员和会计主管人员姓名，并加盖名章和财务章，加贴印花税。

（3）按照会计科目表的顺序、名称，建立总账、明细账和日记账，录入总账和明细账科目期初余额，余额处注明借贷方向。

（4）启用订本式账簿，应从第一页起到最后一页止顺序编定号码，不得跳页、缺号；使用活页式账簿，应按账户顺序编本户页次号码。各账户编列号码后，应填"账户目录"，将账户名称页次登入目录内，并粘贴索引纸（账户标签），写明账户名称，以利检索。

（5）进行期初建账登账工作；建账后要进行账账核对，应将日记账与总账核对，明细账汇总、总账核对。（本次实训从此步骤开始）

试算平衡

任务一　出纳岗填写期初数据

出纳员根据资料给定的内容选择自己的出纳员岗位下的表格，只填写用绿色标注的金额，本系统主要填写库存现金、银行存款的期初余额。

需要填写的数据可直接点击系统页面。

任务二　费用核算岗填写期初数据

费用核算岗根据资料给定的内容选择自己岗位下的表格，只填写用绿色标注的金额，本系统主要填写其他应收款、应付职工薪酬、固定资产、累计折旧等项目的期初余额。

需要填写的数据可直接点击系统页面。

任务三　成本核算岗填写期初数据

成本核算岗根据资料给定的内容选择自己岗位下的表格，只填写用绿色标注的金额，本系统只要填写原材料各二级科目等项目的期初余额。

需要填写的数据可直接点击系统页面。

任务四　总账报表岗填写期初数据

总账报表岗根据资料给定的内容选择自己岗位下的表格，只填写用绿色标注的金额，本系统主要填写实收资本、资本公积等项目的期初余额。

需要填写的数据可直接点击系统页面。

任务五　往来核算岗填写期初数据

往来核算岗根据资料给定的内容选择自己岗位下的表格，只填写用绿色标注的金额，本系统主要填写应收账款、应付账款、长期借款、应付利息等项目的期初余额。

需要填写的数据可直接点击系统页面。

任务六　税务会计岗填写期初数据

税务会计岗根据资料给定的内容选择自己岗位下的表格，只填写用绿色标注的金额，本系统主要填写应交税费明细科目等项目的期初余额。

需要填写的数据可直接点击系统页面。

任务七　财务经理进行期初试算平衡

财务经理根据其他各岗位填写的数据进行对账，核对各分类账、总分类账，进行试算平衡工作。

需要核对的数据可直接点击系统页面。

项目二
买卖资产确认与计量的原理掌握与实战演练

知识目标

1. 熟悉金融资产的分类及核算特点。
2. 掌握交易性金融资产、可供出售金融资产、持有至到期投资的确认与计量方法。
3. 掌握长期股权投资、投资性房地产、固定资产、无形资产的确认与会计核算方法。

技能目标

1. 熟悉交易性金融资产可供出售金融资产、持有至到期投资的初始确认与后续计量。
2. 掌握长期股权投资、投资性房地产、固定资产、无形资产的确认与会计核算方法。
3. 熟练掌握金融资产从购置到处置的会计账务处理。

知识准备

本系统下的金融资产及其分类：

主要包括库存现金、银行存款、应收账款、应收票据、其他应收款项、债权投资、股权投资和衍生金融工具形成的资产等。

金融资产的分类：

（1）以公允价值计量且其变动计入当期损益的金融资产。
（2）持有至到期投资。
（3）可供出售金融资产。
（4）贷款和应收款项。

注：为与本系统更好的衔接，此处知识准备的金融资产分类未作更新，具体更新内容见二维码。

金融工具的分类

任务一　交易性金融资产确认与计量原理掌握及实战演练

一、交易性金融资产计量原理

1. 交易性金融资产的确认

（1）交易性金融资产，是以公允价值计量且其变动计入当期损益的金融资产，可以进一步分为交易性金融资产和指定为以公允价值计量且其变动计入当期损益的金融资产。

（2）金融资产满足下列条件之一时，应当划分为交易性金融资产：

① 取得该金融资产的目的主要是近期内出售且回购。比如，企业以赚取差价为目的从二级市场购入的股票、债券、基金等。

② 属于进行集中管理的可辨认金融工具组合的一部分，且有客观证据表明企业近期采用短期获利方式对该组合进行管理。比如，企业基于其投资策略和风险管理的需要，将某些金融资产进行组合，从事短期获利活动，对于组合中的金融资产，应采用公允价值计量，并将其相关公允价值变动计入当期损益。

③ 属于衍生金融工具。比如，国债期货、远期合同、股指期货等，其公允价值变动大于零时，应将其相关变动金额确认为交易性金融资产，同时计入当期损益。但是，如果衍生工具被企业指定为有效套期关系中的套期工具，那么该衍生金融工具初始确认后的公允价值变动应根据其对应的套期关系（即公允价值套期、现金流量套期或境外经营净投资套期）不同，采用相应的方法进行处理。

2. 交易性金融资产的计量

按照我国会计准则规定，交易性金融工具的初始和后续计量均按照公允价值计量。

公允价值是指在公平交易中，熟悉情况的交易双方自愿进行的资产交换且债务清偿的金额。（持续经营条件下）交易费用是指可直接归属于购买、发行或处置金融工具新增的外部费用，主要包括支付给代理机构、咨询公司、券商等的手续费和佣金及其他必要支出（如印花税等）。购买成本与其账面价值、交易费用之间的关系是：交易性金融资产的购买成本＝该交易性金融资产购买时的公允价值＋作为投资费用列支的交易费用。

3. 交易性金融资产持有期间的红利宣告账务处理

交易性金融资产持有期间的应计股利（利息）作为本期投资收益核算。

被投资单位宣告发放现金股利或资产负债表日按债券票面利率计算利息时，借记"应收股利"或"应收利息"账户，贷记"投资收益"账户。

借：应收股利（被投资单位宣告发放的现金股利×投资持股比例）
　　应收利息（资产负债表日计算的应收利息）
　贷：投资收益

4. 交易性金融资产后续计量——收到红利

收到现金股利或债券利息时，借记"银行存款"账户，贷记"应收股利"或"应收利息"账户。取得时包含在购买价款中的已宣告发放尚未领取的股利或尚未支付的债券利息，实际收回时，借记"银行存款"账户，贷记"应收股利""应收利息"账户。

借：银行存款
    贷：应收股利（被投资单位宣告发放的现金股利×投资持股比例）
        应收利息（资产负债表日计算的应收利息）

5. 交易性金融资产处置账务处理

企业出售交易性金融资产时，按实际收到的金额，借记"银行存款"等账户，按其成本，贷记"交易性金融资产"（成本），按其公允价值变动，贷记或借记"交易性金融资产"（公允价值变动），按其差额，贷记或借记"投资收益"账户。同时，按原计入该金融资产的公允价值变动，借记或贷记"公允价值变动损益"账户，贷记或借记"投资收益"账户。

借：银行存款等
    贷：交易性金融资产
        投资收益（差额，也可能在借方）

同时
借：公允价值变动损益（原计入该金融资产的公允价值变动）
    贷：投资收益

或
借：投资收益
    贷：公允价值变动损益

二、演练：购买、处置嘉实优势基金

1. 流程图

（1）12.6 任务二：交易性金融资产初始计量（购买嘉实优势基金）。

财务经理授意出纳投资金融资产—出纳去银行取理财产品交易申请表—银行柜员将理财产品交易申请表给出纳—出纳填表—总经理审批—财务经理审核—出纳到银行办理业务—银行柜员办理理财产品购买业务—银行柜员打印银行回单—出纳传递单据给资产会计—资产会计填写记账凭证—总账报表会计审核凭证—财务主管签字—出纳登记日记账—资产会计登记明细账—总账报表登记明细账。

借：交易性金融资产——成本
    投资收益
    贷：银行存款

（2）12.12 任务一：交易性金融资产后续红利宣告。

财务经理将红利发放公告给资产会计—资产会计填写记账凭证—总账报表会计审核凭证—财务主管签字—资产会计登记明细账—总账报表会计登记明细账。

借：应收股利
　　贷：投资收益

(3) 12.12 任务一：交易性金融资产后续计量——收到红利。

出纳到银行柜台办理基金红利到账业务—银行柜员划账业务处理—出纳将单据给会计—资产会计填写记账凭证—财务经理审核凭证—出纳登记日记账—资产会计登记明细账。

借：银行存款
　　贷：应收股利

(4) 12.28 任务一：交易性金融资产处置。

出纳去银行取回理财产品交易申请表空表—银行柜员将理财产品申请表空表给出纳—出纳填表—总经理审表并签字—财务经理审表并签字—出纳到银行办理卖出业务—银行柜员办理卖出并打印回单—出纳将单据给资产会计—资产会计填写记账凭证—总账报表会计审核凭证—财务主管签字—出纳登记日记账—总账报表会计登记明细账—资产会计登记明细账。

借：银行存款
　　贷：交易性金融资产——成本
　　　　投资收益

2. 实战演练

交易性金融资产是以公允价值计量且其变动计入当期损益的金融资产，以及没有划分为持有至到期投资、贷款和应收款项、可供出售的金融资产，如企业从二级市场上购入的股票、债券、基金等。取得该金融资产的目的，主要是为了近期内出售。交易性金融资产属于衍生金融工具。

注：本模块的记账凭证日期仅供参考，具体以案例日期为准。

(1) 初始计量。

记 账 凭 证

2015 年 9 月 6 日　　　　转字第 010 号

摘要	总账科目	明细科目	√	借方金额	√	贷方金额	附单据
购入股票	交易性金融资产	成本		4800000 00			
		投资收益		24000 0			
		银行存款				4802400 00	1张
	合　计			¥100000 00		¥100000 00	

财务主管　　　　记账　　　　审核　　　　制单　李四

（2）资产负债表日公允价值变动情况。

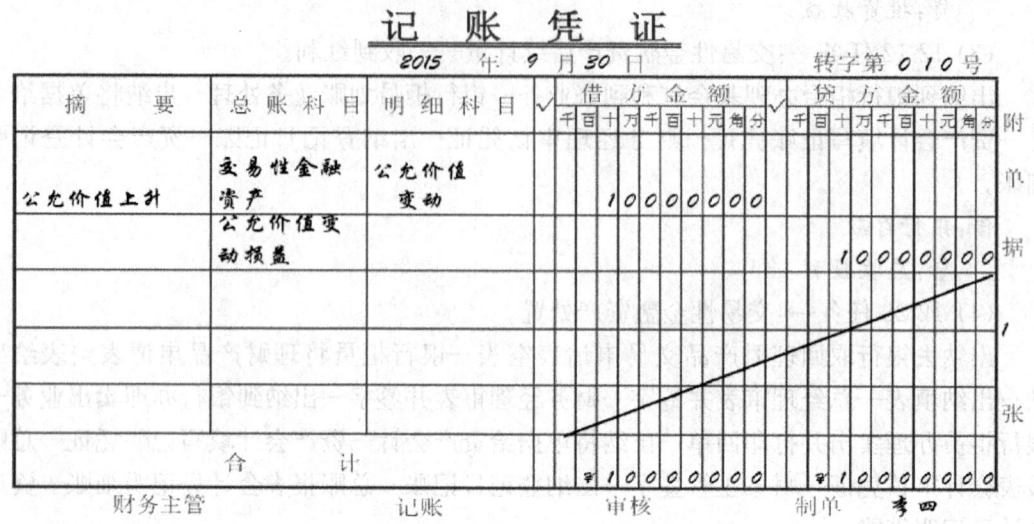

（3）交易性金融资产处置。

（4）法人理财业务申请书填写说明。

法人理财业务申请书是指企业法人向银行金融机构申请购买/赎回/撤单某种理财产品时填写的一种单据（见下表）。

① 申请人名称：填写本企业法人真实姓名。
② 资金账户账号/卡号：企业法人的证券开户账号或银行卡号。
③ 交易业务。

a. 购买/赎回/撤单：三种交易业务方式，根据当时操作进行选择。以基金为例：首次募集期购买基金的行为称为认购，一般每份 1.00 元。申购指在基金成立后，处于申购开放状态期内，投资者申请购买基金份额的行为。也就是说，认购就是买新发行基金，申购为购买已发行正在运作的基金，价格是随行就市的。赎回就是将手里的基金卖出变成现金。撤单就是撤回未成交的委托单，购买股票、基金，委托未成交或未受理，可以撤回。当然,已成交或受理申请,是无法撤回的。

  b. 产品代码:理财产品对应代码,本案例中为 10001。
  c. 属性设置:分红方式选择,本案例为现金分红。
  d. 交易币种:操作理财产品时使用币种。
  e. 钞汇标志:向银行金融机构付款方式。
  f. 交易金额/份额大写、小写:金额大小写。
  g. 申请人签章:企业法人进行签名和盖章。
  h. 日期:企业法人填写理财业务申请书的日期。

ICBC 中国工商银行

工商银行公司理财计划交易申请确认表

银行打印	特别提示: 工商银行提醒贵公司在填表申请办理公司理财业务前详细阅读相关理财产品说明书,理财产品说明书及风险提示书为本申请表不可分割的一部分。凡填写并签署本交易申请表的客户,视为自动认可相关理财产品说明书和风险提示书的内容,并愿意受其约束。我行将以"工商银行公司理财计划交易申请确认表"对贵公司的相关交易申请进行确认				
客户填写	申请人			资金账户账号/卡号	
	交易业务	购买/赎回/撤单		产品名称	
				产品代码	
		分红方式			
	交易币种			钞汇标志	
	交易金额	大写		小写	
	交易份额				
	声明:本单位已阅读理财协议条款及相应产品说明书与风险提示,充分了解并清楚知晓本产品风险,并愿意承担相关风险,本单位保证填写的信息资料的正确性,并确认银行打印				
	申请人签章	客户审批 (财务经理)		客户审批 (总经理)	
	日期	日期		日期	

任务二 可供出售金融资产确认与计量
原理掌握及实战演练

一、可供出售金融资产计量原理

1. 可供出售金融资产的确认
(1) 可供出售金融资产是指初始确认时即被指定为可供出售的非衍生金融资产,以及除去贷款和应收款项、持有至到期投资、以公允价值计量且其变动计入当期损益的金融资产以外的金融资产。

(2) 可供出售金融资产主要包括可供出售的股票投资、债权投资等金融资产。

2. 可供出售金融资产的计量

(1) 把取得该金融资产的公允价值和相关交易费用之和作为初始确认金额。支付价款中包含已宣告发放的债券利息或现金股利的,单独确认为应收项目。

(2) 持有期间取得的利息或现金股利,计入投资收益。

(3) 资产负债表日,可供出售金融资产应以公允价值计量,且公允价值变动计入其他综合收益。

(4) 处置可供出售金融资产时,应按取得价款与原直接计入所有者权益的公允价值变动累计额对应处置部分的金额,与该金融资产账面价值之间的差额,确认为投资收益。

二、演练:购买国泰民意基金

1. 流程图

(1) 12.6 任务二:可供出售金融资产初始计量。

财务经理授意出纳投资金融资产—出纳去银行取理财产品交易申请表—银行柜员将理财产品交易申请表给出纳—出纳填表—总经理审批—财务经理审核—出纳到银行办理业务—银行柜员办理理财产品购买业务—银行柜员打印银行回单—出纳传递单据给资产会计—资产会计填写记账凭证—财务经理审核凭证—出纳登记日记账—资产会计登记明细账。

借:可供出售金融资产—成本
　　贷:银行存款

(2) 12.28 任务一:可供出售金融资产后续计量公允价值变动。

资产会计根据公允价值填写记账凭证—总账报表会计审核凭证—财务主管签字—资产会计登记明细账。

借:其他综合收益
　　贷:可供出售金融资产公允价值变动

2. 实战演练
(1) 初始计量。

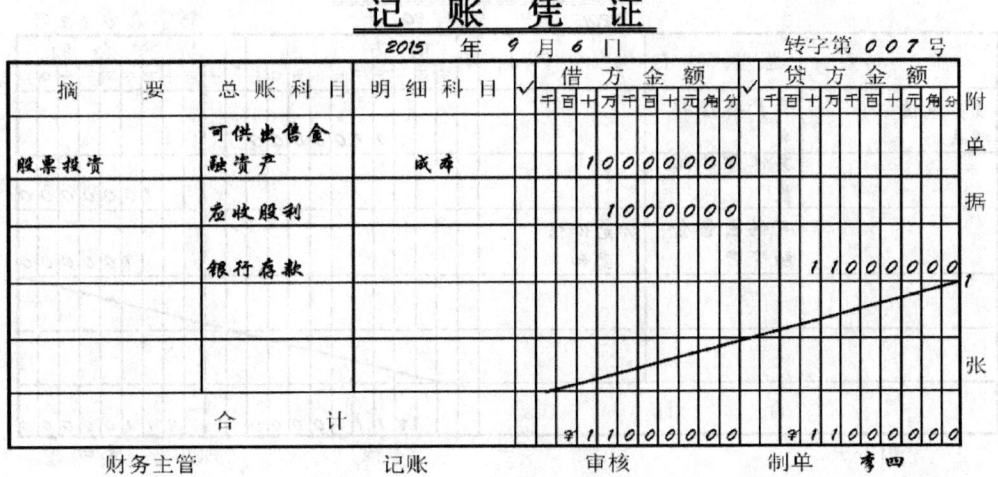

(2) 资产负债表日公允价值上升。

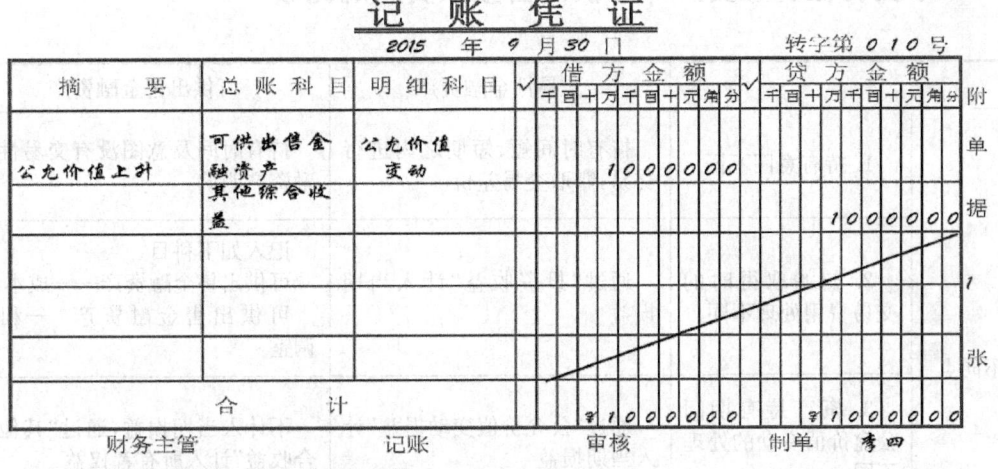

(3) 资产负债表日公允价值下降。

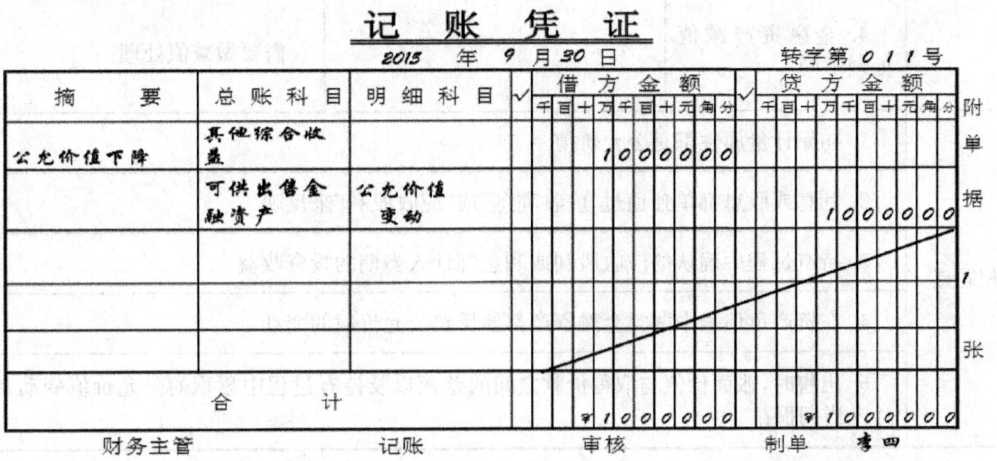

（4）资产负债表日减值。

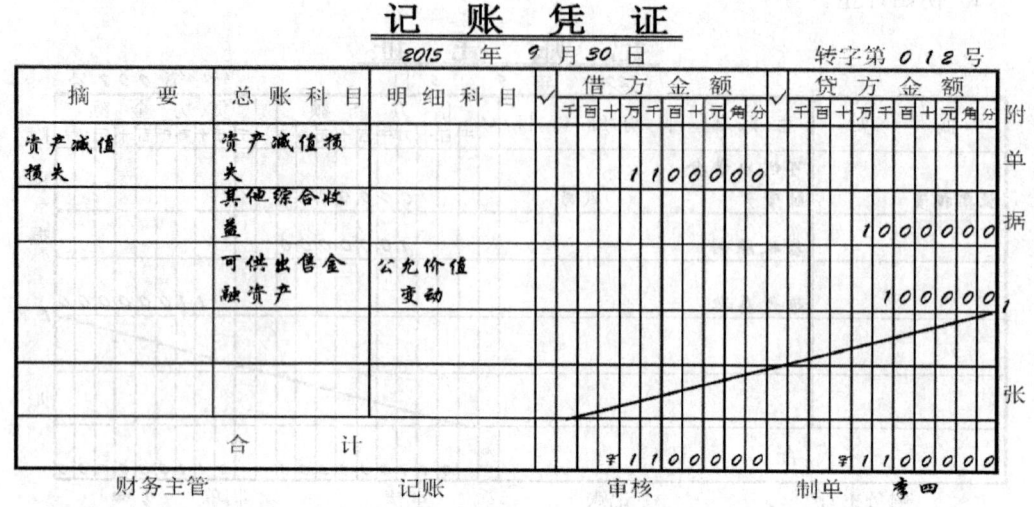

三、交易性金融资产与可供出售金融资产的比较

		交易性金融资产	可供出售金融资产
不同点	1. 持有意图不同	持有时间短、短期之内进行交易，赚取交易差价	持有时间及意图没有交易性金融资产明确
	2. 初始取得时的交易费用处理不同	通过"投资收益"计入当期损益	记入如下科目： 可供出售金融资产——成本 可供出售金融资产——利息调整
	3. 资产持有期间公允价值变动的处理不同	通过"公允价值变动损益"计入当期损益	不计入当期损益，通过"其他综合收益"计入所有者权益
	4. 金融资产减值处理不同		需要做减值处理
相同点	1. 初始计量属性都是公允价值		
	2. 利息或股息都单独通过"应收利息"或"应收股利"来反映		
	3. 持有过程中确认的应收股利或利息都计入当期的投资收益		
	4. 在资产负债表中两类金融资产都要反映公允价值的变动		
	5. 出售时，账面价值与取得价款之间的差额以及持有过程中累积的公允价值变动都要计入当期损益		

任务三 持有至到期投资确认与计量原理掌握及实战演练

一、持有至到期投资计量原理

1. 持有至到期投资概述

持有至到期投资,是指到期日固定、回收金额固定或可确定,且企业有明确意图和能力至持有到期的非衍生金融资产。如有公开报价的国债、企业债券、金融债券等。

2. 持有至到期投资的确认

(1) 持有至到期投资是指到期日固定、回收金额固定或可确定,且企业有明确意图和能力持有至到期的非衍生金融资产。通常情况下,企业持有的、在活跃市场上有公开报价的国债、企业债券、金融债券等,可以划分为持有至到期投资。

(2) 持有至到期投资的特点:

① 到期日固定、回收金额固定或可确定;

② 有明确意图持有至到期;

③ 有能力持有至到期(指企业有足够的财务资源,并不受外部因素影响将投资持有至到期);

④ 到期前处置或重分类对所持有剩余非衍生金融资产的影响。

【注意】表明企业没有明确意图将金融资产持有至到期的4种情况;表明企业没有能力将具有固定期限的金融资产投资持有至到期的3种情况。

3. 计入持有至到期投资的条件

(1) 到期日固定、回收金额固定或可确定。

(2) 有明确意图持有至到期。

(3) 有能力持有至到期(指企业有足够的财务资源,并不受外部因素影响将投资持有至到期)。

4. 持有至到期投资的计量

(1) 把取得时的公允价值和相关交易费用之和作为初始确认金额。支付的价款中包含已宣告发放债券利息的,应单独确认为应收项目。

(2) 持有期间应当按照摊余成本和实际利率法确认利息收入,计入投资收益。实际利率在取得持有至到期投资时确定,在随后期间保持不变。

(3) 期末以摊余成本计量。

(4) 处置持有至到期投资,将取得价款与其账面价值之间的差额确认为投资收益。

二、持有至到期投资演练(购买 12 石化债资产)

1. 流程图

12.12 任务一:持有至到期投资初始计量。

财务经理授意出纳投资金融资产—出纳去银行取理财产品交易申请表—银行柜员将理财产品交易申请表给出纳—出纳填表—总经理审批—财务经理审核—出纳到银行办理业务—银行柜员办理理财产品购买业务—银行柜员打印银行回单—出纳传递单据给资产会计—资产会计填写记账凭证—财务经理审核凭证—出纳登记日记账—资产会计登记明细账。

借:持有至到期投资——成本
  贷:银行存款

2. 实战演练

(1) 初始计量。

借:持有至到期投资——成本(面值)
  应收利息(已到付息期但尚未领取的利息)
  持有至到期投资——利息调整(差额,也可能在贷方)
  贷:银行存款等

记 账 凭 证

2015 年 9 月 6 日   转字第 02 号

摘要	总账科目	明细科目	√	借方金额	贷方金额	附
投资取得收益	持有至到期投资	成本(面值)		10000000		单据1张
		应收利息		500000		
	持有至到期投资	利息调整		300000		
	银行存款				13300000	
合计				¥13300000	¥13300000	

财务主管   记账   审核   制单 李四

(2) 后续计量。

借:应收利息(分期付息债券按票面利率计算的利息)
  持有至到期投资——应计利息(到期一次还本付息债券按票面利率计算的利息)
  贷:投资收益(持有至到期投资摊余成本和实际利率计算确定的利息收入)
    持有至到期投资——利息调整(差额,也可能在借方)

【注意】金融资产的摊余成本,是指该金融资产初始确认金额经下列调整后的结果:
① 扣除已偿还的本金;

② 加上或减去采取实际利率法将该初始确认金额与到期日金额之间的差额进行摊销形成的累计摊销额；

③ 扣除已发生的金融资产减值损失。

记 账 凭 证

2015 年 9 月 6 日　　　　　　转字第 02 号

摘要	总账科目	明细科目	借方金额	贷方金额
投资取到收益	应收股利		1000000	
	持有至到期投资	应收利息	300000	
	投资收益			1000000
	持有至到期投资	利息调整		300000
合计			¥1300000	¥1300000

财务主管　　　记账　　　审核　　　制单 李四

附单据 1 张

任务四　长期股权投资确认与计量原理掌握及实战演练

一、原理：长期股权投资计量原理

1. 长期股权投资的概念及特点

长期股权投资初始计量原则：长期股权投资在取得时，应按初始投资成本入账。长期股权投资初始投资成本，应分别形成控股合并和不形成控股合并两种情况确定。

长期股权投资获取（形成）的方式：企业合并；以支付现金取得；以发行权益性债券方式取得；投资者投入的长期股权投资。

长期股权投资分类：控制；共同控制；重大影响。

企业控股合并的类型：同一控制下的控股合并；非同一控制下的控股合并。

长期股权投资是指投资方对被投资单位实施控制、共同控制或施加重大影响的权益性投资，以及对其合营企业的权益性投资。

长期股权投资的特点：① 投资期限长，投资风险大；② 不能随意抽回投资；③ 按所持股份享有权利和承担义务；④ 投资的目的除获取投资收益外，还谋求其他利益。

2. 长期股权投资的类型

1) 控制

(1) 控制指投资方拥有对被投资方的权力，通过参与被投资方的相关活动而享有可变回报,并且有能力运用对被投资方的权力影响其回报金额。

(2) 控制表述中有关问题的理解:① 投资方拥有对被投资方的权力;② 参与被投资方的相关活动;③ 享有可变回报;④ 有能力运用对被投资方的权力。

(3) 投资方对被投资方形成控制关系的,投资方一般称为母公司,被投资方一般称为子公司。

2) 共同控制

(1) 共同控制是指各投资方按照相关约定对被投资方所共有的控制,并且该被投资方的相关活动必须经过分享控制权的各投资方一致同意后才能决策。

(2) 共同控制的特点:实施共同控制的任何一个投资方都不能够单独控制被投资方,对被投资方具有共同控制的任何一个投资方均能够阻止其他投资方单独控制被投资方。

(3) 各投资方与被投资方形成共同控制关系的,一般称被投资方为合营企业。

3) 重大影响

(1) 重大影响是指投资方对被投资方的财务和经营政策有参与决策的权力,但并不能够控制或者与其他方一起共同控制这些政策的制定。

(2) 当投资企业直接拥有被投资单位 20% 或以上至 50% 的表决权资本时,认为对被投资单位具有重大影响。

(3) 投资企业直接拥有被投资单位 20% 以下的表决权资本,符合下列情况之一的,也认为对被投资单位有重大影响:

① 被投资方董事会或类似权力机构中派有代表。

② 参与被投资方的政策制定过程。

③ 向被投资方派出管理人员。

④ 依赖投资企业的技术资料。

⑤ 其他证明投资方对被投资方具有重大影响的情形。

(4) 投资方与被投资方形成重大影响关系的,称被投资方为联营企业。

3. 长期股权投资的核算方法

1) 成本法

成本法是指对长期股权投资按投资成本计价核算的方法。

投资企业能够对被投资单位实施控制的长期股权投资,企业应当采用成本法核算。

投资企业对子公司的长期股权投资,应当采用成本法核算,编制合并财务报表时按照权益法进行调整。

控制是指有权决定一个企业的财务和经营政策,并能据以从该企业的经营活动中获取利益。

定量:大于 50%。

定性:小于或等于 50%,但有实质控制权。

2) 权益法

权益法是指投资以初始投资成本计量后,在投资持有期间根据投资企业享有被投资单位所有者权益份额的变动对投资的账面价值进行调整的方法。

在权益法下,长期股权投资账面价值随着被投资单位所有者权益的变动而变动,包括被投资单位实现的净利润或发生的净亏损以及其他所有者权益变动。

下列情况下,企业应当采用权益法核算长期股权投资:

(1) 投资企业能够对被投资单位实施共同控制的长期股权投资。

(2) 投资企业能够对被投资单位实施重大影响的长期股权投资。

3) 成本法下和权益法下的账户设置

(1) 成本法下账户设置:

长期股权投资——××被投资公司

长期股权投资取得时的成本以及采用权益法核算时被投资企业实现净利润计算的应分享的份额	收回长期股权投资的价值或采用权益法核算时被投资单位宣告分派现金股利或利润时企业按持股比例应享有的份额及按被投资单位发生的净亏损计算的应分担的份额
借方余额反映企业持有长期股权投资的价值	

投资收益

投资损失	投资收益
结转投资收益	结转投资损失

(2) 权益法下账户设置:

长期股权投资

① 长期股权投资取得时的成本 ② 按被投资企业实现净利润计算的应分享的份额	① 收回长期股权投资的价值 ② 被投资单位宣告分派现金股利或利润时企业按持股比例应享有的份额 ③ 按被投资单位发生的净亏损计算的应分担的份额
借方余额反映企业持有长期股权投资的价值	

备注:该账户按"成本""损益调整""其他权益变动"设置明细科目。

4. 长期股权投资的初始计量

1) 同一控制下长期股权投资的核算

同一控制下企业合并形成长期股权投资,在合并日按取得被合并方所有者权益账面价值的份额,借记"长期股权投资"账户,按享有被投资单位已宣告尚未发放现金股利或利润,借记"应收股利"账户,按支付合并对价的账面价值,贷记有关资产或借记有关负债账户,按其差额贷记"资本公积——资本(或股本)溢价";如为借方差额的,借记"资本公积——资本(或股本)溢价",资本公积不足冲减的,借记"盈余公积""利润分配——未分配利润"账户。

(以发行权益性证券方式取得)(仅供参考)

借:长期股权投资
　　贷:股本
　　　　资本公积——股本溢价

2) 非同一控制下长期股权投资的核算

非同一控制下企业合并形成长期股权投资,在合并日按合并成本借记"长期股权投资"账户,按享有被投资单位已宣告尚未发放的现金股利或利润,借记"应收股利"账户,按支付合并对价的账面价值贷记有关资产或借记有关负债账户,按发生的直接相关费用,贷记"银行存款"账户,按其差额,贷记"营业外收入"或借记"营业外支出"等账户。合并涉及库存商品等作为合并对价的,应按库存商品的公允价值,贷记"主营业务收入"账户,同时结转相关的成本。涉及增值税的应进行相应处理。

（以支付现金方式取得）（仅供参考）

借:长期股权投资——某公司
　　贷:银行存款

以支付现金取得的长期股权投资,按照实际支付的购买价款作为初始投资成本,包括不取得长期股权投资直接相关的费用、税金及其他必要支出。企业取得长期股权投资,实际支付价款或对价中包含的已宣告但尚未发放的现金股利或利润,作为应收项目处理。

以发行权益性证券取得的长期股权投资,按照发行权益性证券的公允价值作为初始投资成本。为发行权益性证券支付的手续费、佣金等应自权益性证券的溢价发行收入中扣除,溢价收入不足的,应冲减盈余公积和未分配利润。

投资者投入的长期股权投资,按照投资合同或协议约定的价值作为初始投资成本。

【注意】权益法下,长期股权投资的初始投资成本大于投资时应享有被投资单位可辨认净资产公允价值份额的,不调整已确认的初始投资成本。长期股权投资的初始投资成本小于投资时应享有被投资单位可辨认净资产公允价值份额的,应按其差额,借记本科目（成本）,贷记"营业外收入"账户。

5. 长期股权投资的后续计量

成本法是指投资按成本计价的方法。

适用范围:投资企业能够对被投资单位实施控制的长期股权投资,即对子公司的长期股权投资。

权益法指投资以初始投资成本计量后,在投资持有期间,根据被投资单位所有者权益的变动,投资企业按应享有被投资单位所有者权益的份额调整其投资账面价值的方法。

适用范围:投资企业对被投资单位具有共同控制或重大影响的长期股权投资,采用权益法核算,即适用于对联营企业投资;对合营企业投资。

二、演练:购买久远软件公司股权

1. 流程图

(1) 12.6 任务三:长期股权投资初始计量。

财务经理填写合同或协议—总经理签字后给出纳—行政助理在合同或协议上盖章后给供应商—供应商代表在合同上盖章—出纳根据合同填写转账支票—财务经理支票盖

章—出纳到银行转账—银行柜员办理企业间转账业务—银行柜员在银行进账单上盖章并将回单给出纳—出纳将单据给资产会计—资产会计填写记账凭证—总账报表会计审核凭证—财务主管签字—出纳登记日记账—资产会计登记明细账。

借:长期股权投资——成本
　　贷:银行存款

(2) 12.12 任务二:长期股权投资后续计量红利宣告。

财务经理打印红利公告—资产会计填写记账凭证—总账报表会计审核凭证—财务主管签字—资产会计登记明细账—总账报表会计登记明细账。

借:应收股利
　　贷:投资收益

(3) 12.28 任务二:长期股权投资收到红利。

出纳到银行柜台办理基金红利到账业务—银行柜员划账业务处理—出纳将单据给会计—资产会计填写记账凭证—财务经理审核凭证—出纳登记日记账—资产会计登记明细账。

借:银行存款
　　贷:应收股利

2. 实战演练

1) 红利宣告

成本法下长期股权投资持有期间的红利宣告账务处理:

采用成本法核算的长期股权投资,除取得投资时实际支付的价款或对价中包含的已宣告但尚未发放的现金股利或利润外,投资企业不再将被投资单位宣告分派的现金股利或利润区分为投资前产生的累积净利润的分配额和投资后产生的累积净利润的分配额两部分,投资企业应当按照享有被投资单位宣告发放的现金股利或利润确认当期投资收益。投资企业按照享有被投资单位宣告发放的现金股利或利润确认当期投资收益,借记"应收股利"账户,贷记"投资收益"账户。

记 账 凭 证

2015 年 9 月 28 日　　　转字第 023 号

摘要	总账科目	明细科目	√	借方金额	√	贷方金额	附单据
应收股利	应收股利			1000000			
	投资收益					1000000	1张
	合　　计			¥1000000		¥1000000	

财务主管　　　　　记账　　　　　审核　　　　　制单 李四

2) 收到红利

实际收到被投资单位分派的现金股利或利润时,借记"银行存款"等账户,贷记"应收股利"账户。

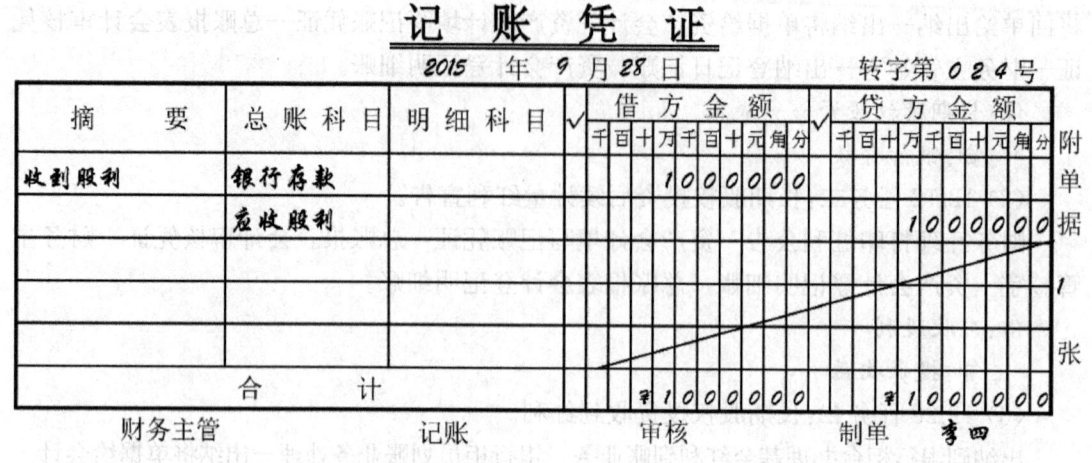

任务五　投资性房地产确认与计量原理掌握及实战演练

一、投资性房地产计量原理

1. 投资性房地产的定义和特征

（1）投资性房地产是指为赚取租金或资本增值，或者两者兼有而持有的房地产。

（2）投资性房地产具有以下特征：

① 投资性房地产是一种经营活动。

② 投资性房地产在用途、状态、目的等方面区别于作为生产经营场所的房地产和用于销售的房地产。

③ 投资性房地产的主要形式是出租建筑物和土地使用权。投资性房地产的另一种形式是持有并准备增值后转让的土地使用权。

二者均属于企业的日常活动，所获得的经济利益总流入构成企业的收入。

2. 投资性房地产的范围

已出租的土地使用权、持有并准备增值后转让的土地使用权、已出租的建筑物，属于投资性房地产项目。不属于投资性房地产的项目：自用房地产、作为存货的房地产。

3. 投资性房地产的计量模式

1）投资性房地产的初始计量模式

投资性房地产初始计量时，应当按照成本进行计量。

投资性房地产的成本一般应当包括取得投资性房地产时和直至使该项投资性房地产达到预定可使用状态前所实际发生的各项必要的、合理的支出。

2) 投资性房地产的后续计量模式

投资性房地产的后续计量有成本和公允价值两种模式,通常应当采用成本模式计量,满足特定条件时也可以采用公允价值模式计量。但是,同一企业只能采用一种模式对所有投资性房地产进行后续计量,不得同时采用两种计量模式。

4. 投资性房地产初始计量会计处理

1) 成本计量模式下投资性房地产核算的账户设置

为了核算和监督投资性房地产的取得、后续支出、后续计量及处置等业务,企业应设置"投资性房地产""投资性房地产累计折旧(摊销)""投资性房地产减值准备"等账户。其中,"投资性房地产"账户借方登记投资性房地产的取得成本,贷方登记企业减少投资性房地产时结转的成本,期末借方余额反映投资性房地产的成本。该账户可按投资性房地产的类别和项目进行明细核算。

成本计量模式下投资性房地产账务处理比较简单,可比照"固定资产""无形资产""累计折旧""累计摊销""固定资产减值准备""无形资产减值准备"等相关账户处理进行。

2) 成本计量模式下投资性房地产核算的账务处理

(1) 外购投资性房地产核算。

企业外购的房地产,只有在购入的同时开始对外出租或用于资本增值,才能作为投资性房地产加以确认。

借:投资性房地产(按确定的实际成本)
　　贷:银行存款

(2) 自行建造投资性房地产核算。

企业自行建造的房地产,只有在自行建造活动完成(即达到预定可使用状态)的同时开始对外出租或用于资本增值,才能将自行建造的房地产确认为投资性房地产。成本由建造该项资产达到预定可使用状态前发生的必要支出构成,包括土地开发费、建筑安装成本、应予以资本化的借款费用、支付的其他费用和分摊的间接费用等。建造过程中发生的非正常性损失直接计入当期营业外支出,不计入建造成本。

借:投资性房地产(按确定的实际成本)
　　贷:在建工程

5. 投资性房地产后续计量的方法

投资性房地产后续计量通常采用成本模式,只有满足特定条件的情况下才可以采用公允价值模式。

同一企业只能采用一种模式对所有投资性房地产进行后续计量,不得同时采用两种计量模式。

【注意】由于公允价值模式不经常使用,此处只介绍以成本模式进行投资性房地产后续计量。

(1) 在成本模式下,应当按照固定资产或无形资产的有关规定,对投资性房地产进行后续计量,计提折旧或摊销;

(2) 在成本模式下,投资性房地产存在减值迹象的,还应当适用资产减值的有关规定。经减值测试后确定发生减值的,应当计提减值准备。如果已经计提减值准备的投资性房地产的价值又得以恢复,不得转回。

二、演练:投资华润公司房产

1. 流程图

(1) 12.6 任务三:投资性房地产初始计量。

财务经理填写合同或协议—总经理签字后给出纳—行政助理在合同或协议上盖章后给供应商—供应商代表在合同上盖章—出纳根据合同填写转账支票—财务经理在支票上盖章—出纳到银行转账—银行柜员办理企业间转账业务—银行柜员在银行进账单上盖章并将回单给出纳—出纳将单据给资产会计—资产会计填写记账凭证—总账报表会计审核凭证—财务主管签字—出纳登记日记账—资产会计登记明细账。

借:投资性房地产——写字楼
　　贷:银行存款

(2) 12.28 任务二:投资性房地产收房租。

资产会计通知服务公司收房租—服务公司业务员开具支票支付房租—税务会计找税务局代开发票给服务公司业务员—出纳将服务公司支付的支票存入银行—银行柜员办理支票存入业务—银行柜员在进账单上签字确认—出纳将银行回单给应收会计—应收会计填写记账凭证—总账报表会计审核凭证—财务主管签字—出纳登记日记账—应收会计登记明细账—税务会计登记明细账。

借:银行存款
　　贷:其他业务收入
　　　　销项税额

2. 实战演练

(1) 计提折旧。

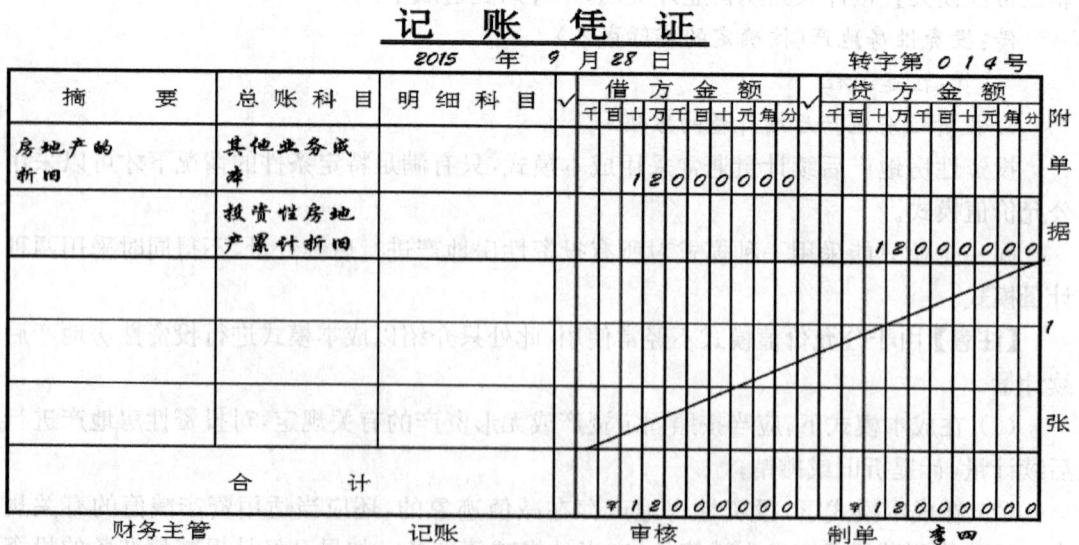

(2) 确认租金。

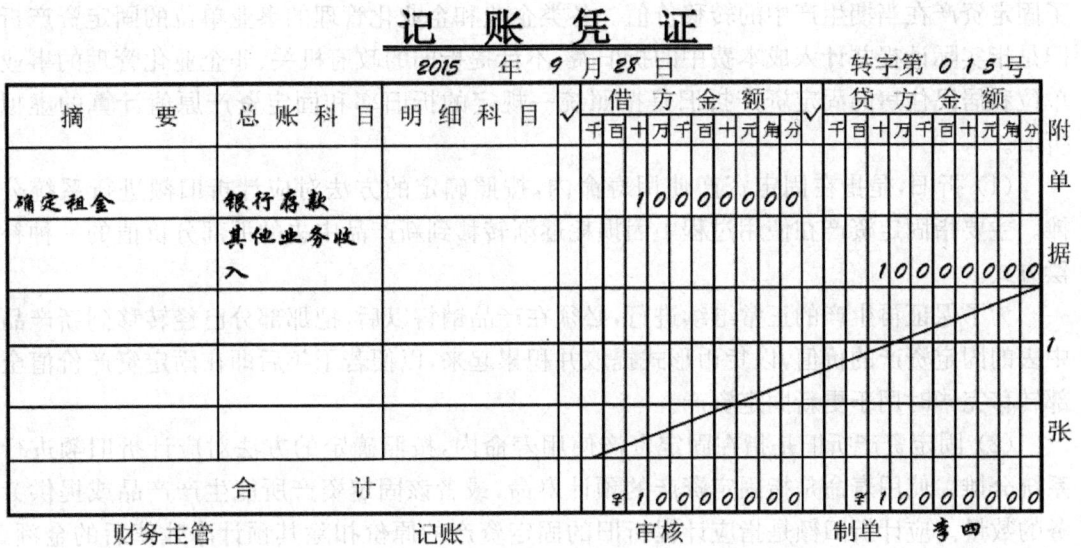

(3) 确认减值损失。

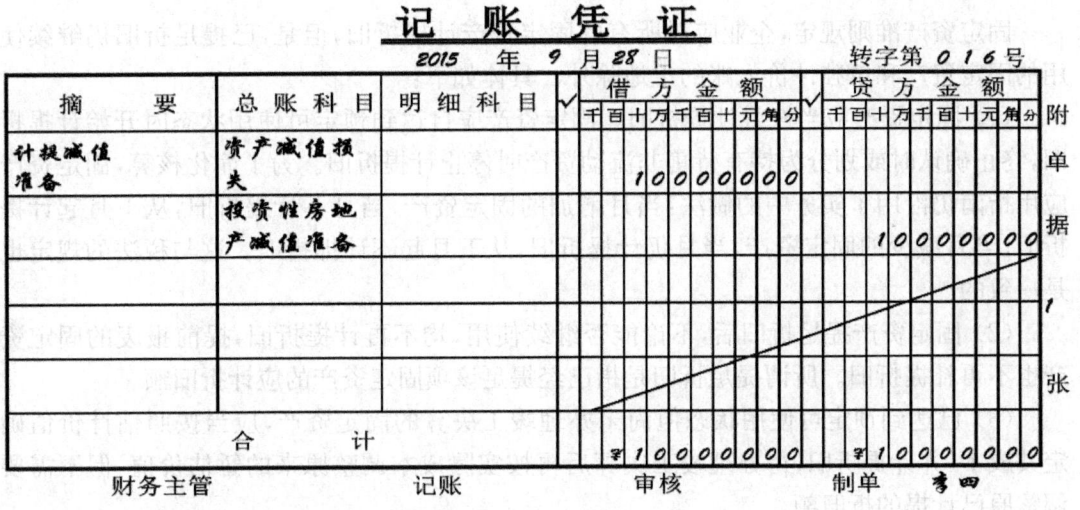

任务六 固定资产确认与计量原理掌握及实战演练

一、固定资产计量原理

1. 固定资产折旧概述

固定资产折旧指一定时期内为弥补固定资产损耗按照核定的固定资产折旧率提取的

固定资产折旧，或按国民经济核算统一规定的折旧率虚拟计算的固定资产折旧。它反映了固定资产在当期生产中的转移价值。各类企业和企业化管理的事业单位的固定资产折旧是指实际计提并计入成本费中的折旧费；不计提折旧的政府机关、非企业化管理的事业单位和居民住房的固定资产折旧是按照统一规定的折旧率和固定资产原值计算的虚拟折旧。

（1）折旧，是指在固定资产使用寿命内，按照确定的方法对应计折旧额进行系统分摊。主要指固定资产在使用过程中因损耗逐渐转移到新产品中去的那部分价值的一种补偿方式。

为了保证再生产的正常继续进行，必须在产品销售以后，把那部分已经转移到新产品中去的固定资产的价值，以货币形式提取并积累起来，以便若干年后即在固定资产价值全部转移完毕时用于更新固定资产。

（2）固定资产折旧是指在固定资产使用寿命内，按照确定的方法对应计折旧额进行系统分摊。使用寿命是指固定资产的预计寿命，或者该固定资产所能生产产品或提供劳务的数量。应计折旧额是指应计提折旧的固定资产的原价扣除其预计净残值后的金额。已计提减值准备的固定资产，还应扣除已计提的固定资产减值准备累计金额。

2. 计提原则

固定资产准则规定，企业应对所有的固定资产计提折旧，但是，已提足折旧仍继续使用的固定资产和单独计价入账的土地除外。具体如下：

（1）固定资产应当按月计提折旧。固定资产应自达到预定可使用状态时开始计提折旧，终止确认时或划分为持有待售非流动资产时停止计提折旧。为了简化核算，固定资产应用指南仍沿用了实务中的做法：当月增加的固定资产，当月不计提折旧，从下月起计提折旧；当月减少的固定资产，当月仍计提折旧，从下月起不计提折旧。这与税法的规定也是一致的。

（2）固定资产提足折旧后，不论能否继续使用，均不再计提折旧，提前报废的固定资产也不再补提折旧。所谓提足折旧是指已经提足该项固定资产的应计折旧额。

（3）已达到预定可使用状态但尚未办理竣工决算的固定资产，应当按照估计价值确定其成本，并计提折旧；待办理竣工决算后再按实际成本调整原来的暂估价值，但不需要调整原已计提的折旧额。

（4）对于融资租入固定资产，在确定折旧年限时应该考虑是否可以合理确定租赁期届满时承租人会取得资产的所有权。比如融资租入一项设备，租期为3年，尚可使用5年。如果无法合理确定租赁期届满时承租人是否会取得资产的所有权，则应按3年计提折旧；如果可以合理确定租赁期届满时承租人将会取得资产的所有权，则应按5年计提折旧。

（5）处于更新改造过程停止使用的固定资产，不计提折旧。

（6）因大修理而停用的固定资产，照提折旧。

3. 企业计提固定资产折旧的方法

企业计提固定资产折旧的方法有多种，基本上可以分为两类：直线法（包括年限平均法和工作量法）和加速折旧法（包括年数总和法和双倍余额递减法）。企业应当根据固定资产所含经济利益预期实现方式选择不同的方法。企业折旧方法不同,计提折旧额相差很大。

企业应当按月计提固定资产折旧,当月增加的固定资产,当月不计提折旧,从下月起计提折旧;当月减少的固定资产,当月仍计提折旧,从下月起停止计提折旧。提足折旧后,不管能否继续使用,均不再提取折旧;提前报废的固定资产,也不再补提折旧。

1) 直线法

(1) 年限平均法。

年限平均法是指将固定资产的应计折旧额均衡地分摊到固定资产预定使用寿命内的一种方法。采用这种方法计算的每期折旧额相等。计算公式如下:

$$年折旧率=(1-预计净残值率)÷预计使用寿命(年)×100\%$$

$$月折旧率=年折旧率÷12$$

$$月折旧额=固定资产原价×月折旧率$$

(2) 工作量法。

工作量法是根据实际工作量计算每期应提折旧额的一种方法。计算公式如下:

$$单位工作量折旧额=固定资产原价×(1-预计净残值率)÷预计总工作量$$

$$某项固定资产月折旧额=该项固定资产当月工作量×单位工作量折旧额$$

2) 加速折旧法

(1) 年数总和法。

年数总和法也称合计年限法,是指将固定资产的原价减去预计净残值后的净额,乘以一个以各年年初固定资产尚可使用年限作分子,以预计使用年限逐年数字之和作分母的逐年递减的分数计算每年折旧额的一种方法。计算公式如下:

$$年折旧率=尚可使用年限÷预计使用年限的年数总和×100\%$$

$$预计使用年限的年数总和=n×(n+1)÷2$$

$$月折旧率=年折旧率÷12$$

$$月折旧额=(固定资产原价-预计净残值)×月折旧率$$

(2) 双倍余额递减法。

设备入账账面价值为 X,预计使用 N(N 足够大)年,残值为 Y。则

第一年折旧:

$C<1>=X×2/N$;

第二年折旧:$C<2>=(X-C<1>)×2/N$;

第三年折旧:$C<3>=(X-C<1>-C<2>)×2/N$;

……

最后两年需改为直线法折旧。

二、演练:处置两台本公司电脑

1. 流程图

(1) 12.28 任务一:固定资产出售并收款。

行政助理出售固定资产—服务公司业务员固定资产交割—行政助理将单据给出纳—出纳去银行存款—银行柜员办理转账—银行柜员在进账单上盖章—出纳将单据给税务会计—税务会计开具销售发票—资产会计填写记账凭证—总账报表会计审核凭证—财务主管签字—出纳登记日记账—税务会计登记明细账—资产会计登记明细账—总账报表会计登记明细账。

借：固定资产清理
　　累计折旧
　　贷：固定资产原值
借：银行存款
　　营业外支出
　　贷：固定资产清理
　　　　销项税额

(2) 12.28 任务二：计提折旧。

计提折旧并填写记账凭证—总账报表会计审核凭证—财务主管签字—成本会计登记明细账—资产会计登记明细账—费用会计登记明细账。

借：管理费用等
　　贷：累计折旧（各明细）

(3) 12.28 任务三：固定资产盘点。

行政助理起草盘点通知—行政助理打印盘点表—行政助理现场盘点—资产会计在盘点表签字确认—人力行政部经理签字确认—资产会计盘点报告—人力行政部经理审核签字。

三、实战演练

固定资产明细账填写说明（见下图）。

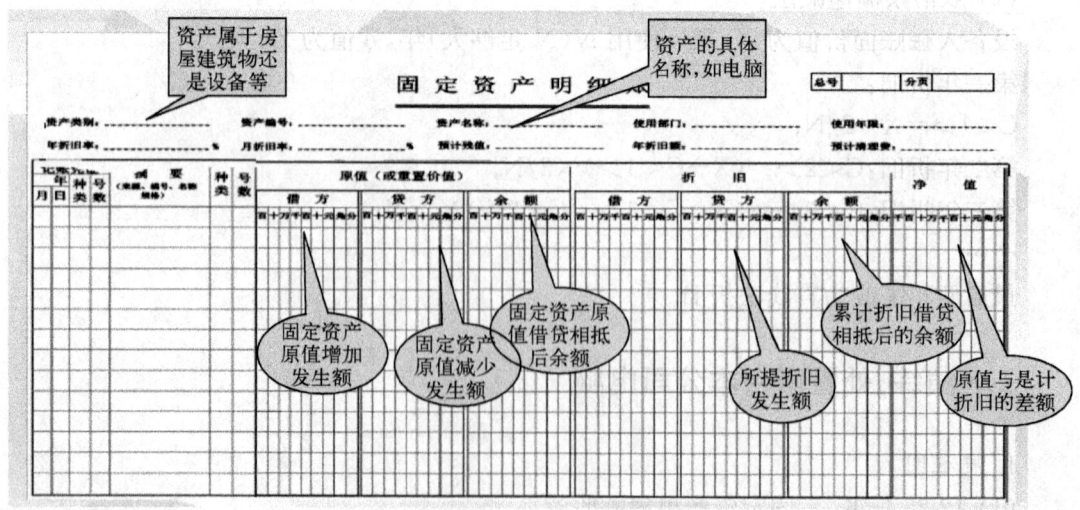

任务七　无形资产确认与计量原理掌握及实战演练

一、无形资产计量原理

累计摊销是用于摊销无形资产的,其余额一般在贷方,贷方登记已计提的累计摊销。类似固定资产中的累计折旧科目。累计摊销科目为资产类科目,用来核算无形资产的摊销,列在资产负债表的资产项内,作为无形资产的减项。累计摊销反映了企业在使用无形资产过程中,对其价值的分期收回行为及收回额,其计提摊销的方法,一般情况下采用在使用或受益期间内直线平均法。

1. 无形资产寿命的确定

企业应当于取得无形资产时分析判断其使用寿命。无形资产的使用寿命如为有限的,应当估计该使用寿命的年限或者构成使用寿命的产量等类似计量单位数量;无法预见无形资产为企业带来未来经济利益的期限的,应当视为使用寿命不确定的无形资产。

2. 原则与方法

使用寿命有限的无形资产,其应摊销金额应当在使用寿命内系统合理地摊销。

1) 应摊销金额的确定

无形资产的应摊销金额为其入账价值扣除残值后的金额,已经计提无形资产减值准备的,还应扣除已经提取的减值准备金额。除以下任一情况外,使用寿命有限的无形资产,其残值应当视为零:

(1) 有第三方承诺在无形资产使用寿命结束时购买该无形资产;

(2) 可以根据活跃市场得到残值信息,并且该市场在无形资产使用寿命结束时很可能存在。

2) 摊销期和摊销方法

企业摊销无形资产,应当自无形资产可供使用时起,至不再作为无形资产确认时止。企业选择的无形资产摊销方法,应当反映企业预期消耗该项无形资产所产生的未来经济利益的方式。无法可靠确定消耗方式的,应当采用直线法摊销。

直线法又称平均年限法,是将无形资产的应摊销金额均衡地分配于每一会计期间的一种方法。其计算公式如下:

$$无形资产年摊销额=无形资产取得总额÷使用年限$$

对于使用寿命有限的无形资产应当自可供使用(及其达到预定用途)当月起开始摊销,处置当月不再摊销。

3. 账务处理

无形资产的摊销金额一般应当计入当期损益(管理费用或其他业务成本),但如果某项无形资产是专门用于生产某种产品或者其他资产,其所包含的经济利益是通过转入所生产的产品或其他资产中实现的,则无形资产的摊销金额应当计入相关资产的成本。例如,某项专门用于生产过程中的无形资产,其摊销金额应构成所生产产品成本的一部分,计入该产品的制造费用。所以,关于无形资产的摊销额应该区分具体的情况来进行账务处理。

使用寿命有限的无形资产摊销的会计处理:

借:管理费用(自用)
　　制造费用(生产产品使用)
　　其他业务成本(经营出租)
　　研发支出等(为研发另一项无形资产而使用)
　贷:累计摊销

【提示】如无特别说明,记入"管理费用"科目。

二、演练:无形资产摊销演练

1. 流程图

12.28 任务二:无形资产摊销。

资产会计计算无形资产摊销额—资产会计填写记账凭证—总账报表会计审核凭证—财务主管签字—费用会计登记明细账—资产会计登记明细账。

借:管理费用
　贷:累计摊销

2. 实战演练

序　号	操作步骤	角　色	操作内容
1	计算无形资产摊销	财务会计	根据无形资产政策及无形资产明细账计算无形资产摊销
2	编制记账凭证	财务会计	1. 根据计算结果编制无形资产摊销的记账凭证; 2. 将记账凭证交财务部经理审核
3	审核记账凭证	财务部经理	1. 接收财务会计编制的记账凭证,审核累计摊销计算的正确性及凭证编制的正确性; 2. 审核后签字,并将记账凭证交给费用会计登记科目明细账
4	登记科目明细账	费用会计	根据经财务部经理审核的记账凭证登记费用类科目明细账,然后将记账凭证交给财务会计
5	登记科目明细账	财务会计	1. 根据经财务部经理审核的记账凭证登记无形资产累计摊销科目明细账; 2. 登记完明细账后,与其他记账凭证一起保管妥当

项目三

现金存取与报销业务的原理掌握与实战演练

知识目标

1. 熟悉现金业务发生、现金保管与清查盘点的相关规定。
2. 掌握公司现金缴存提取及各类报销的相关规定。
3. 掌握银行存款利息的计算方法。

技能目标

1. 熟悉公司现金缴存提取的流程及各类报销业务的资金流向。
2. 掌握备用金和报销业务的会计处理方法。
3. 熟练掌握存款利息的计算与核算方法。

任务一　现金存取业务

一、库存现金的基础概念

库存现金限额，是指为保证各单位日常零星支付按规定允许留存的现金的最高数额。企业应在满足正常合理的日常开支需要的前提下，减少现金的库存数额，这样既有利于国家集聚资金用于经济建设，又可以防止单位发生失窃造成不必要的损失。同时还可以减少国家现金总投量，有利于国家对现金流通的控制与调节，促使市场物价的稳定。因此，出纳人员必须严格将库存现金控制在核定的限额内。

凡在银行开户的独立核算单位都要核定库存现金限额；独立核算的附属单位，由于没有在银行开户，但需要保留现金，也要核定库存现金限额，其限额可包括在其上级单位库存限额内；商业单位的零售门市部需要保留找零备用金，其限额可根据业务经营需要核定，但不包括在单位库存现金限额之内。

库存现金的限额，由开户行根据开户单位的实际需要和距离银行远近等情况核定。其限额一般按照单位3～5天日常零星开支所需现金确定。远离银行机构或交通不便的单位可依据实际情况适当放宽，但最高不得超过15天。一个单位在几家银行开户的，由一家开户银行核定开户单位库存现金限额。库存现金限额的计算方式一般为：

库存现金=前一个月的平均每天支付的数额(不含每月平均工资数额)×限定天数

办理库存现金限额的一般程序为：先填制现金库存限额申请批准书，填写时，应填明申请单位(全称)、开户银行、账号；填写库存现金申请数额，写明具体的备用金定额，并加盖申请单位印章。然后，报送开户银行签署审查批准意见和核定数额。现金限额核定表格式如下表所示。

现金限额核定表

单位名称： 开户银行： 账号：					职工人数 单位：元
限额 部门	库存限额		找零备用金定额		简要说明
	申请数	核定数	申请数	核定数	
1.财务出纳部门					财务部门每天零星开支的平均金额为____元。
2.各附属单位					
(1)					
(2)					
核准单位盖章 年　月　日		开户银行意见 年　月　日		申请单位盖章 年　月　日	

库存现金限额经银行核定批准后，开户单位应当严格遵守，每日现金的结存数不得超过核定的限额。如库存现金不足限额时，可向银行提取现金，不得在未经开户银行准许的情况下坐支现金；库存现金限额一般每年核定一次，单位因生产和业务发展、变化需要增加或减少库存限额时，可向开户银行提出申请，经批准后，方可进行调整，单位不得擅自超出核定限额增加库存现金。

二、现金缴存业务

1. 现金缴存业务办理

各单位必须按开户银行核定的库存限额保管使用现金，收取的现金和超出库存限额的现金，应及时送存开户银行。出纳人员办理现金缴存业务的工作流程为：

(1) 出纳人员清点票币，款项清点整齐核对无误后，填写现金解款单并将现金送存银行；

(2) 出纳人员将银行退回的现金缴款单记账联交由会计制证人员编制现金付款凭证；

(3) 制证会计将付款凭证交审核会计进行审核后交由出纳人员；

(4) 出纳人员对上述付款凭证审核后加盖名章并登记库存现金日记账；

(5) 每日末结出现金日记账余额，并与现金的实有数额相核对。

2. 现金缴存业务的演练

1) 流程图

12.6 任务三：现金送存银行。

出纳去银行办理存款业务—银行办理存款业务—银行在现金凭条上加盖银行章并将其中一联给出纳—出纳传递单据给应收会计—应收会计填写记账凭证—财务经理审核凭证—出纳签字并登记日记账。

借：银行存款
　　贷：库存现金

2) 案例

2019年12月6日，本公司将超过库存现金限额的现金2 653.92元送存银行。

三、现金提取业务

1. 现金提取的基本理论

现金的提取是以单位现金预算额度及实际需求为依据的，同时企业所提现金用途就满足《现金管理暂行条例》所规定的现金支出范围。出纳人员办理现金提取业务的工作流程为：

（1）出纳人员根据提取金额填写现金支票。

（2）出纳人员持现金支票经会计主管人员批准后由会计主管人员在票据的正面和背面加盖财务专用章；报请单位负责人批准后在正背面加盖法人名章。

（3）出纳人员持现金支票经单位负责人批准后由法人代表章保管人员在票据的正面和背面加盖"法人代表章"。现金支票填写及加盖预留印鉴的具体要求见现金支票填制要求表。

（4）将现金支票存根交制单会计编制银行存款付款凭证，并交由审核会计进行审核后再交给出纳人员以备登记现金、银行存款日记账。

（5）出纳人员将现金支票正票送至银行，凭以提取现金，将所提现金存入保险柜。

（6）出纳人员对上述付款凭证审核后加盖名章并登记库存现金、银行存款日记账。

（7）出纳人员每日结出余额，并与库存现金的实有数额相核对。

2. 现金支票的填制

1）流程图

（1）12.6 任务三：提取现金 10 000 元。

出纳填写现金支票并盖法人章—财务经理审核并加盖财务专用章—出纳填写支票登记簿去银行取现—银行办理付现业务—出纳现金入库并将支票存根联给应收会计—应收会计填写记账凭证—财务经理审核凭证—出纳签字并登记日记账。

借：库存现金

　　贷：银行存款

（2）12.12 任务一：提取现金 5 000 元。

出纳填写现金支票并盖法人章—财务经理审核并加盖财务专用章—出纳填写支票登记簿去银行取现—银行办理付现业务—出纳现金入库并将支票存根联给应收会计—应收会计填写记账凭证—财务经理审核凭证—出纳签字并登记日记账。

借：库存现金

　　贷：银行存款

2）现金支票的填制业务演练

现金支票是专门用于支取现金的一种支票。当客户需要使用现金时，随时签发现金支票，向开户银行提取现金，银行在见票时无条件支付给收款人确定金额的现金。现金支票上印有"现金"字样。在银行开立基本存款账户或临时存款账户的客户，需要支付备用金、差旅费、工资等，均可以使用现金支票，向开户银行提取现金。提取差旅费、工资现金时需向银行提交相关资料或者说明。签发现金支票时要保证银行账户内足额的银行存款，避免签发空头支票。

现金支票填制要求及现金支票的样式、填制示例如下：

现金支票填制要求

支票项目		填制要求
出票日期		按提现日期填制。出票日期必须大写：零、壹、贰、叁、肆、伍、陆、柒、捌、玖、拾。 （1）年：年份应按阿拉伯数字表示的年份所对应的大写汉字书写。 （2）月：壹月、贰月前零字必写，叁月至玖月前零字可写可不写。拾月至拾贰月必须写成壹拾月、壹拾壹月、壹拾贰月（前面多写了"零"字也认可，如零壹拾月）。 （3）日：1日至9日、10日、20日、30日前应加"零"字；11日至壹19日必须写成壹拾壹日及壹拾×日（前面多写了"零"字也认可，如零壹拾伍日，下同），21日至29日必须写成贰拾壹日及贰拾×日，31日应写成叁拾壹日
收款单位或收款人名称		（1）为本单位提取现金时，现金支票收款人可写为本单位名称，此时现金支票背面"被背书人"栏内加盖本单位银行预留印鉴，之后收款人可凭现金支票直接到开户银行提取现金。 （2）如收款人为个，现金支票收款人可写为收款人个人姓名，此时现金支票背面不盖任何章，收款人在现金支票背面填上身份证号码和发证机关名称，凭身份证和现金支票签字领款
付款行名称出票人账号		即为出票单位开户银行名称及银行账号
支票用途		在大写金额栏下的"用途"栏内，简明扼要填写支票的用途。现金支票用途有一定限制，一般填写"备用金""差旅费""工资""劳务费"等
金额	小写	正确填写支票的金额。在小写数前用"￥"（或其他币种）符号封顶，一律填写到角分；无角分的，角位和分位可写"00"或"0"
金额	大写金额	汉字大写数字金额（如零、壹、贰、叁、肆、伍、陆、柒、捌、玖、拾、佰、仟、万、亿等），一律用正楷字或者行书体书写，不得用〇、一、二、三、四、五、六、七、八、九、十等简化字代替，不得任意自造简化字
金额	大写金额	大写金额数字到元或角为止的，在"元"或者"角"字之后应写"整"或者"正"字，不得写为"零角零分"或"零分"；大写金额数字有分的，分字后面不写"整"或者"正"字
金额	大写金额	大写金额栏货币名称与金额数字之间不得留有空白
金额	大小写金额应相符	
密码		如开户银行为采用支付密码的银行，企业应在购买支票时从开户银行随机取得每张支票的密码，填写支票时，应在确认支付的支票"小写金额栏"下方的"空格栏"内填写该支票的密码，但不得在支票未使用时先行将密码填好。有些企业采用密码机自动产生密码。由会计人员在密码机上输入支票编号等信息后，密码机自动产生密码，将该密码填入"支付密码"栏，银行核对相符方可办理款项转账与支现业务
签名盖章	正面	现金支票正面应加盖出票单位银行预留印鉴，一般为财务专用章和法人章，缺一不可，印泥为红色，印章必须清晰，印章模糊者本张支票作废，需要换一张重新填写重新盖章
签名盖章	背面	（1）现金支票收款人如为本单位名称，其背面"被背书人"栏内应加盖本单位的银行预留印鉴（财务专用章和法人章），收款人方可凭现金支票直接到开户银行提取现金。 （2）现金支票收款人如为收款人个人姓名，此时现金支票背面不盖任何章，收款人在现金支票背面填上身份证号码和发证机关名称，凭身份证和现金支票签字领款

续 表

支票项目		填制要求
存根	附加信息	一般填写收款人的账号
	出票日期	小写填写出票日期
	收款人	应填写收款单位全称,不得简写
	金额	小写填写付款金额
	用途	填写和正票内容一致的支票用途

注:本模块的票据填制,日期、金额等信息仅供参考,不直接作为学生的参考答案,具体以系统数据为准。

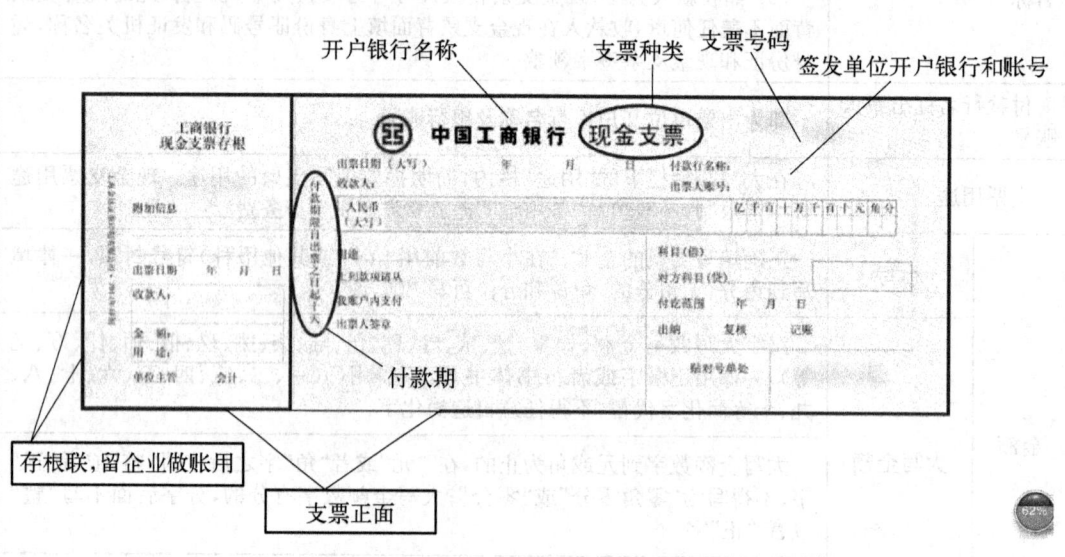

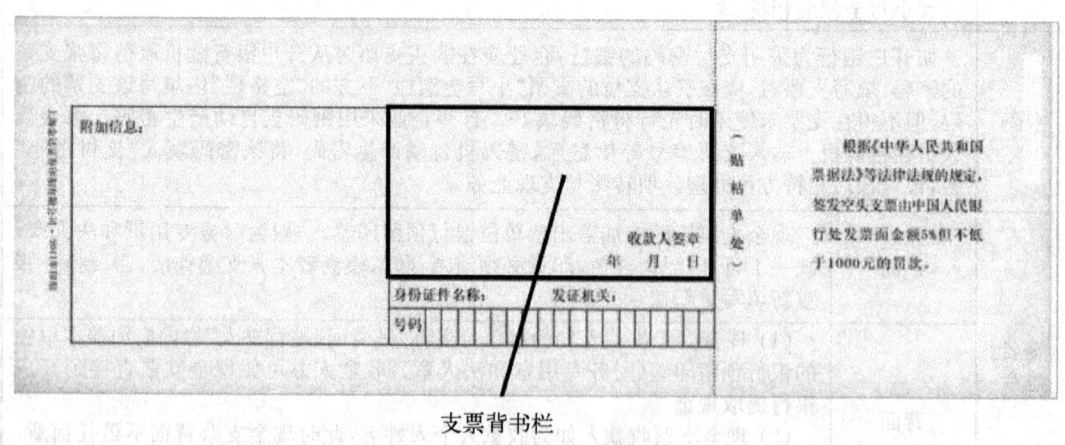

任务二　现金的保管与盘点业务

一、现金保管制度

（1）超过库存限额以外的现金应在下班前送存银行。

（2）为加强对现金的管理，除工作时间需要的小量备用金可放在出纳员的抽屉内，其余则应放入出纳专用的保险柜内，不得随意存放。

（3）限额内的库存现金当日核对清楚后，一律放在保险柜内，不得放在办公桌内过夜。

（4）单位的库存现金不准以个人名义存入银行，以防止有关人员利用公款私存取得利息收入，也防止单位利用公款私存形成账外小金库。银行一旦发现公款私存，可以对单位处以罚款，情节严重的，可以冻结单位现金支付。

（5）库存现金，包括纸币和铸币，应实行分类保管。

二、现金日清月结制度

日清月结是出纳员办理现金出纳工作的基本制度，也是避免出现长款、短款的重要措施。出纳员办理现金出纳业务，必须做到按日清理，按月结账。出纳员应对当日的经济业务进行清理，全部登记日记账，结出库存现金账面余额，并与库存现金实地盘点数核对相符。按日清理的内容包括：

（1）清理各种现金收付款凭证，检查单证是否相符，也就是说各种收付款凭证所填写的内容与所附原始凭证反映的内容是否一致；同时还要检查每张单证是否已经盖齐"收讫""付讫"的戳记。

（2）登记和清理日记账。将当日发生的所有现金收付业务全部登记入账，在此基础上，看看账证是否相符，即现金日记账所登记的内容、金额与收、付款凭证的内容、金额是否一致。清理完毕后，结出现金日记账的当日库存现金账面余额。

（3）现金盘点。出纳员应按券别分别清点其数量，然后加总，即可得出当日现金的实存数。将盘存得出的实存数和账面余额进行核对，看两者是否相符。如发现有长款或短款，应进一步查明原因，及时进行处理。

（4）检查库存现金是否超过规定的现金限额。如实际库存现金超过规定库存限额，则出纳员应将超过部分及时送存银行；如果实际库存现金低于库存限额，则应及时补提现金。

三、现金清查制度

在坚持日清月结制度，由出纳员自身对库存现金进行检查清查的基础上，各单位应建立库存现金清查制度,由有关领导和专业人员组成清查小组,定期或不定期地对库存现金情况进行清查盘点,重点放在账款是否相符、有无白条抵库、有无私借公款、有无挪用公款、有无账外资金等违纪违法行为上。当库存现金账实不符时,应做出相应的账务处理。

如果实存数大于账面金额,则发生盘盈,做如下业务处理:

借:库存现金
  贷:待处理财产损溢

当查明原因后,记入对应科目:

借:待处理财产损溢
  贷:营业外收入

反之,如果实存数小于账面金额,则发生盘亏,做如下业务处理:

借:待处理财产损溢
  贷:库存现金

当查明原因后,记入对应科目:

借:营业外支出(或管理费用)
  贷:待处理财产损溢

四、案例

现金清查结束后,发现短缺 140 元,其中 50 元应由出纳员刘莉承担责任,另 90 元无法查明原因。

(1) 盘亏时:

借:待处理财产损溢 140
  贷:库存现金 140

(2) 报批后:

借:其他应收款——刘莉 50
  管理费用 90
  贷:待处理财产损溢 140

任务三 出借备用金与各部门报销业务

一、备用金的基本理论

备用金是单位内部各部门工作人员用作零星开支、业务采购、差旅费等以现金方式借用的款项。其具体可以细分为临时备用金和定额备用金两种。

临时备用金:根据需要随借随用,业务完成后拿发票回来报销;定额备用金:因业务原因长期借用备用金的人员可由公司领导根据实际情况核定,拨出一笔固定数额的现金并规定使用范围。

1. 定额备用金

设立时(备用金使用部门第一次领款时)，领出备用金：

借：其他应收款——备用金——××
　　贷：库存现金

办理报销，补足备用金定额时：

借：管理费用
　　贷：库存现金

撤销部门定额备用金，经办人时交回备用金：

借：库存现金
　　贷：其他应收款——备用金——××

2. 非定额备用金

借款时：

借：其他应收款——备用金——××
　　贷：库存现金

报销时：

借：管理费用等
　　贷：其他应收款——备用金——××（注：差额计入库存现金）

二、出借备用金及部门报销的业务演练

1. 流程图

(1) 12.6 任务一：人力行政部助理借 500 元备用金。

行政助理填写借款审批单—人力经理审核借款审批单—财务经理审核借款审批单—出纳把空白的三联式借款单和签好字的借款审批单给行政助理—行政助理填写三联式借款单—出纳办理借款—费用会计编制记账凭证—财务经理审核凭证—出纳登记日记账—费用会计登记明细账。

借：其他应收款
　　贷：库存现金

(2) 12.6 任务二：人力行政部助理借款 800 元购买办公用品。

行政助理填写借款审批单—人力经理审核借款审批单—财务经理审核借款审批单—出纳把空白的三联式借款单和签好字的借款审批单给行政助理—行政助理填写三联式借款单—出纳办理借款—费用会计编制记账凭证—财务经理审核凭证—出纳登记日记账—费用会计登记明细账。

借：其他应收款
　　贷：库存现金

(3) 12.6 任务三：行政部助理拿发票报销 800 元借款。

行政助理拿现金去服务中心采购—服务公司业务员结算费用并开具发票—行政助

将发票以及借款单给出纳—出纳传递单据—费用会计编制记账凭证—财务经理审核凭证—费用会计登记明细账。

借：管理费用
　　贷：其他应收款

（4）12.12 任务三的报销业务。

采购专员、销售专员、人力行政部经理填写报销单—部门经理审核报销单—出纳付款并盖章—费用会计填写记账凭证—财务经理审核凭证—出纳登记日记账—费用会计登记明细账。

借：管理费用或销售费用
　　贷：库存现金

借备用金的流程如下：① 备用金保管人填写借款审批单并写明用途，部门经理审批，财务经理审批；② 备用金保管人根据已审批的借款审批单填写借款单并签字，出纳付现并盖章。

2. 借款单

借款单是企业的内部自制单据，一般由部门提供基本样式，各部门人员经办业务时需要借款的依照固定的格式进行填列（见下图）。借款单的应用范围广泛，多数支付业务都可以通过填写借款单取得相应的支付款，如日常零星支出需要借现金；发放薪酬、支付材料款等需要使用支票或电汇。

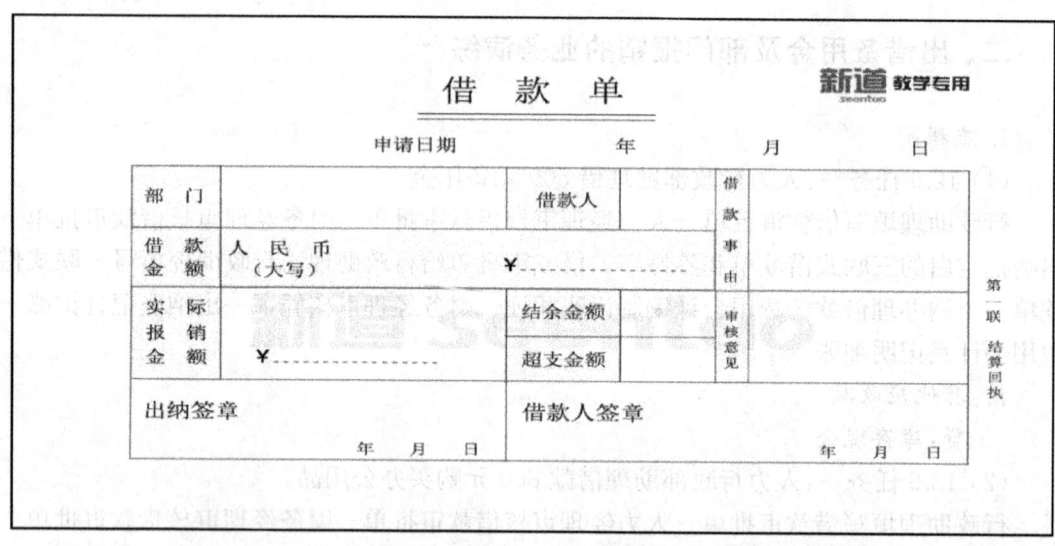

借款单填写说明如下：① 部门：写借款人所在部门；② 借款人：写借款人本人；③ 借款事由写本次借款用于什么事情，如购买办公用品等；④ 借款金额处必须大小写核对一致；⑤ 实际报销金额是拿发票回来报销时填写的内容，如借款 1 000 元，发票是 800，那实际报销金额就是 800 元；⑥ "结余金额"与"超支金额"是借款额与报销额不一致所造成的，借款额－报销额＝结余或超支金额；⑦ 借款单一式三联，借款时将第三联付款凭证给会计做账，出纳留第一联及第二联，借款人拿发票报销时，出纳将第一联结算回执给借款人，将第二联结算凭证及发票给会计做账。

三、案例

案例1: 某公司行政部使用定额备用金制度,金额为1 200元。

(1) 在设立时,由部门经办人××第一次领用定额备用金1 200元。其会计分录为:

借:其他应收款——备用金——行政部　　　　　　　　　　1 200
　　贷:库存现金　　　　　　　　　　　　　　　　　　　　　　1 200

(2) 办理报销,补足备用金定额时:某日用现金购买办公用品800元,其备用金只剩下400元,次日到财务部门报销,会计编制付款凭证,出纳补给现金800元,这样行政部的备用金又达到了1 200元。会计分录为:

借:管理费用　　　　　　　　　　　　　　　　　　　　　　800
　　贷:库存现金　　　　　　　　　　　　　　　　　　　　　　800

(3) 后撤销行政部定额备用金,经办人交回备用金时:

借:库存现金　　　　　　　　　　　　　　　　　　　　　　1 200
　　贷:其他应收款——备用金——行政部　　　　　　　　　　1 200

案例2: 某公司行政部采用非定额备用金制度,某日为购买办公用品预借备用金1 200元。

(1) 预借时,财务部门根据借款凭证编制付款凭证,其会计分录为:

借:其他应收款——备用金——行政部　　　　　　　　　　1 200
　　贷:库存现金　　　　　　　　　　　　　　　　　　　　　　1 200

(2) 次日行政部用现金购买办公用品800元,经办人员持报销凭证到财务部门办理报销,并退回现金400元。会计处理如下:

借:管理费用　　　　　　　　　　　　　　　　　　　　　　800
　　库存现金　　　　　　　　　　　　　　　　　　　　　　　400
　　贷:其他应收款——备用金——行政部　　　　　　　　　　1 200

任务四　利息计提业务

一、计提利息的基本概念

企业如果有借款(短期和长期两种),根据借款协议,需要分期或者一次性支付利息。如果是到期一次性归还本息或者是分期后付利息的,根据企业会计制度的权责发生制的规定,企业需要在当期期末计提应属于本期支付但本期尚未支付的利息。

计提利息,是指向银行或其他金融机构借入的借款,期末根据权责发生制原则计算应支付给对方的利息。由于借款期限的长短和借款的用途不同,账务处理也不相同。

(1) 短期借款,一般用于生产经营周转需要,按月计提利息,银行按季扣除。每月月末计提利息时:

借:财务费用
　　贷:应付利息

(2) 长期借款分为分期付息一次还本和到期一次还本付息两种情况。

① 分期付息一次还本的长期借款,期末计提利息时,按借款的用途不同:

借:管理费用(筹建期间的)
　　在建工程(为购建固定资产的专门借款符合资本化条件的部分)
　　财务费用(为购建固定资产的专门借款在固定资产达到预定可使用状态后的部分)
　　贷:应付利息

② 到期一次还本付息的长期借款,期末计提利息时:

借:管理费用(筹建期间的)
　　在建工程(为购建固定资产的专门借款符合资本条件的部分)
　　财务费用(为购建固定资产的专门借款在固定资产达到预定可使用状态后的部分)
　　贷:长期借款——应计利息

二、计提利息业务演练

1. 流程图

12.28 任务一:计提借款利息

费用会计计算利息费用—费用会计填写记账凭证—财务经理审核凭证—费用会计登记明细账—应付会计登记明细账。

借:财务费用
　　贷:应付利息

2. 案例

公司于 2019 年 12 月 6 日向银行借入一笔生产经营用短期借款,共计 120 000 元,期限为 9 个月,年利率为 4%。根据与银行签署的借款协议,该项借款的本金到期后一次归还,利息分月预提,按季支付。

(1) 借入短期借款:

借:银行存款	120 000
贷:短期借款	120 000

(2) 计提各月份应付利息:120 000×4%÷12＝400(元)

① 计提:

借:财务费用	400
贷:应付利息	400

② 支付:

借:应付利息	1 200
贷:银行存款	1 200

项目四

采购业务的原理掌握与实战演练

> **知识目标**
>
> 1. 熟悉公司采购业务流程。
> 2. 掌握预付账款、应付账款的核算内容。
> 3. 掌握采购业务与增值税发票的对应核算关系。

> **技能目标**
>
> 1. 熟悉公司采购业务与会计核算的流程对应关系。
> 2. 掌握与采购业务相关的会计核算方法。
> 3. 熟练掌握采购业务的增值税处理方法。

任务一 采购业务流程描述

一、采购的含义

采购是指个人或单位在一定的条件下从供应市场获取产品或服务作为自己的资源，为满足自身需要或保证生产、经营活动正常开展的一项经营活动。

所谓采购，都是从资源市场获取资源的过程。能够提供这些资源的供应商，形成了一个资源市场。为了从资源市场获取这些资源，必须通过采购的方式。也就是说，采购的基本功能，就是帮助人们从资源市场获取他们所需要的各种资源。采购，既是一个商流过程，也是一个物流过程。采购的基本作用，就是将资源从资源市场的供应者手中转移到用户手中的过程。在这个过程中，一是要实现将资源的物质实体从供应商手中转移到用户手中。前者是一个商流过程，主要通过商品交易、等价交换来实现商品所有权的转移；后者是一个物流过程，主要通过运输、储存、包装、装卸、流通加工等手段来实现商品空间位置和时间位置的完整结合，缺一不可。只有这两个方面都完全实现了，采购过程才算完成。因此，采购过程实际上是商流过程与物流过程的统一。

采购是一种经济活动。在整个采购活动过程中，一方面，通过采购获取了资源，保证了企业正常生产的顺利进行，这是采购的效益；另一方面，在采购过程中，也会发生各种费用，这就是采购成本。我们要追求采购经济效益的最大化，就是不断降低采购成本，以最少的成本去获取最大的效益。而要做到这一点,关键的关键,就是要努力追求科学采购。科学采购是实现企业经济利益最大化的基本利润源泉。

二、采购的形式

常见的采购形式分为战略采购(Sourcing)、日常采购(Procurement)、采购外包(Purchasing Out-services)三种形式。战略采购是一种有别于常规采购的思考方法,是一种系统性的、以数据分析为基础的采购方法。简单地说,战略采购是以最低总成本建立服务供给渠道的过程,一般采购是以最低采购价格获得当前所需资源的简单交易,而战略采购是计划、实施、控制战略性和操作性采购决策的过程,目的是指导采购部门的所有活动都围绕提高企业能力展开,以实现企业远景计划。它用于系统地评估一个企业的购买需求及确认内部和外部机会,从而减少采购的总成本。其好处在于充分平衡企业内外部优势,以降低整体成本为宗旨,涵盖整个采购流程,实现从需求描述直至付款的全程管理。

日常采购是采购人员(Buyer)根据确定的供应协议和条款,以及企业的物料需求时间计划,以采购订单的形式向供应方发出需求信息,并安排和跟踪整个物流过程,确保物料按时到达企业,以支持企业的正常运营的过程。

采购外包是企业在聚力自身核心竞争力的同时,将全部或部分的采购业务活动外包给专业采购服务供应商,专业采购供应商可以通过自身更具专业的分析和市场信息捕捉能力,来辅助企业管理人员进行总体成本控制,降低采购环节在企业运作中的成本支出。采购外包由于涉及中小企业的利益,大部分中小企业不愿意将采购业务外包给其他的第三方采购机构。这给采购外包业的发展增大了不少的难度。采购外包有利于企业更加专注于自身的核心业务。专业的事交给专业的人做。采购外包对中小企业来说,可以降低采购成本,减少人员投入,减少固定投资,降低采购风险,提高采购效率。对于中小企业来讲,采购外包是最佳降低成本的方式。企业实施采购外包既可以获得更低采购成本、提高采购效率、获得专业化的采购服务,从总体上降低运营成本,提高采购效率,又可以将自己的全部智力和资源专注于核心业务,在新的竞争环境中提高企业的竞争能力。

企业实施采购外包的优势主要体现为:

(1)加速采购业务重构。企业业务流程重构需要花费很多的时间,获得效益也要花很长的时间,而外包是企业业务流程重构的重要策略,可以帮助企业快速解决采购业务方面的重构问题。对实行采购外包的企业来讲,不仅要做到现有企业核心采购能力和外包供应商核心能力的整合,更重要的还要做到如何巩固和提升自己的核心采购能力。企业如果忽视了本身核心采购能力的培育,那么实施"外包"采购只是培养潜在的竞争对手,而自己则失去未来的发展机会。

(2)利用企业的外部资源。如果企业不能有效地完成采购业务所需的资源,企业可将采购业务外包。企业实施采购外包时必须进行采购成本、利润分析,确认在长期情况下这种外包是否对企业有利,由此决定是否应该采取采购外包策略。企业在集中资源于自身核心采购业务的同时,通过利用其他企业的资源来弥补自身的不足,从而变得更具竞争优势,增强自身的核心竞争力。

(3) 分担采购风险。企业可以通过外向资源配置分散由经济、市场和财务等因素产生的风险。企业本身的采购资源、能力是有限的,通过资源外向配置,与外部的"外包"供应商共同分担风险,企业可以变得更有柔性,更能适应变化的外部环境。

(4) 降低成本。据有关研究表明,那些将特定的采购流程或采购项目外包的企业,其物料获得成本平均降幅达10%～25%。有时特定采购项目的采购成本降幅可达30%。

(5) 可以减少企业投资,降低固定资产在资本结构中的比例,有利于优化企业的资本结构。专业的事交给专业的人做,采购不是中小企业的核心业务,但会涉及中小企业的采购利益。目前我国采购服务行业,只是处于起步阶段,许多的企业正在进行不断的探索。类似做采购外包服务的企业如四川安瑞科等。

三、影响采购的因素

影响采购的因素来自公司内部和外部用途,主要有品质、价格、交付期限、服务及配合度。

采购品质控制的内容包括三个方面:一是对供应物料品质的控制,包括物料的生产过程、设备、环境等内容;二是进货检验,包括物料的数量、规格、质量等内容;三是对采购物流过程中品质的控制,包括交货时间、地点、方式等内容。

采购价格分析为将来的议价提供参考,采购时须明确影响采购价格的各种因素,制定合理的采购价格。影响采购价格的因素包括五个方面:物料成本、供需关系、季节变化、市场环境、交货条件。交付期限是否及时,售后服务及配合度是供应商取舍的主要条件。

1. 企业外部因素

(1) 资源供应渠道的因素。资源渠道一般包括三类:一是生产企业,这是最稳定的供应渠道,价格较其他渠道低,并可根据企业的特殊需求进行加工处理;二是物资流通部门,特别是属于某行业或某种材料生产系统的物资部门,资源丰富,品种、规格齐全,对资源保证能力较强,是国家物资流通的主要渠道;三是社会商业部门,这种材料经销部门数量较多,经营方式灵活,对于解决品种短缺起到良好的补充作用。

(2) 供方因素。材料供应方提供资源的能力,即供应方能否在时间上、品种上、质量上及信誉上保证需方需要。采购部门要定期分析供方供应水平,并做出定量考核指标,以确定供应方。

(3) 市场供求因素。在一定时期内供求因素是经常变化的,造成变化的原因涉及工商、税务、利率、投资、价格、政策等诸多方面。掌握市场行情、预测市场动态是采购人员的任务,也是在采购竞争中取胜的重要因素。

2. 企业内部因素

(1) 施工生产因素。建筑施工生产的程序性决定了物资需求是呈阶段性的。材料供应是手续供应与零星采购交叉进行的。再由于设计变更、计划调整等因素,使材料需求的不确定因素增多,进而影响到材料的需求和使用。采购人员应掌握施工规律,预计可能出现的问题,使材料采购更好地服务于施工生产。

(2) 储存能力因素。采购批量受料场、仓库堆放能力的限制,采购批量的大小也影响着采购时间间隔。根据施工生产平均每日需用量,在确定了采购间隔时间、验收时间和材料加工准备时间的基础上,确定采购批量及采购次数等。

(3) 资金的限制。采购批量是以施工生产需用为主要因素确定的,但资金的限制也将改变或调整批量,增减采购次数等。当资金缺口较大时,可按缓急程度分别采购。

四、采购对象与基本原则

公司的采购对象分为直接物料(BOM Material)和间接物料(MRO Material),直接物料将用于构成采购企业向其客户提供的产品或服务的全部或部分,间接物料将在企业的内部生产和经营活动中被使用和消耗。采购是一个商业性质的有机体为维持正常运转而寻求从体外摄入的过程。采购的基本原则包括成本效益原则、质量原则、进度配合原则和公平竞争原则。采购成本的高低直接影响到企业利润水平的高低,必须择优选购物美价廉的原材料,保证原料质量,并以需定购,避免不必要的积压和浪费。由于直接与市场接触,采购部门可以广泛地收听到各种信息,这些信息对销售、财务、研发和高层管理部门都有一定的意义,可以提高企业中其他部门的经营绩效,采购和供应管理部门收集到的信息可以间接地为企业做出贡献,所以要关注市场价格变动和技术更新,多方寻价比对,给供应商提供公平竞争的机会。

五、采购流程

采购流程(见下图)分为收集信息,询价、比价、议价,评估,索样,决定,请购,订购,协调与沟通,催交,进货检收,整理付款。

采购数量计算公式:

$$\text{本期应采购数量} = \text{本期生产需用量} + \text{本期末预定库存量} - \text{前期预估库存量} - \text{前期已购未入库数量}$$

合理降低采购成本,事先制订合理的采购计划,查询当前市场行情,掌握影响成本的因素和事件。适当寻找多家合格厂商的报价,制作底价或预算,运用议价技巧。事后选择价格适当的厂商签订合约,利用数量或现金折扣。

采购价格的构成取决于供应商成本的高低,规格与品质,采购物料的供需关系,生产季节和采购时机,交货条件,付款条件。采购价格应以达到适当价格为最高目标,采购员必须以采购要求,根据市场行情,分析物料的质量状况和价格变动情况,选择物美价廉的物料进行购买。对采购原料进行成本分析、价格分析、市场调研、多家厂商报价,以判断采购价格是否合理。利用已有的资料,公开征求的方式,通过同业介绍、阅读专业刊物、协会或采购专业顾问公司、参加产品展示会,寻找最佳供应商。合格供应商应具备优秀的企业领导人、高素质的管理人员、稳定的员工群体、良好的机器设备、良好的技术、良好的管理制度。通过产品价格、品质、服务、位置、存货政策对供应商进行分析。

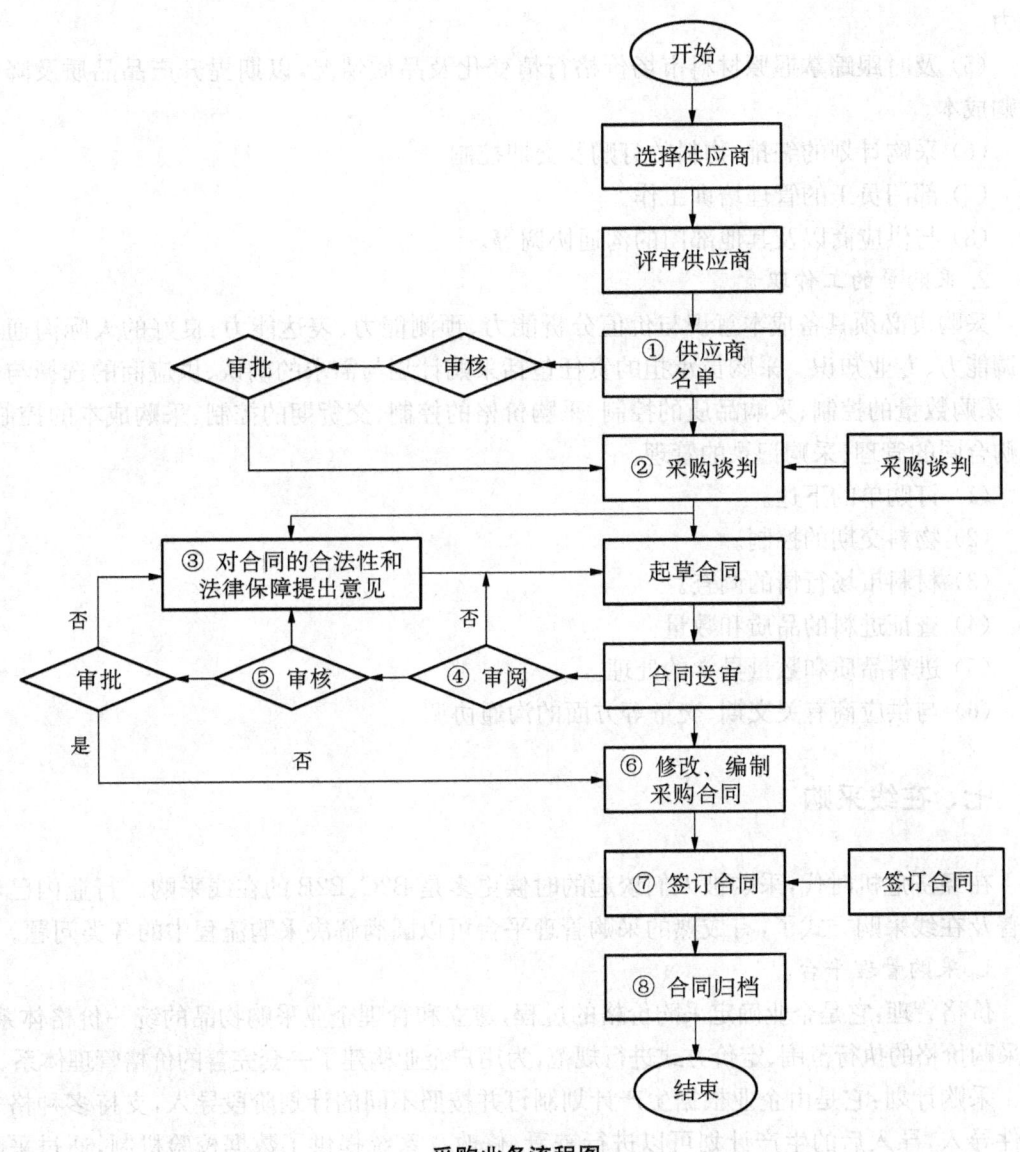

采购业务流程图

六、采购岗位的工作职责

1. 采购主管的工作职责

(1) 新产品、新材料供应商的寻找、资料收集及开发工作。

(2) 对新供应商的产能、设备、交期、技术、品质等的评估及认证,以保证供应商的优良性。

（3）与供应商的比价、议价谈判工作。

（4）对旧供应商的价格、产能、品质、交期的审核工作，以确定原供应商的稳定供货能力。

（5）及时跟踪掌握原材料市场价格行情变化及品质情况，以期提升产品品质及降低采购成本。

（6）采购计划的编排，物料的订购及交期控制。

（7）部门员工的管理培训工作。

（8）与供应商以及其他部门的沟通协调等。

2. 采购员的工作职责

采购员必须具备成本意识与价值分析能力、预测能力、表达能力、良好的人际沟通与协调能力、专业知识。采购员承担的责任包括采购计划与需求的确认、供应商的选择与管理、采购数量的控制、采购品质的控制、采购价格的控制、交货期的控制、采购成本的控制、采购合同的管理、采购记录的管理。

（1）订购单的下达。

（2）物料交期的控制。

（3）材料市场行情的调查。

（4）查证进料的品质和数量。

（5）进料品质和数量异常的处理。

（6）与供应商有关交期、交量等方面的沟通协调。

七、在线采购

在经济危机时代，采购被人们谈起的时候更多是B2C、B2B的在线采购。行业内已经很普及在线采购方式了，有成熟的采购管理平台可以圆满解决采购流程中的各类问题。

1. 采购管理平台

价格管理：它是企业确定采购价格的过程，建立和管理企业采购物品的统一价格体系，对采购价格的执行范围、定价方式进行规范，为用户企业构建了一套完善的价格管理体系。

采购计划：它是由企业根据生产计划制订并按照不同的计划阶段导入，支持多种格式文件导入，导入后的生产计划可以进行查看、修改。系统提供了数据校验机制，通过采购网中的采购目录与计划中物料的核对，自动将不合格数据筛选出来，有效保证了计划数据的准确性。

采购定价：企业可根据业务需要选择多种采购模式（招标、竞价、询价），充分发挥市场杠杆效应，降低采购品的材料成本和采购过程成本，提升采购工作效率，从而达到降低企业采购成本的目的。

合同、协议管理：它是采购定价结果的体现，也是采购实施的依据，包括采购品的价格信息、交货条件、付款方式等主要信息。可以手工录入合同，也可以根据采购定价项目的中标结果直接生成合同。

订单协同：企业需要一个完整的供应链管理，才能动态快速地响应客户需求。订单协同提供了一整套订单协同的功能,包括订单、收货、退货等的流程。

采购统计:主设定统计查询方式,分为按项目采购统计和按采购价格统计两种,可以对供应商报价的历史记录、订单响应、送货及时率、货物合格率、交易数据等进行自动统计,为采购决策提供强有力支持。

供应商管理及评估:供应商通过网上注册,申请成为供应商企业,经过对供应商注册信息校对、验证通过,供应商真正注册成为采购网供应商;采购商可对供应商进行认证,使其成为自己的潜在供应商;拥有供货资质的供应商称为正式供应商;采购商可对正式供应商进行评估,选出合格供应商。

采购目录维护:采购品目录是整个采购系统的基础和根本,它具有统一分类、统一编码的特点,各个采购商根据自身企业的特点和需要进行维护。

2. 供应商供应管理平台

客户管理:它是对当前用户交易场状态的管理,可以根据自己的需求,申请进入新的交易场。

交易管理:查看和操作不同状态下的采购项目,全程管理采购交易。

订单协同:提供了一整套订单协同的功能,包括订单、收货、退货等流程。

供货管理:建立供应产品与客户之间的关联,确保拥有供应产品的资质;同时,与采购不应该只作为一种服务职能起作用,还应该符合其用户的要求而不至于用户提出过多问题。相反,采购应当向其内部用户提出一种有益的、可获利的异议。应该始终如一地追求提高公司所购买的产品和服务的性能价格比。为了完成这一任务,采购部门应该能够提出现有的产品设计、所使用的原料或部件的备选方案和备选的供应商。

日常采购是采购人员根据确定的供应协议和条款,以及企业的物料需求时间计划,以采购订单的形式向供应方发出需求信息,并安排和跟踪整个物流过程,确保物料按时到达企业,以支持企业的正常运营的过程。

采购的对象分为直接物料(BOM Material)和间接物料(MRO Material)。直接物料将用于构成采购企业向其客户提供的产品或服务的全部或部分,间接物料将在企业的内部生产和经营活动中被使用和消耗。

八、采购合同

采购合同是指企业(供方)与分供方,经过双方谈判协商一致同意而签订的"供需关系"的法律性文件,合同双方都应遵守和履行,并且是双方联系的共同语言基础。签订合同的双方都有各自的经济目的,采购合同是经济合同,双方受《中华人民共和国经济合同法》保护。

公司采购合同的条款构成了采购合同的内容,应当在力求具体明确,便于执行,避免不必要纠纷的前提下,具备以下主要条款:

(1)商品的品种、规格和数量。商品的品种应具体,避免使用综合品名;商品的规格应具体规定颜色、式样、尺码和牌号等;商品的数量多少应按国家统一的计量单位标出。必要时,可附上商品品种、规格、数量明细表。

(2) 商品的质量和包装。合同中应规定商品所应符合的质量标准,注明是国家或部颁标准;无国家和部颁标准的应由双方协商凭样订(交)货;对于副、次品应规定出一定的比例,并注明其标准;对实行保换、保修、保退办法的商品,应写明具体条款;对商品包装的办法,使用的包装材料、包装式样、规格、体积、重量、标志及包装物的处理等,均应有详细规定。

(3) 商品的价格和结算方式。合同中对商品的价格要做具体的规定,规定作价的办法和发价处理等,以及规定对副品、次品的扣价办法;规定结算方式和结算程序。

(4) 交货期限、地点和收送方式。交(提)货期限(日期)要按照有关规定,并考虑双方的实际情况、商品特点和交通运输条件等确定。同时,应明确商品的收送方式是送货、代运,还是自提。

(5) 商品验收办法。合同中要具体规定在数量上验收和在质量上验收商品的办法、期限和地点。

(6) 违约责任。签约一方不履行合同,必将影响另一方经济活动的进行,因此违约方应负物质责任,赔偿对方遭遇的损失。在签订合同时,应明确规定,供应者有以下三种情况时应付违约金或赔偿金:① 不按合同规定的商品数量、品种、规格供应商品;② 不按合同中规定的商品质量标准交货;③ 逾期收送商品,购买者逾期结算货款或提货,临时更改到货地点等。

(7) 合同的变更和解除条件合同中应规定,在什么情况下可变更或解除合同,什么情况下不可变更或解除合同,通过什么手续来变更或解除合同等。此外,采购合同应视实际情况,增加若干具体的补充规定,使签订的合同更切实际,行之有效。

在采购业务中需要填写采购合同。采购合同的填写说明如下:

(1) 合同编码:按单位实际合同编号填写。

(2) 甲方、乙方:按甲乙双方各自营业执照上的单位名称进行填写。

(3) 品名、规格、单位、备注:按签订合同时甲乙双方商议好的商品的名称、规格、单位进行填写,如有特殊要求,需填写在备注一栏。

(4) 交货地点:按甲乙双方商议好的地点进行填写。

(5) 合同签订地点:按实际合同签订地点填写。

(6) 甲方(盖章)、乙方(盖章):此处支持盖章,应盖合同专用章。

(7) 法人代表、委托代理人:按甲乙双方各自营业执照上的法人名称进行填写。

任务二 到货、预付、应付款项原理掌握

一、预付账款原理

1. 预付账款的含义

预付账款是指企业按照购货合同的规定,预先以货币资金或货币等价物支付供应单

位的款项。在日常核算中,预付账款按实际付出的金额入账,如预付的材料、商品采购货款、必须预先发放的在以后收回的农副产品预购定金等。对购货企业来说,预付账款是一项流动资产。预付账款一般包括预付的货款、预付的购货定金。施工企业的预付账款主要包括预付工程款、预付备料款等。

预付账款指买卖双方协议商定,由购货方预先支付一部分货款给供应方而发生的一项债权。预付账款一般包括预付的货款、预付的购货定金。施工企业的预付账款主要包括预付工程款、预付备料款等。预付账款是预先付给供货方客户的款项,也是公司债权的组成部分。

作为流动资产,预付账款不是用货币抵偿的,而是要求企业在短期内以某种商品、提供劳务或服务来抵偿。借方登记企业向供货商预付的货款,贷方登记企业收到所购物品应结转的预付货款,期末借方余额反映企业向供货单位预付而尚未发出货物的预付货款;本科目期末借方余额,反映企业预付的款项;期末如为贷方余额,反映企业尚未补付获得商品和劳务的款项。

2. 预付账款的科目设置

企业应设置"预付账款"会计科目,核算企业按照购货合同规定预付给供应单位的款项。

(1) 企业因购货而预付的款项,借记"预付账款"科目,贷记"银行存款"科目。

(2) 收到所购物资时,根据发票账单等列明应计入购入物资成本的金额,借记"物资采购"或"原材料""库存商品"等科目,按专用发票上注明的增值税额,借记"应交税金——应交增值税(进项税额)"科目,按应付金额,贷记"预付账款"科目。

(3) 补付的款项,借记"预付账款"科目,贷记"银行存款"科目。

(4) 退回多付的款项,借记"银行存款"科目,贷记"预付账款"科目。

预付款项情况不多的企业,也可以将预付的款项直接记入"应付账款"科目的借方,不设置"预付账款"科目。

企业的预付账款,如有确凿证据表明其不符合预付账款性质,或者因供货单位破产、撤销等原因已无望再收到所购货物的,应将原计入预付账款的金额转入其他应收款。企业应按预计不能收到所购货物的预付账款账面余额,借记"其他应收款——预付账款转入"科目,贷记"预付账款"科目。

除转入"其他应收款"科目的预付账款外,其他预付账款不得计提坏账准备。

"预付账款"科目应按供应单位设置明细账,进行明细核算。

"预付账款"科目期末借方余额,反映企业实际预付的款项;期末如为贷方余额,反映企业尚未补付的款项。

3. 预付账款的会计处理

"预付账款"账户用于核算企业按照合同规定向供货单位预付的款项。"预付账款"账户下应按购货单位设置明细账,进行明细核算。预付账款情况不多的企业,也可以将预付的款项直接记入"应付账款"的借方。

在预付货款业务不多的企业,也可以通过"应付账款"科目核算预付账款业务。企业在预付时借记"应付账款"科目,收到采购的商品后再予冲销。但是,在这种处理方法下,

"应付账款"的某些明细账户可能会出现借方余额。在期末,应付账款明细账的借方余额应在资产负债表中列作资产项目,而各明细账的贷方余额才列为负债。

预付账款业务较多的企业,需要为每一个客户设置明细账,列明预付日期、采购商品的规格及数量、预付金额、到货日期及注销日期等。

企业的预付账款不得计提坏账准备。但是,如果有确凿的证据表明企业预付账款的性质已经发生改变,或者因供货单位破产、撤销等原因已经无望再收到所购货物的,应将原计入预付账款的金额转入其他应收款,并按规定计提坏账准备。

二、应付账款的原理掌握

1. 应付账款的含义

应付账款是会计科目的一种,用以核算企业因购买材料、商品和接受劳务供应等经营活动应支付的款项。

2. 应付账款的主要账务处理

公司购入材料、商品等验收入库,但货款尚未支付,根据有关凭证(发票账单、随货同行发票上记载的实际价款或暂估价值),借记"原材料""库存商品""应交税金——应交增值税(进项税额)"等科目,贷记"应付账款"科目。企业接受供应单位提供劳务而发生的应付但尚未支付的款项,应根据供应单位的发票账单,借记"制造费用""管理费用"等有关成本费用科目,贷记"应付账款"科目;企业偿付应付账款时,借记"应付账款"科目,贷记"银行存款"科目。企业开出、承兑商业汇票抵付购货款时,借记"应付账款"科目,贷记"应付票据"科目。企业的应付账款,因对方单位发生变故确实无法支付时,报经有关部门批准后,可视同企业经营业务以外的一项额外收入,借记"应付账款"科目,贷记"营业外收入"科目。

应付账款通常是指因购买材料、商品或接受劳务供应等而发生的债务,这是买卖双方在购销活动中由于取得物资与支付货款在时间上不一致而产生的负债。

在采购业务处理中,主要涉及以下账户:

"在途物资"——主要用来核算企业外购的采购成本;一般按照材料的品种、规格设置明细分类账,该账户属于资产类账户,借方登记增加额,贷方登记结转额。

"原材料"——主要用于核算企业库存各种原材料的收入、发出、结存情况;该账户是资产类账户,借方表示材料的入库增加,贷方表示材料的发出情况,期末余额一般在借方,表示材料的结存数。

"应交税费——应交增值税(进项税额)"——用来核算企业在采购过程中应当缴纳的增值税税额。

"应付账款"——用来核算企业因采购材料物资等与供应商之间发生的结算债务。

单货同到,根据采购发票:

借:在途物资
　　应交税费——应交增值税(进项税额)
　贷:应付账款(或银行存款等)

（1）企业购入材料、商品等验收入库，但货款尚未支付，根据有关凭证（发票账单、随货同行发票上记载的实际价款或暂估价值），借记"材料采购""在途物资"等科目，按可抵扣的增值税额，借记"应交税费——应交增值税（进项税额）"等科目，按应付的价款，贷记本科目。

企业购物资时，因供货方发货时少付货物而出现的损失，由供货方补足少付的货物时，应由借方记"应付账款"，贷方转出"待处理财产损溢"中相应金额。

（2）接受供应单位提供劳务而发生的应付未付款项，根据供应单位的发票账单，借记"生产成本""管理费用"等科目，贷记本科目。支付时，借记本科目，贷记"银行存款"等科目。

（3）采用售后回购方式融资的，在发出商品等资产时，应按实际收到或应收的金额，借记"银行存款""应收账款"等科目，按专用发票上注明的增值税额，贷记"应交税费——应交增值税（销项税额）"科目，按其差额，贷记本科目。回购价格与原销售价格之间的差额，应在售后回购期间内按期计提利息费用，借记"财务费用"科目，贷记本科目。

购回该项商品等时，应按回购商品等的价款，借记本科目，按可抵扣的增值税额，借记"应交税费——应交增值税（进项税额）"科目，按实际支付的金额，贷记"银行存款"科目。

（4）企业与债权人进行债务重组，应当分别债务重组的不同方式进行账务处理。

① 以低于应付债务账面价值的现金清偿债务的，应按应付账款的账面余额，借记本科目，按实际支付的金额，贷记"银行存款"科目，按其差额，贷记"营业外收入——债务重组利得"科目。

② 企业以非现金资产清偿债务的，应按应付账款的账面余额，借记本科目，按用于清偿债务的非现金资产的公允价值，贷记"交易性金融资产""其他业务收入""主营业务收入""固定资产清理""无形资产""长期股权投资"等科目，按应支付的相关税费，贷记"应交税费"等科目，按其差额，贷记"营业外收入"等科目或借记"营业外支出"等科目。

③ 以债务转为资本，应按应付账款的账面余额，借记本科目，按债权人因放弃债权而享有的股权的公允价值，贷记"实收资本"或"股本""资本公积——资本溢价或股本溢价"科目，按其差额，贷记"营业外收入——债务重组利得"科目。

④ 以修改其他债务条件进行清偿的，应将重组债务的账面余额与重组后债务的公允价值的差额，借记本科目，贷记"营业外收入——债务重组利得"科目。

（5）企业如有将应付账款划转出去或者确实无法支付的应付账款，应按其账面余额，借记本科目，贷记"营业外收入"科目。

本科目期末贷方余额，反映企业尚未支付的应付账款。

本科目期末余额也可以在借方，反映预付的款项。

三、应付账款周转期

现金的周转过程主要包括存货周转期、应收账款周转期和应付账款周转期，其中存货周转期是指将原材料转换成产成品并出售所需要的时间；应收账款周转期是指将应收账款转换为现金所需要的时间；应付账款周转期是指从收到尚未付款的材料开始到现金支出之间所用的时间。

四、应付账款的入账时间

应付账款的入账时间应以与所购买物资所有权有关的风险和报酬已经转移或劳务已经接受为标志。但在实际工作中应区别情况处理：

（1）在物资和发票账单同时到达的情况下，应付账款一般待物资验收入库后，才按发票账单登记入账。这主要是为了确认所购入的物资是否在质量、数量和品种上都与合同上订明的条件相符以免因先入账而在验收入库时发现购入物资错、漏、破损等问题再行调账。

（2）在物资和发票账单未同时到达的情况下，由于应付账款需根据发票账单登记入账，有时货物已到而发票账单要间隔较长时间才能到达，由于这笔负债已经成立，应作为一项负债反映。为在资产负债表上客观反映企业所拥有的资产和承担的债务，在实际工作中采用在月份终了将所购物资和应付债务估计入账待下月初再用红字予以冲回的办法。因购买商品等而产生的应付账款，应设置"应付账款"科目进行核算，用以反映这部分负债的价值。

应付账款一般按应付金额入账，而不按到期应付金额的现值入账。如果购入的资产在形成一笔应付账款时是带有现金折扣的，应付账款入账金额的确定按发票上记载的应付金额的总值（即不扣除折扣）记账。在这种方法下，应按发票上记载的全部应付金额，借记有关科目贷记"应付账款"科目；获得的现金折扣冲减财务费用。

应付账款跟应收账款一样分为四大模块：

（1）发票管理——将发票输入之后，可以验证发票上所列物料的入库情况，核对采购订单物料，计算采购单和发票的差异，查看指定发票的所有采购订单的入库情况，列出指定发票的有关支票付出情况和指定供应商的所有发票和发票调整情况。

（2）供应商管理——提供每个提供物料的供应商信息，如使用币种、付款条件、付款方式、付款银行、信用状态、联系人、地址等。此外，还有各类交易信息。

（3）支票管理——可以处理多个付款银行与多种付款方式，能够进行支票验证和重新号，将开出支票与银行核对，查询指定银行开出的支票，作废支票和打印支票。

（4）账龄分析——可以根据指定的过期天数和未来天数计算账龄，也可以按照账龄列出应付款的余额。

五、应付账款核算使用的主要科目

为了总括地反映和监督企业应付账款的发生及偿还情况，应设置"应付账款"科目。该科目的贷方登记企业购买材料、物资及接受劳务供应的应付但尚未付的款项；借方登记偿还的应付账款、以商业汇票抵付的应付账款；期末贷方余额表示尚未支付的应付款项。该科目应按照供应单位设置明细账，以进行明细分类核算。

任务三 到货、预付、应付款项实战演练

一、流程图

1. 与九江塑电供应商的业务往来实战演练

(1) 12.6 任务一：与九江塑电签采购合同。

采购专员起草采购合同—采购专员填写合同会签单—采购部经理审核采购合同—财务经理审核采购合同—总经理审核采购合同—行政助理在采购合同上盖章—供应商代表进行供应商签字并盖章确认—行政助理采购合同存档。

(2) 12.6 任务二：提前收到九江塑电全额发票。

采购专员向供应商催收发票—供应商代表开具并打印发票—采购专员接收并查询发票真伪—成本会计编制记账凭证—财务经理审核凭证—税务会计登记明细账—成本会计登记明细账—应付会计登记明细账。

借：在途物资
　　进项税额
　贷：应付账款

(3) 12.12 任务一：采购九江塑电原材料入库。

采购专员确认收货—仓管员办理入库—采购专员更新采购合同执行情况表格—成本会计接收采购入库单。

(4) 12.12 任务二：九江塑电在途转入在库处理。

成本会计填写记账凭证—财务经理审核凭证—成本会计登记明细账。

(5) 12.12 任务三：与九江塑电签订采购合同。

采购专员起草采购合同—采购专员填写合同会签单—采购部经理审核采购合同—财务经理审核采购合同—总经理审核采购合同—行政助理在采购合同上盖章—供应商代表进行供应商签字并盖章确认—行政助理采购合同存档。

(6) 12.28 任务一：从九江塑电原材料入库。

采购专员确认收货—仓管员办理入库—采购专员更新采购合同执行情况表格—成本会计接收采购入库单。

(7) 12.28 任务一：收到发票。

采购专员向供应商催收发票—供应商代表开具并打印发票—采购专员接收并查询发票真伪—成本会计编制记账凭证—财务经理审核凭证—税务会计登记明细账—成本会计登记明细账—应付会计登记明细账。

借：原材料
　　进项税额
　贷：应付账款

(8) 12.28 任务一:支付九江塑电 12.12 货款。

采购专员填写付款申请表—采购部经理审核付款申请表—财务经理审核付款申请表—总经理审批付款申请表—出纳开具支票—财务经理在支票上盖章—采购专员将支票给供应商,另外应付会计编制记账凭证—财务经理审核凭证—出纳登记日记账—应付会计登记明细账。

借:应付账款
  贷:银行存款

(9) 12.28 任务二:支付 12.6 九江塑电货款。

采购专员填写付款申请表—采购部经理审核付款申请表—财务经理审核付款申请表—总经理审批付款申请表—出纳开具支票—财务经理在支票上盖章—采购专员将支票给供应商,另外应付会计编制记账凭证—财务经理审核凭证—出纳登记日记账—应付会计登记明细账。

借:应付账款
  贷:银行存款

2. 与北京京亿供应商的业务往来实战演练

(1) 12.6 任务一:与北京京亿签订采购合同。

采购专员起草采购合同—采购专员填写合同会签单—采购部经理审核采购合同—财务经理审核采购合同—总经理审核采购合同—行政助理采购合同盖章—供应商代表进行供应商签字并盖章确认—行政助理采购合同存档。

(2) 12.6 任务二:以支票预付北京京亿 40% 货款。

采购专员填写付款申请表—采购部经理审核付款申请表—财务经理审核付款申请表—总经理审批付款申请表—出纳开具支票—财务经理在支票上盖章—采购专员将支票给供应商,另外应付会计编制记账凭证—财务经理审核凭证—出纳登记日记账—应付会计登记明细账。

借:预付账款
  贷:银行存款

(3) 12.6 任务三:采购北京京亿 201 不锈钢板材入库。

采购专员确认收货—仓管员办理入库—采购专员更新采购合同执行情况表格—成本会计接收采购入库单。

(4) 12.12 任务一:支付北京京亿余下 60% 货款。

采购专员填写付款申请表—采购部经理审核付款申请表—财务经理审核付款申请表—总经理审批付款申请表—出纳开具支票—财务经理在支票上盖章—采购专员将支票给供应商,另外应付会计编制记账凭证—财务经理审核凭证—出纳登记日记账—应付会计登记明细账。

借:预付账款
  贷:银行存款

(5) 12.12 任务二:采购北京京亿 304 不锈钢板材入库。

采购专员确认收货—仓管员办理入库—采购专员更新采购合同执行情况表格—成本

会计接收采购入库单。

(6) 12.12 任务二：收到北京京亿不锈钢板材全额发票。

采购专员向供应商催收发票—供应商代表开具并打印发票—采购专员接收并查询发票真伪—成本会计编制记账凭证—财务经理审核凭证—税务会计登记明细账—成本会计登记明细账—应付会计登记明细账。

借：原材料 201,304
　　进项税额
　　贷：预付账款

3. 与四川电器供应商的业务往来实战演练

(1) 12.12 任务三：与四川电器签订采购合同。

采购专员起草采购合同—采购专员填写合同会签单—采购部经理审核采购合同—财务经理审核采购合同—总经理审核采购合同—行政助理在采购上合同盖章—供应商代表进行供应商签字并盖章确认—行政助理采购合同存档。

(2) 12.28 任务一：从四川电器采购商品入库。

采购专员确认收货—仓管员办理入库—采购专员更新采购合同执行情况表格—成本会计接收采购入库单。

(3) 12.28 任务二：从四川电器采购的商品月末做暂估处理。

成本会计填写记账凭证—财务经理审核凭证—成本会计登记明细账—应付会计登记明细账。

借：库存商品(各明细)
　　贷：应付账款

4. 与北京融通服务公司的业务往来实战演练

(1) 12.12 任务一：与北京融通综合服务公司签订广告合同。

采购专员起草采购合同—采购专员填写合同会签单—采购部经理审核采购合同—财务经理审核采购合同—总经理审核采购合同—行政助理在采购合同上盖章—供应商代表进行供应商签字并盖章确认—行政助理采购合同存档。

(2) 12.12 任务二：以转账支票支付融通服务公司广告费。

销售专员填写付款申请表—营销部经理审核付款申请表—出纳签发转账支票—财务经理盖章—销售专员将支票给收款方，同时费用会计填写记账凭证—财务经理审核凭证—出纳登记日记账—费用会计登记明细账。

借：销售费用
　　贷：银行存款

(3) 12.28 任务一：服务公司收广告费。

销售专员送达支票—服务公司业务员收到转账支票—服务公司业务员录入广告信息并保存—服务公司业务员办理企业间转账业务—银行柜员在进账单上盖章。

(4) 12.28 任务一：以支票支付服务公司设备维修费用。

行政助理填写付款申请书—人力行政部经理审核付款申请表—财务经理审核付款申请表—总经理审批—出纳开具支票—财务经理审核支票并盖财务专用章—出纳传递单

据—行政助理将转账支票给服务公司业务员—费用会计填写记账凭证—财务经理审核凭证—出纳登记日记账—费用会计登记明细账。

借:管理费用
　　贷:银行存款

(5) 12.28 任务一:服务公司收取设备维护费。

行政助理送达支票—服务公司业务员收到支票—服务公司业务员填写进账单—银行柜员办理企业间转账业务—银行柜员办理企业间转账业务。

二、案例

采购员必须凭由总经理签字的借款单向财务部借款,采购回来后,采购员持购货发票到仓库办理入库手续,由质监部门、仓库保管员验收,并开出入库单(入库单必须注明:供货方名称,货物的名称,数量、单价、金额、用途签字)。入库单必须通过采购员、保管员签字。采购员粘贴好报销票据(采购申请单、入库单、购货发票、购货合同),财务部审核后,由总经理签字,然后办理报销手续。当材料入库后,根据入库单做会计分录:

借:原材料
　　贷:在途物资

案例1: 12月12日,本公司从光明工厂采购的A材料到达企业并已验收入库,结转其采购成本,共120 500元。

借:原材料——A材料　　　　　　　　　　　　　　120 500
　　贷:在途物资——A材料　　　　　　　　　　　　　　120 500

按合同约定需要预付购货款的,由采购员提供采购申请单、合同复印件、付款通知书(注明付款事由、付款金额、对方单位名称、开户银行及账号),办理付款批准手续后(付款通知书须由总经理签字),交公司财务部门办理预付货款业务。

货物及发票已到,验收合格并与购货合同、发票及清单核对无误后,采购员粘贴好报销票据(采购申请单、入库单、购货发票、购货合同),财务部审核后,由总经理签字,财务做账。

案例2: 根据合同规定,用银行存款7 020元向东方公司预付购买乙材料价税款。

借:预付账款　　　　　　　　　　　　　　　　　　7 020
　　贷:银行存款　　　　　　　　　　　　　　　　　　7 020

案例3: 向东方公司预付款的乙材料到货。对方开具增值税专用发票载明:数量6 000千克,单价1.00元/千克,价款6 000元,增值税税额1 020元,价税款合计7 020元。

借:在途物资——乙材料　　　　　　　　　　　　　6 000
　　应交税费——应交增值税(进项税额)　　　　　　1 020
　　贷:预付账款　　　　　　　　　　　　　　　　　　7 020

采购员粘贴好报销票据(采购申请单、入库单、购货发票、购货合同),财务部审核后由总经理签字。供应商需要结款时,由财务将款项汇出。

案例4: 本公司从东方公司购入甲材料,对方开具的增值税专用发票载明:数量3 000

千克,单价 1.00 元/千克,价款 3 000 元,增值税税额 510 元,价税款合计 3 510 元。

(1) 材料已运达企业,但款项尚未支付。

借:在途物资——甲材料　　　　　　　　　　　　　　　　　3 000
　　应交税费——应交增值税(进项税额)　　　　　　　　　　510
　　贷:应付账款　　　　　　　　　　　　　　　　　　　　3 510

(2) 等到支付款后:

借:应付账款　　　　　　　　　　　　　　　　　　　　　3 510
　　贷:银行存款　　　　　　　　　　　　　　　　　　　3 510

货物已到发票未到,验收合格并与购货合同核对无误后,如供货方要求经总经理签字批准,可凭付款通知书支付不超过货物总价值 80% 的货款,待发票到后再付清余款;发票已到货物未到,不准支付购货款。采购业务完毕,财务部门要催促采购员及时结清购货结余款,不留"尾巴"。物资采购必须取得发票方可报销,如无特殊情况,发票应是增值税专用发票。

暂估是指本月存货已经入库,但采购发票尚未收到,不能确定存货的入库成本,月底时为了正确核算企业的库存成本,需要将这部分存货暂估入账,形成暂估凭证。对暂估业务,系统提供了三种不同的处理方法,包括月初回冲、单到回冲和单到补差。一般企业常选用的方法为单到回冲。

对于暂估业务需要注意的是:月末暂估入库单记账前,需对所有未结算的入库单填入暂估单价,然后才能记账。

案例 5: 甲公司向乙公司购进 B 材料一批,4 月 18 日材料已到并验收入库,但银行的结算凭证和发票等单据未到,货款尚未支付。月末,按暂估价入账,其暂估价为 16 400 元。

要求: 编制甲公司上述与采购有关业务的会计分录。

(1) 甲公司 4 月 30 日材料暂估入账会计分录如下:

借:原材料——B 材料　　　　　　　　　　　　　　　　　16 400
　　贷:应付账款——暂估应付账款　　　　　　　　　　　16 400

(2) 下月初(5 月 1 日)用红字予以冲回:

借:原材料——B 材料　　　　　　　　　　　　　　　　　16 400
　　贷:应付账款——暂估应付账款　　　　　　　　　　　16 400

假设 5 月 5 日收到该批材料的发票账单,审核无误,承付货款,再做相应采购账务处理。

项目五

销售业务的原理掌握与实战演练

> **知识目标**
>
> 1. 熟悉公司销售业务流程。
> 2. 掌握预收账款、应收账款的核算内容。
> 3. 掌握销售业务与增值税发票的对应核算关系。

> **技能目标**
>
> 1. 熟悉公司销售业务与会计核算的流程对应关系。
> 2. 独立完成与销售业务相关的会计核算方法。
> 3. 熟练掌握销售业务的增值税处理方法。

任务一 销售业务流程描述

一、销售合同的相关概念

1. 销售合同的定义

销售合同是指平等主体的自然人、法人、其他组织之间设立、变更、终止民事权利义务关系的协议。

签订销售合同是营销活动中常见的一项法律活动。一份销售合同签订得好坏,不仅关系到营销员的个人经济利益,同时牵连到企业的经济效益。所以,合同的签订一定要慎之又慎。

2. 销售合同的内容

企业的销售合同应至少包括但不限于以下内容:
(1) 供需双方全称、签约时间和地点。
(2) 产品名称、单价、数量和金额。
(3) 运输方式、运费承担、交货期限、交货地点及验收方法应具体、明确。
(4) 付款方式及付款期限。
(5) 免除责任及限制责任条款。
(6) 违约责任及赔偿条款。

(7) 具体谈判业务时的可选择条款。
(8) 合同双方盖章生效等。

3. 销售合同的签订程序

销售合同的签订是一件非常重要的事情,合同签订得好坏,关系到企业的兴衰,所以营销人员在签订合同的时候,要同客户就合同的内容反复协商,达成一致,并签订书面合同。做到彼此满意,形成双赢。销售合同的签订程序具体可概括为两个阶段:要约和承诺。

1) 要约

这是当事人一方向另一方提出订立销售合同的建议和要求。提出要约的一方称为要约人,对方称为受约人。要约人在要约中要向对方表达订立销售合同的愿望,并明确提出销售合同的主要条款,以及要求对方做出答复的期限等。要约人在自己规定的期限内,要受到要约的法律约束;如果对方接受自己的要约,就有义务同对方签订销售合同;就特定物而言,不能向第三者发出同样的要约或签订同样内容的销售合同。否则,承担由此给对方造成的损失。

2) 承诺

这是受约人对要约人提出的建议和要求表示完全同意。要约一经承诺,即表明双方就合同主要条款达成协议,合同即告成立,所以承诺对合同的成立起着决定性作用。承诺应在要约规定的期限内做出,要约中没有规定期限的,应按其合理期限考虑,即双方函电的正常往返时间加上必要的考虑时间。承诺的内容必须与要约的内容完全一致,承诺必须是无条件地完全接受要约的全部条款。如果受约人在答复中,对要约内容、条件做了变更或只部分同意要约内容,或附条件地接受要约的,应视为对要约的拒绝;而向原要约人提出新的要约,叫反要约。

在实际的操作中,一份销售合同的订立往往要经过要约、反要约、再反要约,一直到承诺这样一个复杂的谈判过程。一个销售合同能否有效成立,主要看其是否经历了要约和承诺两个阶段。

4. 销售合同应具备的主要条款

销售合同的主要条款是销售合同的重心,它决定了合同签订双方的义务和权利,决定了销售合同是否有效和是否合法,是当事人履行合同的主要依据。这是一份合同的重中之重。营销员在签订合同的过程中,一定要对合同所具备的主要条款逐一审明,详尽规定,使之清楚明确。

1) 标的

标的是销售合同当事人双方权利和义务所共同指向的对象,销售合同中的标的主要表现为推销的商品或劳务。标的,是订立销售合同的目的和前提,没有标的或标的不明确的合同是无法履行的,也是不能成立的。

2) 数量和质量

这里是指销售合同标的的数量和质量。它们是确定销售合同标的特征的最重要因素,也是衡量销售合同是否被履行的主要尺度。确定标的数量,应明确计量单位和计量方法。

3）价款或酬金

价款或酬金是取得合同标的一方向对方支付的以货币数量表示的代价，体现了经济合同所遵循的等价有偿的原则。在合同中，营销人员应明确规定定价或酬金的数额，并说明它们的计算标准、结算方式和程序等。

4）履行期限、地点、方式

履行期限是合同当事人双方实现权利和履行义务的时间，它是确认销售合同是否按时履行或延期履行的时间标准。双方当事人在签订合同时，必须明确规定具体的履行期限，如按年、季度或月、日履行的起止期限，切忌使用"可能完成""一定完成""要年内完成"等模棱两可、含糊不清的措辞。履行地点是一方当事人履行义务，另一方当事人接受义务的地方，直接关系到履行的费用和履行期限，确定时应冠以省、市名称，避免因重名而履行错误。

履行方式是指合同当事人履行义务的具体方法由合同的内容和性质来决定。例如，交付货物，是一次履行还是分期分批履行，是提货还是代办托运等。

5）违约责任

违约责任是指销售合同当事人违反销售合同约定的条款时应承担的法律责任。

此外，销售合同的内容还包括根据法律规定或销售合同性质必须具备的条款，以及当事人一方要求必须规定的条款，这些也是销售合同的主要条款。

二、销售合同审批流程

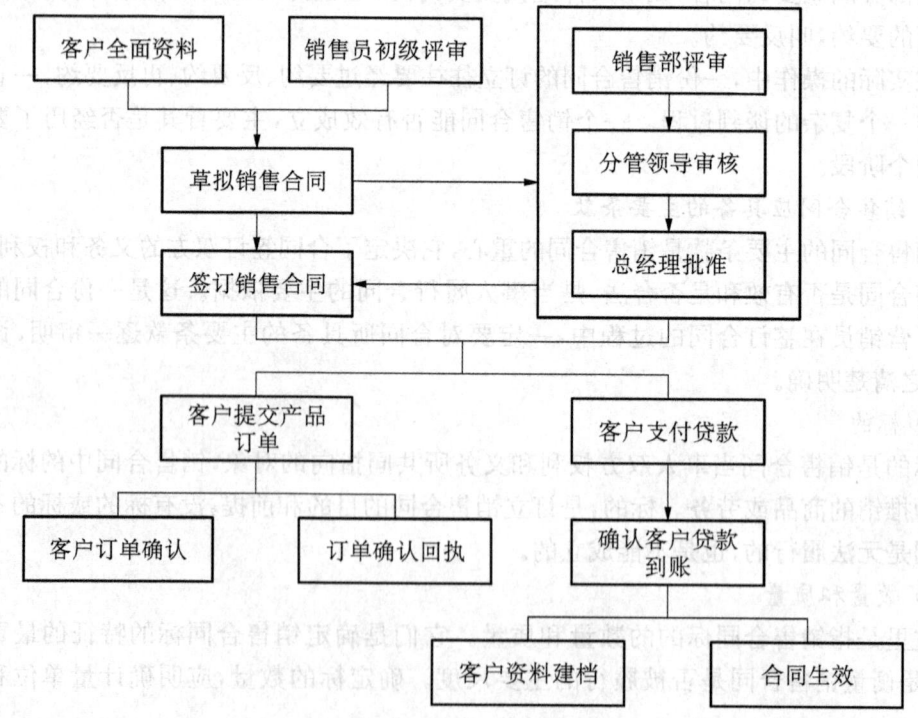

任务二 发货、预收、应收款项原理掌握

一、预收账款原理

1. 预收账款的含义

预收账款(Deposit Received)是指企业向购货方预收的购货订金或部分货款。企业预收的货款待实际出售商品、产品或者提供劳务时再行冲减。预收账款是以买卖双方协议或合同为依据,由购货方预先支付一部分(或全部)货款给供应方而发生的一项负债,这项负债要用以后的商品或劳务来偿付。

一般包括预收的货款、预收购货定金等。企业在收到这笔钱时,商品或劳务的销售合同尚未履行,因而不能作为收入入账,只能确认为一项负债,即贷记"预收账款"账户。企业按合同规定提供商品或劳务后,再根据合同的履行情况,逐期将未实现收入转成已实现收入,即借记"预收账款"账户,贷记有关收入账户。预收账款的期限一般不超过1年,通常应作为一项流动负债反映在各期末的资产负债表上,若超过1年(预收在1年以上提供商品或劳务)则称为"递延贷项",单独列示在资产负债表的负债与所有者权益之间。

1)"预收账款"的双重性

企业在收到预收款项时,先列入"预收账款"的贷方,此时该项目表现为一项负债;等到企业发出商品时,按总的价税款列入"预收账款"的借方,由于预收款会小于实际价税款,在企业发出商品后"预收账款"的余额一般为借方,其本质为应收的性质,等同于"应收账款"。在期末列报时,如果截至期末"预收账款"为借方余额则应列入应收账款项,如为贷方余额则列入预收账款项。如果企业在预收账款业务不多时,可用"应收账款"来代替,其列报方式等同。

2)"预收账款"的列报方法

根据"应收账款"和"预收账款"明细账的借方余额之和记入"应收账款"项,而根据明细账的贷方余额之和记入"预收账款"项。

3)相关关系

在预收款项业务不多的企业可以将预收的款项直接记入"应收账款"的贷方,不单独设置本科目。在使用本科目时,要注意与"应收账款"科目的关系。预收账款与应收账款的共同点是两者都是企业因销售商品、产品、提供劳务等,应向购物单位或接受劳务单位收取的款项;不同点是预收账款是收款在先,出货或提供劳务在后,而应收账款是出货或提供劳务在先,收款在后,预收账款是负债性质,应收账款是债权类资产性质。

4)注意事项

预收账款会计科目或是与之相关的会计科目在进行设立时,应该从企业的角度出发,严格按照合同的要求以及规定向购货人收取相应的款项,通常可以向购货人收取预收账款,同时可以按预收账款进行财务核算,可以把会计账户的设立写在购货合同上面。

2. 预收账款的账目设置

预收账款业务的会计处理：

（1）收到预收账款时：

借：银行存款

　　贷：预收账款——××客户

（2）待开出销售发票时：

借：预收账款——××客户

　　贷：主营业务收入

　　　　应交税费——应交增值税（销项税额）

预收账款按应收账款方式进行控制。按具体客户设置明细账，进行明细核算，具体可采用如下方式：① 区域分布/具体客户模式；② 合约结合具体客户模式；③ 具体客户模式，对客户不多的企业，采取具体客户模式进行明细核算。

3. 预收账款账务处理

预收账款是负债类科目，是指己方预收对方的账款，而实际的货物还没有发出。做会计分录为：

（1）销售未实现时：

借：银行存款/库存现金

　　贷：预收账款

（2）销售实现时：

借：预收账款

　　贷：主营业务收入

不单独设"预收账款"科目的企业，预收的账款在"应收账款"科目核算。在"应收账款"的贷方登记收到的预收款数额。

借：银行存款/库存现金

　　贷：应收账款

（3）发出货物开出发票时：

借：应收账款

　　贷：主营业务收入［若为增值税一般纳税人，还应贷记应交税费——应交增值税（销项税额），小规模企业不需要记］

4. 预收账款的核算内容

1）借方发生额（表示预收账款减少）

与收入同步确认的应收未收款项、已核销坏账客户确认恢复付款能力、从"应收账款"科目转入、从"其他应收款"科目转入、因应收票据到期未付款而转入、贴现商业汇票到期未付款转短期贷款、代购货单位垫付的包装费、运杂费、保险费。

2）贷方发生额（表示预收账款增加）

预收客户之预付款项、收到的营业款项、预收的商业汇票、以存货清偿应收账款、以股权清偿应收账款、以债权清偿应收账款、固定资产无形资产清偿、已经确认之坏账损失、因债务重组损失的款项、"应收账款"或"其他应付款"科目转入。

3) 期末余额

预收账款科目期末贷方余额,反映企业向购货单位预收的款项,期末借方余额属应收账款性质,反映企业应向购货单位或接受劳务单位收取的款项。

二、应收账款原理

1. 应收账款的含义

应收账款是指企业在正常的经营过程中因销售商品、产品、提供劳务等业务,应向购买单位收取的款项,包括应由购买单位或接受劳务单位负担的税金、代购买方垫付的包装费、各种运杂费等。此外,在有销售折扣的情况下,还应考虑商业折扣和现金折扣等因素。

应收账款是伴随企业的销售行为发生而形成的一项债权。因此,应收账款的确认与收入的确认密切相关。通常在确认收入的同时,确认应收账款。该账户按不同的购货或接受劳务的单位设置明细账户进行明细核算。

应收账款表示企业在销售过程中被购买单位所占用的资金。企业应及时收回应收账款以弥补企业在生产经营过程中的各种耗费,保证企业持续经营;对于被拖欠的应收账款应采取措施,组织催收;对于确实无法收回的应收账款,凡符合坏账条件的,应在取得有关证明并按规定程序报批后,做坏账损失处理。

2. 应收账款的会计处理

(1) 本科目发生应收账款时,按应收金额,借记本科目,按照实现的营业收入,贷记"主营业务收入"等,按专用发票上注明的增值税,贷记"应交税费——应交增值税(销项税额)"科目;收回应收账款时,借记"银行存款"等科目,贷记本科目。

(2) 企业代购货单位垫付的包装费、运杂费,借记本科目,贷记"银行存款"等科目;收回代垫运费时,借记"银行存款",贷记本科目。

(3) 企业收到债务人清偿债务的现金金额小于该项应收账款账面价值的,借记"坏账准备"科目,按重组债权的账面余额,贷记本科目,按其差额,借记"营业外支出"科目。

收到债务人清偿债务的现金金额大于该项应收账款账面价值的,借记"坏账准备"科目,按重组债权的账面余额,贷记本科目,按其差额,贷记"资产减值损失"科目。

(4) 企业接受的债务人用于清偿债务的非现金资产,应按该项非现金资产的公允价值,借记"原材料""库存商品""固定资产""无形资产"等科目,按可抵扣的增值税额,借记"应交税费——应交增值税(进项税额)"科目,按重组债权的账面余额,贷记本科目,按应支付的相关税费和其他费用。

(5) 将债权转为投资,企业应按应享有股份的公允价值,借记"长期股权投资"科目,按重组债权的账面余额,贷记本科目,按应支付的相关税费贷记"银行存款""应交税费"等科目,按其差额,借记"营业外支出"科目。

(6) 以修改其他债务条件进行清偿的,企业应按修改其他债务条件后的债权的公允价值,借记本科目,按重组债权的账面余额,贷记本科目,按其差额,借记"营业外支出"科目。

本科目期末余额在借方,反映企业尚未收回的应收账款;如果期末余额在贷方,反映企业预收的账款。

3. 应收账款的作用

应收账款是有特定的范围的。首先，应收账款是指因销售活动或提供劳务而形成的债权，不包括应收职工欠款、应收债务人的利息等其他应收款；其次，应收账款是指流动资产性质债权，不包括长期的债权，如购买长期债券等；第三，应收账款是指本公司应收客户的款项，不包括本公司付出的各类存出保证金，如投标保证金和租入包装物的保证金等。

应收账款的作用是指它在生产经营中的作用。应收账款的发生意味着企业有一部分资金被客户占用，同时企业持有应收账款也是有成本的。

1) 增加销售的作用

商业竞争是应收账款产生的直接原因。市场竞争激烈时，信用销售是促进销售的一种重要方式。信用销售实际是向顾客提供了两项交易：销售产品和在一定时期内提供资金。在卖方市场条件下，产品供不应求，企业没有必要采用信用销售而持有应收账款。只有当市场经济发展到一定程度并且市场转变为买方市场时，各行各业才会为了扩大市场占有率和增加销售收入而采用信用销售的方式。信用销售方式能够吸引客户的原因主要有以下两点：首先，在银根紧缩、市场疲软和资金匮乏的情况下，客户总是希望通过赊欠方式得到需要的材料物资和劳务。其次，许多客户希望保留一段时间的支付期以检验商品和复核单据。因此，在市场竞争激烈的情况下，如果某家企业不采用商业信用销售方式，那么市场就会萎缩，销售收入和利润就会减少，最终可能导致企业亏损甚至倒闭。

2) 减少存货的作用

在大部分情况下，企业持有应收账款比持有存货更有优势。① 从财务角度看，应收账款和存货都属于流动资产，但两者的性质是不同的。正常情况下，应收账款是一种可以确认为收入的债权，而存货除占用一部分资金外，其持有成本相对较高，诸如储存费用、保险费用、管理费用等。② 从生产的目的来看，产品售出并因此获得利润是生产的目的，将生产出来的产品放在仓库里而未实现销售有违企业建立的目的。③ 从资信评级的角度看，存货的流动性要比应收账款差得多，虽然财务人员在计算流动比率时将存货和应收账款一视同仁，但在计算速动比率时将存货予以扣除。只有存货不是过时产品，而且与应收账款相比更易于抵押或典当来换取现金时，持有存货才比持有应收账款更具有优势。

任务三 发货、预收、应收款项业务演练

一、销售发货演练

销售发货是指将货物发送给客户。销售发货单是销售发货的信息载体。销售发货业务是销售流程业务的核心，通过销售发货向库存、存货、应收等系统传递信息来实现企业

物流的运转。

销售发货业务流程如下表所示。

销售发货业务流程

序 号	操作步骤	角 色	操作内容
1	填写发货单	销售专员	1. 填写"发货单":请参照示范单据填写; 2. 留存一联,另外三联交仓管员进行发货
2	产品清点并发货	仓管员	1. 根据"发货单"所载内容确定需要发出产品的种类及数量并将货物发出; 2. 告知销售专员货品已发出; 3. 发货单仓管员留存一联,一联随货物发给收货方,另一联送交成本会计
3	传递发货单	仓管员	传递发货单给成本会计及销售专员
4	根据发货单登记出库汇总表	成本会计	1. 接收仓管员送交的发货单财务联; 2. 根据发货单登记出库汇总表; 3. 待月终按全月一次加权平均算出单价后再填写单价及金额,然后结出余额
5	通知客户	销售专员	通知客户已发货
6	更新销售合同执行情况表(电子表格)	销售专员	根据发货单,更新"销售合同执行情况表"电子表格,注明每种产品的具体发货数量
7	更新库存台账	仓管员	1. 根据发货单,登记库存台账:库存台账格式为列表,表上第一列为示范填写列,请参考填写; 2. 库存台账将显示每一个生产周期产品入库、出库的具体信息
8	更新物料卡	仓管员	1. 根据发货单,更新每一种产品的"物料卡片"信息; 2. "物料卡片"可以显示每一种产品在动态物流中的实际库存。因此,每次产品入库、出库都应即时更新

二、销售发货演练

1. 销售出库单的填写

仓管员根据"发货单"如实填写"销售出库单"一式三联,销售员与仓管员一起核对单货,确认无误后在"销售出库单"上签名,做到货、单相符,仓储经理凭手续齐全的"发货单(仓库联)"和"销售出库单"的存根联登记仓库库存台账,其余一联交财务部门,一联交销售部门。下图所示为销售出库样式(仓储部存根)。

销售出库单

销售合同号：　　　　客户名称：　　　　发出仓库：
出库单编号：　　　　出库日期：

序号	产品编码	产品名称	规格型号	单位	数量	备注
1						
2						
3						
4						
5						
合计						

第一联：仓储部存根

仓管员：　　　　仓储部经理：　　　　销售专员：

2. 发货单的填写

1）发货单的样式

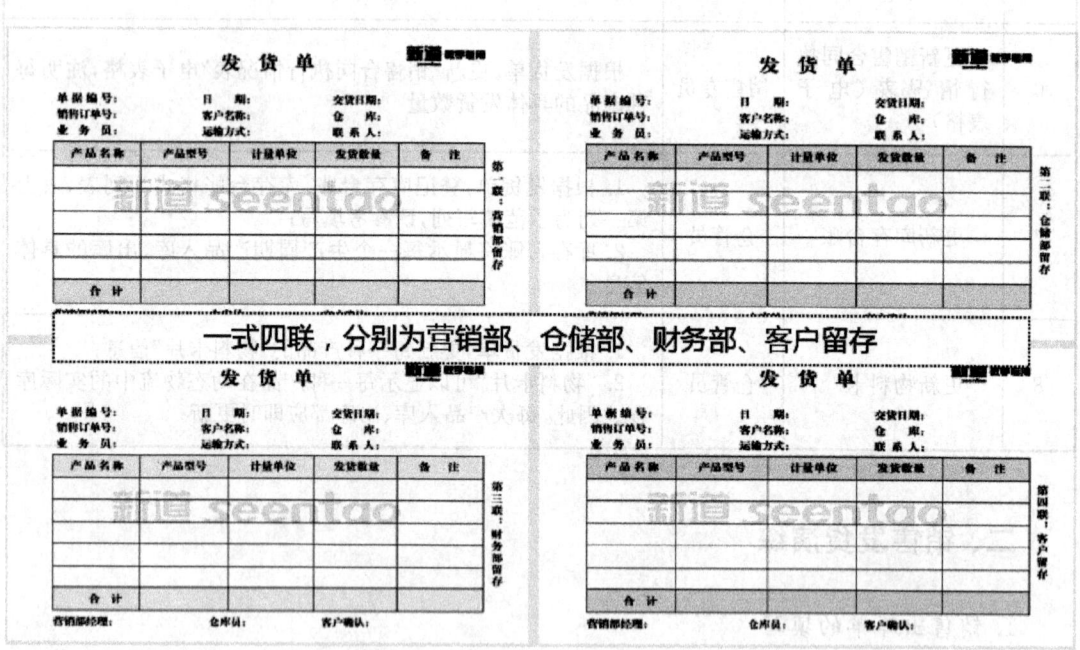

一式四联，分别为营销部、仓储部、财务部、客户留存

2) 如何填写发货单

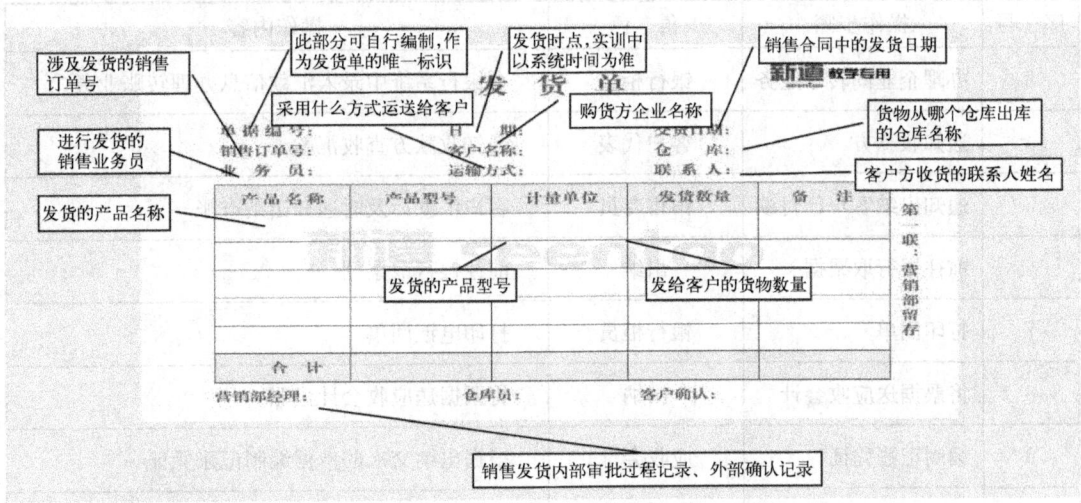

3) 发货单适用范围

企业把自己或他人的产品发到指定的人或公司并作为提货、出门、运输、验收等过程的票务单据，是企业或公司体现一个销售额的重要依据。因各企业的管理要求和规范的差异，样式不一。发货单也是企业自制的一种单据。

三、收款的方式演练

1. 电汇的收款方式

1) 电汇的含义

电汇是汇款人将一定款项交存汇款银行，汇款银行通过电报或电传给收款人的开户银行（汇入行），指示汇入行向收款人支付一定金额的一种汇款方式。

电汇是汇兑结算方式的一种。汇兑是汇款单位委托银行将款项汇往异地收款单位的一种结算方式。汇兑结算方式除了适用于单位之间的款项划拨外，也可用于单位对异地的个人支付有关款项，如退休工资、医药费、各种劳务费、稿酬等，还可适用个人对异地单位所支付的有关款项。

2) 电汇流程

电汇流程如下表所示。

电汇流程表

序 号	操作步骤	角 色	操作内容
1	向客户催收货款	销售专员	销售专员根据销售订单的收款时间向客户催收货款，并且将企业的账号交给客户代表
2	去银行办理汇款业务	客户代表	去银行办理汇款业务：在实训中将汇入与汇出方银行账号信息提供给银行柜员即可，不用填写汇款申请书和电汇单

续 表

序 号	操作步骤	角 色	操作内容
3	办理企业间转账业务	银行柜员	在银行系统中录入汇款信息办理转账业务
4	通知收款方	客户代表	通知收款方查收汇款
5	通知出纳客户已付款	销售专员	客户汇款后及时通知出纳查账
6	前往银行取票据	出纳	前往银行取票据
7	打印回单	银行柜员	打印电汇回单
8	将票据送应收会计	出纳	将票据送应收会计记账
9	编制记账凭证	应收会计	根据出纳交来的单据编制记账凭证
10	审核记账凭证	财务部经理	审核应收会计编制的记账凭证
11	登记银行存款日记账	出纳	1. 登记银行存款日记账 2. 在记账凭证上签字或盖章
12	登记明细账	应收会计	根据审核的记账凭证登记科目明细账

3) 认识电汇单

电汇单由办理电汇业务的人员填写。电汇单一式三联,如下图所示。

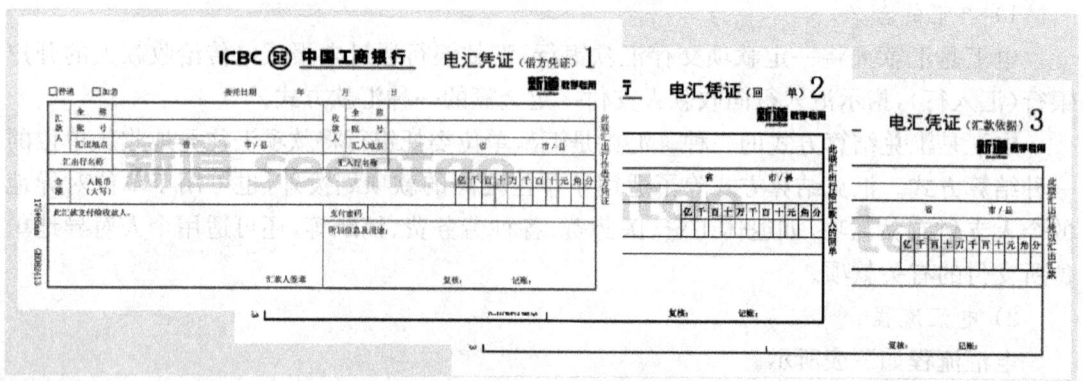

第一联:借方凭证。汇出行办理转账付款的原始凭据。付款人须在此联加盖银行预留印鉴(财务章和法人章)。

第二联:回单联。汇出行盖章后给汇款人的回单。汇款人单位财务凭此回单入账。

第三联:汇款依据。汇出行给收款行汇出汇款的原始凭据。

4) 示例

		中国工商银行 电汇凭证（借方凭证）1		
□普通 □加急		委托日期 2012 年 9 月 6 日		
汇款人	全称	天津万润贸易公司	收款人 全称	北京新锐电器有限公司
	账号	0100028883589184131	账号	0100229999888899988
	汇出地点	省 天津 市/县	汇入地点	省 北京 市/县
	汇出行名称	中国工商银行东丽区支行	汇入行名称	中国工商银行北京分行昌平支行
金额	人民币（大写）	壹佰伍拾壹万伍仟肆佰肆拾捌元捌角整		￥ 1 5 1 5 4 4 8 0
此汇款支付给收款人。			支付密码	
			附加信息及用途 货款	
		汇款人签章	复核 记账	

5) 电汇的使用范围

汇兑结算方式除了适用于单位之间的款项划拨外，也可用于单位对异地的个人支付有关款项，如退休工资、医药费、各种劳务费、稿酬等，还可适用个人对异地单位所支付的有关款项。

6) 电汇与转账的区别

电汇与转账的区别如下表所示。

电汇与转账的区别

比较项目	电 汇	转 账
使用地区	异地	同城
手续费	与电汇金额相关 与不同银行相关	无
办理流程	1. 出纳填写电汇单； 2. 将电汇单、汇款金额、手续费交给银行，取得电汇回执	出纳开具支票给收款人

2. 支票的收款方式

1) 含义

根据产品销售订单或其他合同，从买方手里收到转账支票并存入银行。

2) 支票流程

支票流程如下表所示。

支票流程

序号	操作步骤	角色	操作内容
1	向客户催收货款	销售专员	销售专员根据销售订单详细情况催促客户回款
2	签发支票付货款	客户代表	核对销售专员提供的金额与 VBSE 系统提供的订单的金额是否一致，据此金额签发转账支票支付货款

续 表

序 号	操作步骤	角 色	操作内容
3	收到客户支票送交出纳	销售专员	1. 接受客户交来的转账支票； 2. 将支票交给出纳
4	前往银行送存支票	出纳	1. 填写中国工商银行进账单； 2. 将支票及进账单送到银行办理转账业务
5	办理企业间转账	银行柜员	1. 审核支票及进账单； 2. 在 VBSE 系统中录入存款信息； 3. 进账单加盖业务章后交供应商一联
6	将进账单交给应收会计	出纳	将进账单交给应收会计
7	填制记账凭证	应收会计	填写记账凭证交与财务部经理审核
8	审核记账凭证	财务部经理	审核记账凭证
9	登记银行存款日记账	出纳	1. 登记银行存款日记； 2. 在记账凭证上签字或盖章； 3. 将记账凭证交应收会计
10	登记明细账	应收会计	1. 登记明细账； 2. 保存出纳送交的记账凭证

3）银行进账单

一式三联，分别为贷方凭证、回单、收账通知（见下图）。

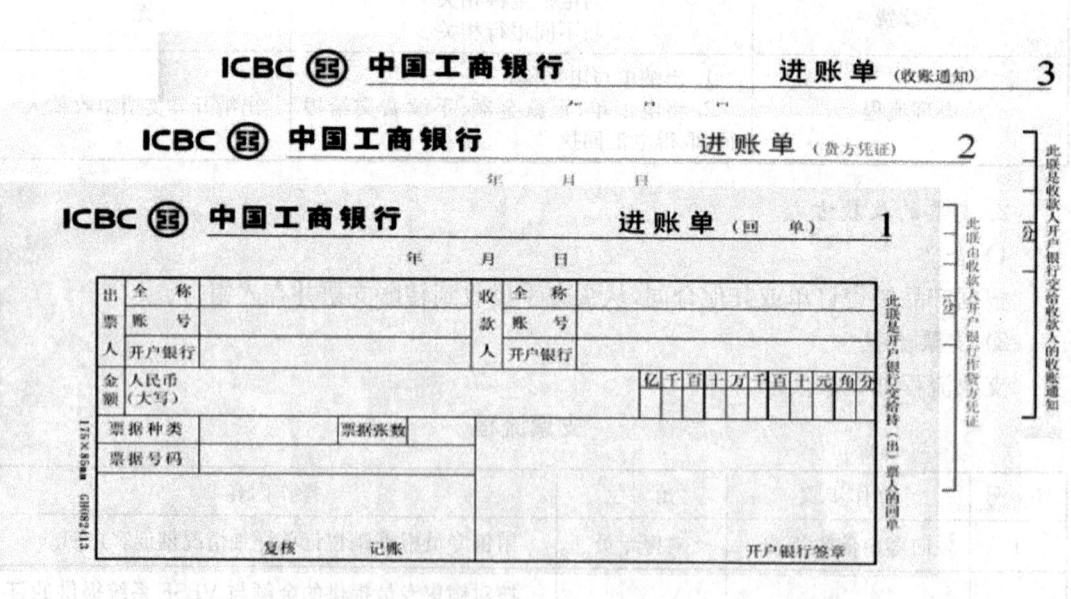

4) 填制银行进账单

银行进账单的填制如下图所示。

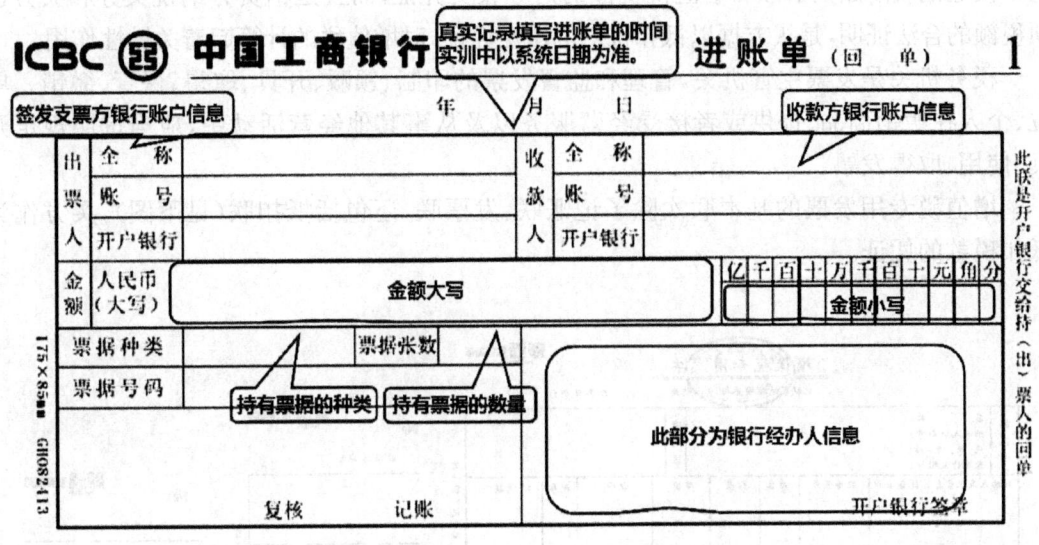

四、发票相关演练

1. 发票的含义

发票是指一切单位和个人在贩销商品、提供或接受服务以及从事其他经营活动中,所开具和收取的业务凭证,是会计核算的原始依据,也是审计机关、税务机关执法检查的重要依据。收据不是收付款凭证,发票只能证明业务发生了,不能证明款项是否收付。

发票是经济活动中,由出售方向买方签发的文本,内容包括向买者提供产品或服务的名称、质量、协议价格。除了预付款以外,发票必须具备的要素是根据议定条件由买方向出售方付款,必须包含日期和数量。发票是会计账务的重要凭证。中国会计制度规定,有效的购买产品或服务的发票称为税务发票。政府部门收费、征款的凭证各个时期和不同收费征款项目称呼不一样,但多被统称为行政事业收费收款收据。为内部审计及核实,每一张发票都必须有独一无二的流水账号码,防止发票重复或跳号。

发票分为普通发票和增值税专用发票两种。

普通发票主要由增值税小规模纳税人使用,增值税一般纳税人在不能开具专用发票的情况下也可使用普通发票。普通发票由行业发票和专用发票组成。前者适用于某个行业和经营业务,如商业零售统一发票、商业批发统一发票、工业企业产品销售统一发票等;后者仅适用于某一经营项目,如广告费用结算发票、商品房销售发票等。

普通发票的基本联次为两联:第一联为记账联,销售方作为记账原始凭证;第二联为发票联,买方作为记账原始凭证。

增值税专用发票是我国实施新税制的产物,是国家税务部门根据增值税征收管理需要而设定的,专用于纳税人销售或者提供增值税应税项目的一种发票。增值税专用发票的基本联次除了记账联、发票联，还包括抵扣联，买方作为抵扣税款的凭证。

增值税专用发票既具有普通发票所具有的内涵，同时还具有比普通发票更特殊的作用。它不仅是记载商品销售额和增值税税额的财务收支凭证，而且是销货方纳税义务和买方进项税额的合法证明，是买方据以抵扣税款的法定凭证，对增值税的计算起着关键性作用。

税务机关是发票主管机关，管理和监督发票的印制、领购、开具、取得、保管、缴销。单位、个人在贩销商品、提供或者接受经营服务以及从事其他经营活动中，应当按照规定开具、使用、取得发票。

增值税专用发票的基本联次除了记账联、发票联，还包括抵扣联（见下图），买方作为抵扣税款的凭证。

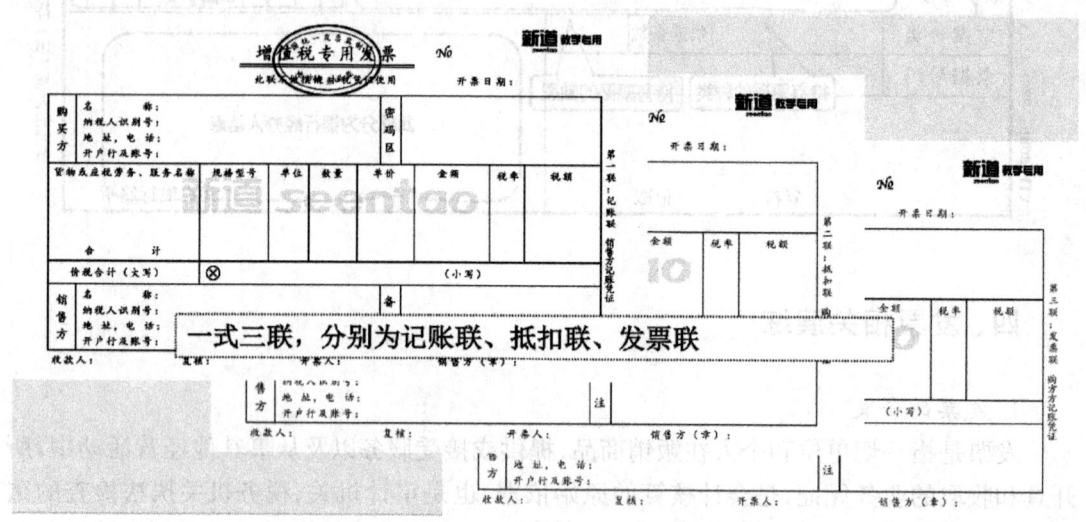

2. 填制增值税专用发票

增值税专用发票的填制如下图所示。

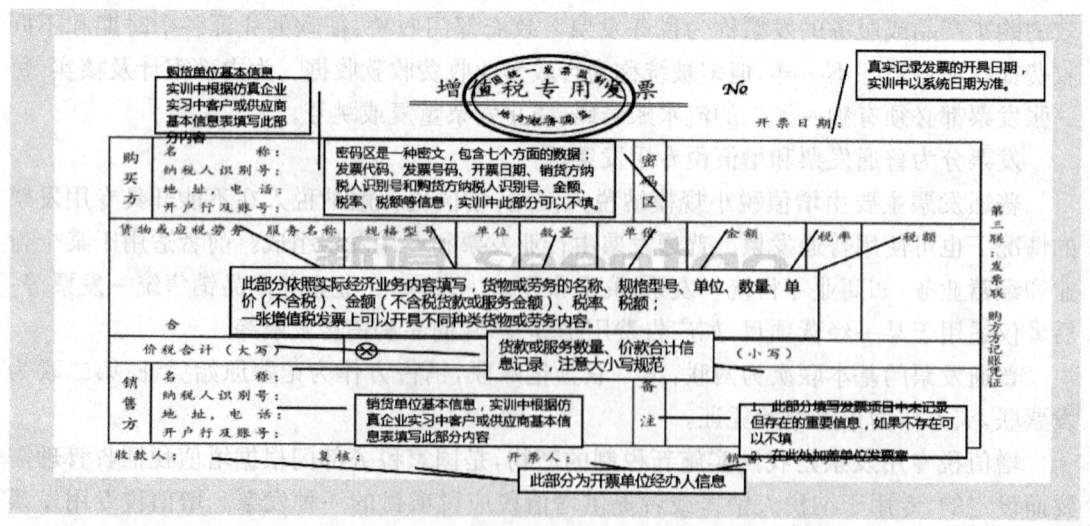

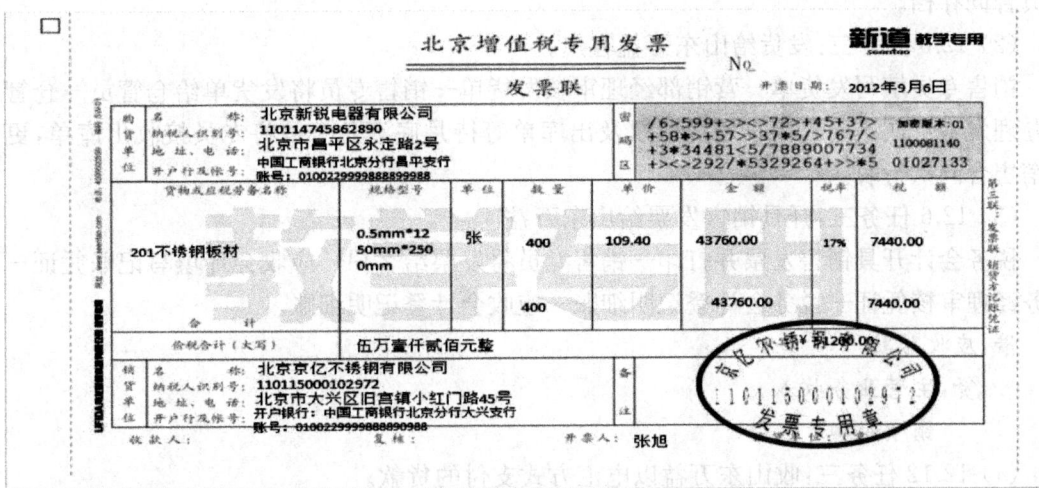

增值税专用发票是国家税务机关统一定制,对使用范围有明确的规定和限制。

增值税专用发票(以下简称专用发票)只限于增值税的一般纳税人领购使用,增值税的小规模纳税人和非增值税纳税人不得领购使用。

关于增值税专用发票的其他信息可查询《增值税专用发票的使用规定》。

3. 开具发票的流程

开具发票的流程如下表所示。

开具发票的流程

序 号	操作步骤	角 色	操作内容
1	找税务会计开发票	销售专员	拿发货单,找税务会计开票
2	开具销售发票	税务会计	根据发货单上的金额,开具销售发票,发票各联均需盖章。并将相关发货单还给销售专员
3	将发票送给客户	销售专员	1. 领取发票,并核对开票信息; 2. 在发票领用簿上签收; 3. 将发票送给客户
4	编制记账凭证	应收会计	1. 根据收到的增值税专用发票,编制记账凭证; 2. 将编制完毕的记账凭证及所附发票交给财务部经理审核,然后交各职能会计登记明细账
5	审核记账凭证	财务部经理	审核记账凭证
6	登记明细账	税务会计	根据经审核的记账凭证登记科目明细账
7	登记明细账	应收会计	根据经审核的记账凭证登记科目明细账

4. 销售发货案例

1) 销售给山东万益客户

(1) 12.6 任务二:与山东万益签订销售合同。

销售专员起草销售合同—销售专员填写合同会签单—营销部经理审核销售合同—财务经理审核合同—总经理审批合同—行政助理在合同上盖章—客户在合同上盖章—销售

专员合同存档。

(2) 12.6 任务三:发货给山东万益客户。

销售专员填写发货单—营销部经理审核发货单—销售专员将发货单给仓管员—仓管员办理发货—成本会计接收发货单以及出库单等待月底汇总—销售专员接收出库单,更新销售合同执行表。

(3) 12.6 任务三:开具销售发票给山东万益。

税务会计开具销售发票并打印—销售专员将发票给客户—应收会计填写记账凭证—财务经理审核凭证—税务会计登记明细账—应收会计登记明细账。

借:应收账款
　　贷:主营业务收入
　　　　销项税额

(4) 12.12 任务三:收山东万益以电汇方式支付的货款。

销售专员向客户催收货款—客户去银行办理汇款业务—银行办理转账业务—银行在电汇凭证第二联(回单联)上盖业务专用章并打印回单—出纳去银行取票据—应收会计填写记账凭证—财务经理审核凭证—出纳登记日记账—应收会计登记明细账。

借:银行存款
　　贷:应收账款

2) 销售给北京城乡贸易城客户

12.6 任务三:收北京城乡贸易城以电汇方式支付的上期所欠货款。

销售专员向客户催收货款—客户去银行办理汇款业务—银行办理转账业务—银行在电汇凭证第二联(回单联)上盖业务专用章并打印回单—出纳去银行取票据—应收会计填写记账凭证—财务经理审核凭证—出纳登记日记账—应收会计登记明细账。

借:银行存款
　　贷:应收账款

3) 销售给福建银海客户

(1) 12.12 任务二:与福建银海签订销售合同。

销售专员起草销售合同—销售专员填写合同会签单—营销部经理审核销售合同—财务经理审核合同—总经理审批合同—行政助理在合同上盖章—客户在合同上盖章—销售专员合同存档。

(2) 12.12 任务三:销售发货给福建银海。

销售专员填写发货单—营销部经理审核发货单—销售专员将发货单给仓管员—仓管员办理发货—成本会计接收发货单以及出库单等待月底汇总—销售专员接收出库单,更新销售合同执行表。

(3) 12.12 任务三:开具销售发票给福建银海。

税务会计开具销售发票并打印—销售专员将发票给客户—应收会计填写记账凭证—财务经理审核凭证—税务会计登记明细账—应收会计登记明细账。

借:应收账款
　　贷:主营业务收入

　　　　销项税额

（4）12.12 任务三：收福建银海以支票方式支付的货款。

　　销售专员向客户催收货款—客户去银行办理汇款业务—银行办理转账业务—银行在电汇凭证第二联（回单联）上盖业务专用章并打印回单—出纳去银行取票据—应收会计填写记账凭证—财务经理审核凭证—出纳登记日记账—应收会计登记明细账。

　　借：银行存款
　　　　贷：应收账款

4）销售给昆明经贸客户

（1）12.12 任务二：与昆明经贸签订销售合同。

　　销售专员起草销售合同—销售专员填写合同会签单—营销部经理审核销售合同—财务经理审核合同—总经理审批合同—行政助理在合同上盖章—客户在合同上盖章—销售专员合同存档。

（2）12.28 任务二：销售发货给昆明经贸。

　　销售专员填写发货单—营销部经理审核发货单—销售专员将发货单给仓管员—仓管员办理发货—成本会计接收发货单以及出库单等待月底汇总—销售专员接收出库单，更新销售合同执行表。

（3）12.28 任务二：开具发票给昆明经贸。

　　税务会计开具销售发票并打印—销售专员将发票给客户—应收会计填写记账凭证—财务经理审核凭证—税务会计登记明细账—应收会计登记明细账。

　　借：应收账款
　　　　贷：主营业务收入
　　　　　　销项税额

5）销售给天津万润客户

（1）12.12 任务二：与天津万润签订销售合同。

　　销售专员起草销售合同—销售专员填写合同会签单—营销部经理审核销售合同—财务经理审核合同—总经理审批合同—行政助理在合同上盖章—客户在合同上盖章—销售专员合同存档。

（2）12.28 任务二：销售发货给天津万润。

　　销售专员填写发货单—营销部经理审核发货单—销售专员将发货单给仓管员—仓管员办理发货—成本会计接收发货单以及出库单等待月底汇总—销售专员接收出库单，更新销售合同执行表。

（3）12.28 任务二：收天津万润以电汇方式支付50%货款。

　　销售专员向客户催收货款—客户去银行办理汇款业务—银行办理转账业务—银行在电汇凭证第二联（回单联）上盖业务专用章并打印回单—出纳去银行取票据—应收会计填写记账凭证—财务经理审核凭证—出纳登记日记账—应收会计登记明细账。

　　借：银行存款
　　　　贷：应收账款

项目六

日常结算业务的原理掌握与实战演练

知识目标

1. 熟悉公司日常结算业务的分类。
2. 掌握职工薪酬、个人所得税、五险一金的核算方法。
3. 掌握企业增值税、附加税计算缴纳的政策规定。

技能目标

1. 熟悉公司日常结算业务的核算内容。
2. 熟练掌握职工薪酬、个人所得税、五险一金的核算流程。
3. 完成企业增值税、附加税的会计核算。

任务一 薪酬工资的计量与分摊

一、职工薪酬的概念与内容

职工薪酬是指企业为获得职工提供的服务或解除劳动关系而给予的各种形式的报酬。企业提供给职工配偶、子女、受赡养人、已故员工遗属及其他受益人等的福利,也属于职工薪酬。职工薪酬主要包括短期薪酬、离职后福利、辞退福利和其他长期职工福利。

短期薪酬包括职工工资、奖金、津贴和补贴、职工福利费、社会保险费、住房公积金、工会经费和职工教育经费、职工带薪缺勤、短期利润分享计划、非货币性福利等。

【注意】本课程仅涉及短期薪酬里的货币薪酬。

二、职工薪酬的业务描述

12.6 任务一:网银发上个月薪酬

人力行政部经理导出薪资发放表—人力行政部经理填写付款申请表—财务经理审核付款申请表—总经理审批付款申请表—人力行政部经理网银上传薪资发放表—薪资会计通过网银转账—银行柜员代发工资—出纳去银行取回银行业务回单—薪资会计填写记账凭证—财务经理审核凭证—出纳登记日记账—薪资会计登记明细账—税务会计登记明细账。

借:应付职工薪酬
　　贷:银行存款
　　　　应交税费的个税
　　　　其他应付款的社保,公积金

计算薪资时:

借:生产成本(生产工人)
　　制造费用(车间管理人员)
　　管理费用(行政管理人员)
　　销售费用(销售人员)
　　在建工程(基建人员)
　　研发支出——资本化支出(研发人员)
　　贷:应付职工薪酬——工资
　　　　　　　　　　——职工福利
　　　　　　　　　　——社会保险费(单位)
　　　　　　　　　　——住房公积金(单位)
　　　　　　　　　　——工会经费
　　　　　　　　　　——职工教育经费等

薪资发放时:

借:应付职工薪酬——工资
　　贷:银行存款
　　　　其他应付款——社会保险费(个人)
　　　　　　　　　——住房公积金(个人)
　　　　应交税费——应交个人所得税

三、单据填写

单据填写举例截图如下。

应付职工薪酬　　明细账

明细科目:工资

年		凭证		摘要	借方										贷方										借或贷	余额										
月	日	种类	号数		千	百	十	万	千	百	十	元	角	分	千	百	十	万	千	百	十	元	角	分		千	百	十	万	千	百	十	元	角	分
				期初余额																					贷		¥	6	8	2	8	5	1	7	7

任务二 个人所得税的申报与缴纳

一、个人所得税扣缴义务人的概念

凡支付个人应纳税所得的企业、事业单位、机关、社团组织、军队、驻华机构、个体户等单位或者个人,为个人所得税的扣缴义务人。

单位扣缴义务人,登录北京市地税个人所得税申报网进行明细申报。

二、业务描述

12.12 任务一:缴纳上个月个税。

税务会计填写个税申报表—出纳去银行取回缴纳税款凭证给税务会计—银行柜员打印个税缴款凭证—税务会计填写记账凭证—财务经理审核凭证—出纳登记日记账—税务会计登记明细账。

借:应交税费——个税
　　贷:银行存款

三、单据填写

(1) 打开个税明细申报—申报界面,税务会计填写扣缴个人所得税报告表,保存后,系统自动生成汇总表。

(2) 财务部经理审核签字确认。

(3) 税务会计向地税机关提交个人所得税申报表。

个税明细申报—申报界面如下图所示。

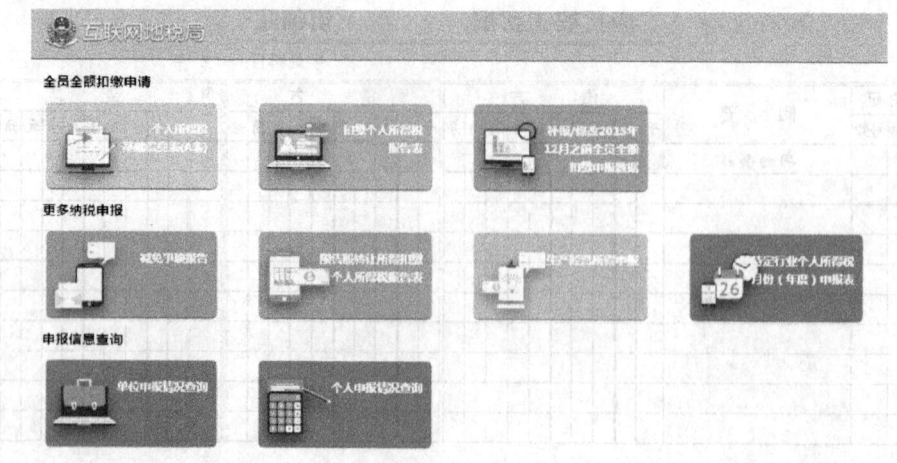

任务三　社会保险的计量与缴纳

一、社会保险的相关理论

1. 社会保险概述

社会保险(Social Insurance)是指国家为了预防和强制社会多数成员参加的,具有所得重分配功能的非营利性的社会安全制度。

社会保险是一种为丧失劳动能力、暂时失去劳动岗位或因健康原因造成损失的人口提供收入或补偿的一种社会和经济制度。社会保险计划由政府举办,强制某一群体将其收入的一部分作为社会保险税(费)形成社会保险基金,在满足一定条件的情况下,被保险人可从基金获得固定的收入或损失的补偿,它是一种再分配制度,它的目标是保证物质及劳动力的再生产和社会的稳定。社会保险的主要项目包括养老保险、医疗保险、失业保险、工伤保险、生育保险。

2016年2月起,广东、天津、云南、甘肃、贵州、江苏、上海等地方下调社保费率措施。2016年2月3日,《全国社会保障基金条例》在国务院第122次常务会议通过,自2016年5月1日起施行。2016年11月,国务院印发《关于激发重点群体活力带动城乡居民增收的实施意见》。

2018年社保之养老金开始全国统筹;2018年8月20日,社保费将由税务部门征收;12月10日前完成社会保险费和第一批非税收入征管职责划转交接工作,2019年1月1日起由税务部门统一征收各项社会保险费和先行划转的非税收入。

2. 社会保险主要内容

养老保险是劳动者在达到法定退休年龄退休后,从政府和社会得到一定的经济补偿物质帮助和服务的一项社会保险制度。

国有企业、集体企业、外商投资企业、私营企业和其他城镇企业及其职工,实行企业化管理的事业单位及其职工必须参加基本养老保险。

新的参统单位(指各类企业)单位缴费费率确定为10%,个人缴费费率确定为8%,个体工商户及其雇工,灵活就业人员及以个人形式参保的其他各类人员,根据缴费年限实行的是差别费率。参加基本养老保险的个人劳动者,缴费基数在规定范围内可高可低,多缴多受益。职工按月领取养老金必须是达到法定退休年龄,并且已经办理退休手续;所在单位和个人依法参加了养老保险并履行了养老保险的缴费义务;个人缴费至少满15年。

目前中国的企业职工法定退休年龄为:男职工60岁,从事管理和科研工作的女干部55岁,女职工50岁。基本养老金由基础养老金和个人账户养老金组成,职工达到法定退休年龄且个人缴费满15年的,基础养老金月标准为省(自治区、直辖市)或市(地)上年度职工月平均工资的20%。个人账户养老金由个人账户基金支付,月发放标准根据本人账户储存额除以120。个人账户基金用完后,由社会统筹基金支付。

医疗保险:民营医院将纳入医保范围,近日,中国医疗保险研究会副秘书长、国家人力资源和社会保障部社会保障研究所副所长李静湖表示,对民营医疗机构是一视同仁,按照一定的条件都纳入基本医疗保险的定点范围。

城镇职工基本医疗保险制度,是根据财政、企业和个人的承受能力所建立的保障职工基本医疗需求的社会保险制度。所有用人单位,包括企业(国有企业、集体企业、外商投资企业和私营企业等)、机关、事业单位、社会团体、民办非企业单位及其职工,都要参加基本医疗保险,城镇职工基本医疗保险基金由基本医疗保险社会统筹基金和个人账户构成。基本医疗保险费由用人单位和职工个人账户构成。基本医疗保险费由用人单位和职工个人共同缴纳,其中:单位按8%比例缴纳,个人缴纳2%。用人单位所缴纳的医疗保险费一部分用于建立基本医疗保险社会统筹基金,这部分基金主要用于支付参保职工住院和特殊慢性病门诊及抢救、急救。发生的基本医疗保险起付标准以上、最高支付限额以下符合规定的医疗费,其中,个人也要按规定负担一定比例的费用。个人账户资金主要用于支付参保人员在定点医疗机构和定点零售药店就医购药符合规定的费用,个人账户资金用完或不足部分,由参保人员个人用现金支付,个人账户可以结转使用和依法继承。参保职工因病住院先自付住院起付额,再进入统筹基金和职工个人共付段。参加基本医疗保险的单位及个人,必须同时参加大额医疗保险,并按规定按时足额缴纳基本医疗保险费和大额医疗保险费,才能享受医疗保险的相关待遇。

工伤保险也称职业伤害保险。劳动者由于工作原因并在工作过程中受意外伤害,或因接触粉尘、放射线、有毒害物质等职业危害因素引起职业病后,由国家和社会给负伤、致残者以及死亡者生前供养亲属提供必要物质帮助。工伤保险费由用人单位缴纳,对于工伤事故发生率较高的行业,工伤保险费的征收费率高于一般标准,一方面是为了保障这些行业的职工发生工伤时,工伤保险基金可以足额支付工伤职工的工伤保险待遇;另一方面,是通过高费率征收,使企业有风险意识,加强工伤预防工作使伤亡事故率降低。

职工上了工伤保险后,职工住院治疗工伤的,由所在单位按照本单位因公出差伙食补助标准的70%发给住院伙食补助费;经医疗机构出具证明,报经办机构同意,工伤职工到统筹地区以外就医的,所需交通、食宿费用由所在单位按照本单位职工因公出差标准报销。另外,工伤职工因日常生活或者就业需要,经劳动能力鉴定委员会确认可以安装假肢、矫形器、假眼、假牙和配置轮椅等辅助器具,所需费用按照国家规定的标准从工伤保险基金中支付。工伤参保职工的工伤医疗费一至四级工伤人员伤残津贴、一次性伤残补助金、生活护理费、丧葬补助金、供养亲属抚恤金、辅助器具等、工伤康复费、劳动能力鉴定费都应从工伤保险基金中支付。

失业保险是国家通过立法强制实行的,由社会集中建立基金,对因失业而暂时中断生活来源的劳动者提供物质帮助的制度。

各类企业及其职工、事业单位及其职工、社会团体及其职工、民办非企业单位及其职工,国家机关与之建立劳动合同关系的职工都应办理失业保险。失业保险基金主要是用于保障失业人员的基本生活。城镇企业、事业单位、社会团体和民办非企业单位按照本单位工资总额的2%缴纳失业保险费,其职工按照本人工资的1%缴纳失业保险费。无固定工资额的单位以统筹地区上年度社会平均工资为基数缴纳失业保险费。单位招用农牧民合同制工人本人不缴纳失业保险费。

当前中国失业保险参保职工的范围包括在岗职工；停薪留职、请长假、外借外聘、内退等在册不在岗职工；进入再就业服务中心的下岗职工；其他与本单位建立劳动关系的职工（包括建立劳动关系的临时工和农村用工）。城镇企业事业单位失业人员按照有关规定具备以下条件的失业职工可享受失业保险待遇：按照规定参加失业保险，所在单位和本人已按照规定履行缴费义务满1年的，其次不是因本人意愿中断就业的，还有已经办理失业登记，并有求职要求的。

生育保险是针对生育行为的生理特点，根据法律规定，在职女性因生育子女而导致劳动者暂时中断工作、失去正常收入来源时，由国家或社会提供的物质帮助。生育保险待遇包括生育津贴和生育医疗服务两项内容。生育保险基金由用人单位缴纳的生育保险费及其利息以及滞纳金组成。女职工产假期间的生育津贴、生育发生的医疗费用、职工计划生育手术费用及国家规定的与生育保险有关的其他费用都应该从生育保险基金中支出。

所有用人单位（包括各类机关、社会团体、企业、事业、民办非企业单位）及其职工都要参加生育保险。生育保险由用人单位统一缴纳，职工个人不缴纳生育保险费。生育保险费由用人单位按照本单位上年度职工工资总额的0.7%缴纳。享受生育保险待遇的职工，必须符合以下三个条件：用人单位参加生育保险在6个月以上，并按时足额缴纳了生育保险费；计划生育政策有关规定生育或流产的；在本市城镇生育保险定点医疗服务机构，或经批准转入有产科医疗服务机构生产或流产的（包括自然流产和人工流产）。

二、业务描述

12.6 任务二：缴纳上个月社保。

人力行政部经理提供企业员工社保数据—银行柜员划转社保并打印单据—出纳传递单据给薪资会计—薪资会计填写记账凭证—财务经理审核凭证—出纳登记日记账—薪资会计登记明细账。

借：其他应付款的社保
　　应付职工薪酬社保
　贷：银行存款

三、举例

1. 货币性短期薪酬——五险一金计提与扣缴比例

养老保险：单位20%，个人8%。
医疗保险：单位10%，个人2%+3元。
失业保险：单位1%，个人0.2%。
工伤保险：单位0.5%，个人不缴费。
生育保险：单位0.8%，个人不缴费。
住房公积金：单位12%，个人12%。
单位：左边部分缴费基数的44.3%。

个人:右边部分缴费基数的 22.2%+人数×3。

2. 计算社会保险、住房公积金

例:梁天的缴费基数为 10 000,个人缴纳养老保险比例为 8%,企业缴纳比例为 20%,则其养老保险缴费计算如下:

个人缴纳养老保险=缴费基数×缴纳比例=10 000×8%=800(元)

单位缴纳养老保险=缴费基数×缴纳比例=10 000×20%=2 000(元)

任务四 住房公积金的计量与缴纳

一、住房公积金的相关理论

1. 住房公积金的定义

住房公积金,是指国家机关、国有企业、城镇集体企业、外商投资企业、城镇私营企业及其他城镇企业、事业单位、民办非企业单位、社会团体及其在职职工缴存的长期住房储金。

2011 年,住房和城乡建设部正在联合各个部门,研究修订公积金条例工作中,放开个人提取公积金用于支付住房租金的规定。2013 年部分城市出台办法,允许患有重大疾病的职工或其直系亲属提取公积金救急。2014 年,三部门发文,取消住房公积金个人住房贷款保险、公证、新房评估和强制性机构担保等收费项目,减轻贷款职工负担。2015 年,《住房公积金管理条例》规定,职工和单位住房公积金的缴存比例均不得低于 5%,不得高于 12%。2016 年 2 月 21 日起,职工住房公积金账户存款利率调整为统一按一年期定期存款基准利率执行,上调后的利率为 1.50%。2018 年 9 月 17 日,北京调整住房公积金个人住房贷款政策,每缴存一年可贷 10 万元,缴存 12 年可以贷到最高的 120 万元。2019 年 10 月 23 日,住房公积金提取业务不再提交纸质提取申请书。

住房公积金的定义包含以下五个方面的含义:

(1) 住房公积金只在城镇建立,农村不建立住房公积金制度。

(2) 只有在职职工才建立住房公积金制度。无工作的城镇居民、离退休职工不实行住房公积金制度。

(3) 住房公积金由两部分组成,一部分由职工所在单位缴存,另一部分由职工个人缴存。职工个人缴存部分由单位代扣后,连同单位缴存部分一并缴存到住房公积金个人账户内。

(4) 住房公积金缴存的长期性。住房公积金制度一经建立,职工在职期间必须不间断地按规定缴存,除职工离退休或发生《住房公积金管理条例》规定的其他情形外,不得中止和中断,体现了住房公积金的稳定性、统一性、规范性和强制性。

(5) 住房公积金是职工按规定存储起来的专项用于住房消费支出的个人住房储金,具有两个特征:积累性和专用性。

2. 住房公积金的缴存范围

住房公积金缴存范围是下列单位及其在职职工:

(1) 机关、事业单位;

(2) 国有企业,城镇集体企业,外商投资企业,港澳台商投资企业,城镇私营企业及其他城镇企业或经济组织;

(3) 民办非企业单位、社会团体;

(4) 外国及港澳台商投资企业和其他经济组织常驻代表机构。

城镇个体工商户、自由职业人员,可以申请缴存住房公积金(注:并不是每个社区城市的住房公积金管理中心都允许城镇个体工商户、自由职业人员缴纳住房公积金,具体情况请咨询当地住房公积金管理机构)。

职工和单位住房公积金的缴存比例均不得低于职工上一年度月平均工资的5%;有条件的城市,可以适当提高缴存比例。具体缴存比例由住房公积金管理委员会拟订,经本级人民政府审核后,报省、自治区、直辖市人民政府批准。城镇个体工商户、自由职业人员住房公积金的月缴存基数原则上按照缴存人上一年度月平均纳税收入计算。

单位不办理住房公积金缴存登记或者不为本单位职工办理住房公积金账户设立手续的,由住房公积金管理中心责令限期办理;逾期不办理的,处1万元以上5万元以下的罚款。

单位逾期不缴或者少缴住房公积金的,由住房公积金管理中心责令限期缴存;逾期仍不缴存的,可以申请人民法院强制执行。

二、业务描述

12.6 任务二:缴纳上个月公积金。

人力行政部经理提供企业员工公积金数据—银行柜员划转公积金并打印单据—出纳传递单据给薪资会计—薪资会计填写记账凭证—财务经理审核凭证—出纳登记日记账—薪资会计登记明细账。

借:其他应付款的公积金
　　应付职工薪酬公积金
　贷:银行存款

缴纳社保、公积金及个税时:

借:应付职工薪酬——社会保险费(单位)
　　　　　　　——住房公积金(单位)
　　其他应付款——社会保险费(个人)
　　　　　　　——住房公积金(个人)
　　应交税费——应交个人所得税
　贷:银行存款

任务五 增值税的申报与缴纳

一、增值税的相关理论

增值税是以商品(含应税劳务)在流转过程中产生的增值额作为计税依据而征收的一种流转税。从计税原理上说,增值税是对商品生产、流通、劳务服务中多个环节的新增价值或商品的附加值征收的一种流转税。实行价外税,也就是由消费者负担,有增值才征税没增值不征税。

增值税是对销售货物或者提供加工、修理修配劳务以及进口货物的单位和个人就其实现的增值额征收的一个税种。增值税已经成为中国最主要的税种之一,增值税的收入占中国全部税收的60%以上,是最大的税种。增值税由国家税务局负责征收,税收收入中75%为中央财政收入,25%为地方收入。进口环节的增值税由海关负责征收,税收收入全部为中央财政收入。

2017年7月1日起,简并增值税税率有关政策正式实施,原销售或者进口货物适用13%税率的全部降至11%,这个调整涉及农产品、天然气、食用盐、图书等23类产品。2018年3月28日,国务院常务会议决定从2018年5月1日起,将制造业等行业增值税税率从17%降至16%,将交通运输、建筑、基础电信服务等行业及农产品等货物的增值税税率从11%降至10%。2019年4月1日起,增值税一般纳税人发生增值税应税销售行为或者进口货物的税率、境外旅客购物离境退税物品的退税率等均有不同程度下降。

根据对外购固定资产所含税金扣除方式的不同,增值税可以分为:

(1)生产型增值税。生产型增值税指在征收增值税时,只能扣除属于非固定资产项目的那部分生产资料的税款,不允许扣除固定资产价值中所含有的税款。该类型增值税的征税对象大体上相当于国民生产总值,因此称为生产型增值税。

(2)收入型增值税。收入型增值税指在征收增值税时,只允许扣除固定资产折旧部分所含的税款,未提折旧部分不得计入扣除项目金额。该类型增值税的征税对象大体上相当于国民收入,因此称为收入型增值税。

(3)消费型增值税。消费型增值税指在征收增值税时,允许将固定资产价值中所含的税款全部一次性扣除。这样,就整个社会而言,生产资料都排除在征税范围之外。该类型增值税的征税对象仅相当于社会消费资料的价值,因此称为消费型增值税。中国从2009年1月1日起,在全国所有地区实施消费型增值税。

(4)税率调整。2017年7月1日起,简并增值税税率有关政策正式实施,原销售或者进口货物适用13%税率的全部降至11%,这个调整涉及农产品、天然气、食用盐、图书等23类产品。2018年3月28日,国务院常务会议决定从2018年5月1日起,将制造业等行业增值税税率从17%降至16%,将交通运输、建筑、基础电信服务等行业及农产品等货物的增值税税率从11%降至10%。2019年3月21日,财政部、税务总局、海关总署三部门联合发布《关于深化增值税改革有关政策的公告》,4月1日起,增值税一般纳税人(以下称纳税人)发生增值税应税销售行为或者进口货物的税率、境外旅客购物离境退税物品的退税率等均有不同程度下降。

二、业务描述

12.6 任务二:进行增值税申报与缴纳。

税务会计纳税申报—银行柜员打印缴税回单—出纳去银行取回票据并传递给税务会计—税务会计填写记账凭证—财务经理审核凭证—出纳登记日记账—税务会计登记明细账。

借:应交税费——未见增值税
　　贷:银行存款

三、单据填写

单据填写步骤如下:
(1) 在税务会计系统中填写申请,打印,企业内审核;
(2) 国税局接受申报并通知银行自动扣款;
(3) 出纳去银行获得缴款证明书并交给税务会计;
(4) 税务会计和出纳记账。

从右往左依次填写:1张主表、4张附表,逐页打印,手工审核。
举例的单据填写截图见下图:

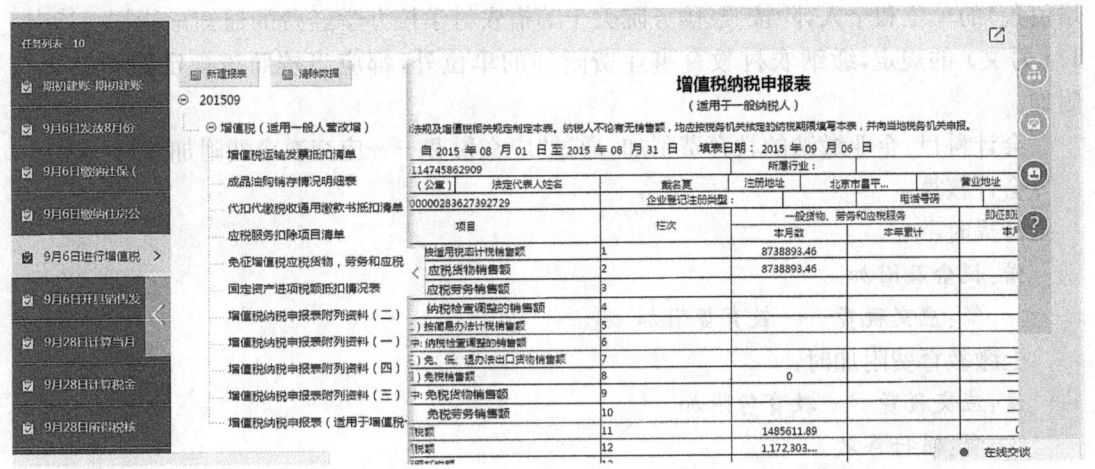

任务六 附加税的申报与缴纳

一、附加税的相关理论

1. 城市维护建设税

城市维护建设税是我国为了加强城市的维护建设,扩大和稳定城市维护建设资金的来源,而对有经营收入的单位和个人征收的一个税种。城市维护建设税(简称城建税),是以纳税人实际缴纳的增值税、消费税的税额为计税依据,依法计征的一种税。

城市维护建设税的特征:一是具有附加税性质,它以纳税人实际缴纳的"三税"税额为计税依据,附加于"三税"税额,本身并没有类似于其他税种的特定、独立的征税对象;二是具有特定目的。城市维护建设税税款专门用于城市的公用事业和公共设施的维护建设。

纳税人所在地为市区的,税率为7%;

纳税人所在地为县城、镇的,税率为5%;

纳税人所在地不在市区、县城或者镇的,税率为1%。

2. 教育费附加

教育费附加是对缴纳增值税、消费税的单位和个人征收的一种附加费。

作用:发展地方性教育事业,扩大地方教育经费的资金来源。

教育费附加是由税务机关负责征收,同级教育部门统筹安排,同级财政部门监督管理,专门用于发展地方教育事业的预算外资金。为了贯彻落实《中共中央关于教育体制改革的决定》,加快发展地方教育事业,扩大地方教育经费的资金来源,国务院于1986年4月28日发布《征收教育费附加的暂行规定》,指出凡缴纳产品税、增值税、营业税(现改为增值税)的单位和个人,除按照《国务院关于筹措农村学校办学经费的通知》(国发〔1984〕174号文)的规定,缴纳农村教育事业费附加的单位外,都应当按照该规定缴纳教育费附加。

会计科目:企业缴纳的教育费附加,通过"应交税费——应交教育费附加"科目核算。

会计核算:

计提时:

借:税金及附加

　　贷:应交税费——教育费附加

上缴教育费附加时:

借:应交税费——教育费附加

　　贷:银行存款

新会计制度下,把应交教育费附加都合并到应交税费科目中处理。不再使用其他应交款科目。

教育费附加征收比率为3%,地方教育费附加征收率为2%。

二、业务描述

12.12 任务一:地税申报与缴纳。

税务会计填写地税申报表—财务经理审核申报表—税务会计上报并划款—出纳到银行取单据—银行柜员打印回单—出纳将回单给税务会计—税务会计填写记账凭证—财务经理审核凭证—出纳登记日记账—税务会计登记明细账。

借:应交税费——城建,教育费附加,地方教育费附加
　　贷:银行存款

三、单据填写

综合纳税申报与缴纳包括缴纳城建税、教育费附加(含地方)。个税申报与缴纳步骤:① 申报;② 审核;③ 上报。

北京市地方税务局综合申报表界面如下图所示。

项目七

生产相关业务的原理掌握与实战演练

> **知识目标**
>
> 1. 熟悉公司生产业务流程。
> 2. 掌握存货的分类及核算内容。
> 3. 掌握产品完工成本归集计价方法。

> **技能目标**
>
> 1. 熟悉公司生产业务流程与存货分类的对应关系。
> 2. 独立完成与生产业务相关的存货核算流程。
> 3. 熟练掌握存货的会计处理方法。

任务一 库存与存货管理

一、库存与存货计价原理

1. 库存商品的含义

库存商品是指企业已完成全部生产过程并已验收入库,合乎标准规格和技术条件,可以按照合同规定的条件送交订货单位,或可以作为商品对外销售的产品以及外购或委托加工完成验收入库用于销售的各种商品。

企业应设置"库存商品"科目,核算库存商品的增减变化及其结存情况。商品验收入库时,应由"生产成本"科目转入"库存商品"科目;对外销售库存商品时,根据不同的销售方式进行相应的账务处理;在建工程等领用库存商品,应按其成本转账。

库存商品明细账应按企业库存商品的种类、品种和规格设置明细账。如有存放在本企业所属门市部准备出售的商品、送交展览会展出的商品,以及已发出尚未办理托收手续的商品,都应单独设置明细账进行核算。库存商品明细账一般采用数量金额式。

实行售价金额核算的商品零售企业,库存商品明细账按实物负责人设置。其格式一般要用三栏式,只记售价金额不记数量。由于库存商品按售价记账,为随时了解库存商品的实际价值,同时也便于月末各实物负责人已销商品进销差价,也可采用"库存商品"和"商品进销差价"明细分类账户相结合的方法,设置"库存商品及进销差价"明细账。

(1) 外购商品入库须办理入库手续。

商品入库前,根据国内公司发货信息表核对商品信息,经核对无误后,经办人填制"商品验收入库单",注明商品信息(商品厂家,商品名称,规格型号、数量、单价、金额、入库时间等)一式三联,由经办人、财务、经理共同签字认可,商品入库。"商品验收入库单"第一、第二联交财务记账,第三联交保管员登记"库存商品明细表",并存档备查。

(2) 销售商品出库须办理出库手续。

店铺零售:销售人员办理出库手续,凭销售发票、商品出库单,领取商品出库。销售发票注明商品销售信息(客户信息,商品名称,规格型号、数量、单价、金额等),由经办人签字。销售发票第一联交由销售人员留底,第四联交保管员登记,第二、第三联交财务记账,保管。

(3) 商品出库的手续(公司仅限下列情况下出货):

① 交货;

② 交客户试用;

③ 样品;

④ 因公司需要商品调换库房。

(4) 库存商品的保管:

① 根据实际数量,及时按规定办理出入库手续;

② 建立"库存商品明细账",根据商品出库单每月末下账结存;

③ 财务人员不定期进行实地盘点,对盘盈、盘亏做出处理意见。

(5) 对库管员的要求:

① 每日根据客户订单编制次日"发货计划表"及"送货单",业务人员须附"销售发票"(或出库单)连同送货单、订货单在业务发生日当晚送回公司财务。

② 根据实际出库情况登记"每日发货情况表"。

③ 按照规定真实登记"库存商品明细账"。

④ 不定期进行实地盘点库存。

⑤ 配合销售人员做好商品出入库工作。

2. 存货的含义

存货,是指企业在日常活动中持有以备出售的产成品或商品、处在生产过程中的在产品、在生产过程或提供劳务过程中耗用的材料和物料等。

关键点:最终目的是出售。

存货同时满足下列条件的,才能予以确认:① 与该存货有关的经济利益很可能流入企业;② 该存货的成本能够可靠地计量。

存货的初始计量:存货应当按照成本进行初始计量。

存货成本包括采购成本、加工成本和其他成本。

1) 外购的存货

外购存货的成本即存货的采购成本,指企业物资从采购到入库前所发生的全部支出,包括购买价款、相关税费、运输费、装卸费、保险费以及其他可归属于存货采购成本的费用。

（1）购买价款，是指企业购入材料或商品的发票账单上列明的价款，但不包括按规定可以抵扣的增值税进项税额。

（2）相关税费，是指企业购买、自制或委托加工存货发生的进口关税、消费税、资源税和不能抵扣的增值税进项税额等。

（3）其他可归属于存货采购成本的费用，即采购成本中除上述各项以外的可归属于存货采购成本的费用，如在存货采购过程中发生的仓储费、包装费、运输途中的合理损耗、入库前的挑选整理费用等。

对于采购过程中发生的物资毁损、短缺等，除合理的途耗应当作为存货的其他可归属于存货采购成本的费用计入采购成本外，应区别不同情况进行会计处理：

① 应从供货单位、外部运输机构等收回的物资短缺或其他赔款，冲减所购物资的采购成本。

② 因遭受意外灾害发生的损失和尚待查明原因的途中损耗，不得增加物资的采购成本，暂作为待处理财产损溢进行核算，查明原因后再做处理。

（4）商品流通企业在采购商品过程中发生的运输费、装卸费、保险费以及其他可归属于存货采购成本的费用等进货费用，应计入所购商品成本，也可以先进行归集，期末再根据所购商品的存销情况进行分摊。商品流通企业采购商品的进货费用金额较小的，可以在发生时直接计入当期损益（销售费用）。

2）通过进一步加工而取得的存货

（1）委托外单位加工的存货，如下图所示。

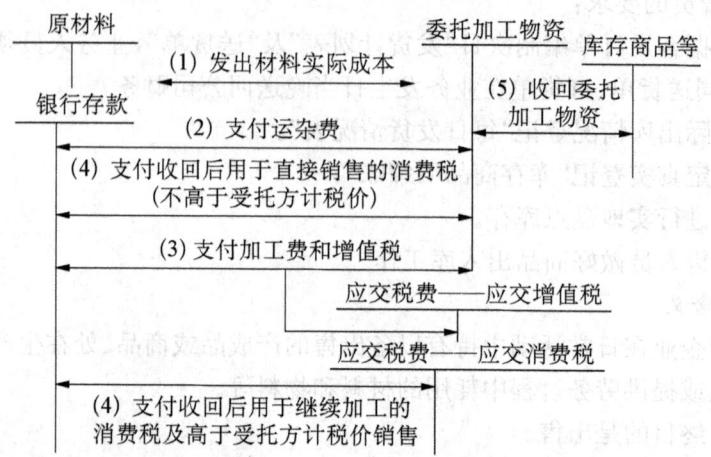

（2）自行生产的存货。

自行生产的存货的初始成本包括投入的原材料或半成品、直接人工和按照一定方法分配的制造费用。

【提示】制造费用是构成产品成本的间接费用，不是期间费用。

成本项目：直接材料、直接人工、制造费用。

制造费用是指企业为生产产品和提供劳务而发生的各项间接费用，包括企业生产部门（如生产车间）管理人员的职工薪酬、折旧费、办公费、水电费、机物料损耗、劳动保护费、季节性和修理期间停工损失等。

3）其他方式取得的存货

投资者投入存货的成本,应当按照投资合同或协议约定的价值确定,但合同或协议约定价值不公允的除外。

4）通过提供劳务取得的存货

企业提供劳务取得存货的,所发生的从事劳务提供人员的直接人工和其他直接费用以及可归属于该存货的间接费用,计入存货成本。

5）不计入存货成本的相关费用

下列费用应当在发生时确认为当期损益,不计入存货成本:

（1）非正常消耗的直接材料、直接人工和制造费用；

（2）仓储费用（不包括在生产过程中为达到下一个生产阶段所必需的仓储费用）；

（3）不能归属于使存货达到目前场所和状态的其他支出。

3. 存货期末计量原则

资产负债表日,存货应当按照成本与可变现净值孰低计量。存货成本高于其可变现净值的,应当计提存货跌价准备,计入当期损益（资产减值损失）。

1）可变现净值与存货成本的定义

可变现净值,是指在日常活动中,存货的估计售价减去至完工时估计将要发生的成本、估计的销售费用以及相关税费后的金额。

存货成本,是指期末存货的实际成本。

【提示】企业预计的销售存货现金流量,并不完全等于存货的可变现净值。

可变现净值是指在日常活动中,以预计售价减去进一步加工成本和预计销售费用以及相关税费后的净值。在可变现净值计量下,资产按照其正常对外销售所能收到现金或者现金等价物的金额扣减该资产至完工时估计将要发生的成本、估计的销售费用以及相关税费后的金额计量。

计算公式:

存货可变现净值＝存货估计售价－至完工估计将发生的成本－估计销售费用－相关税金

存货跌价准备应按单个项目来计提,数量繁多,单价较低的存货可按存货类别计量成本与可变现净值。

2）可变现净值的确定

按照准则定义,可变现净值是指在正常生产经营过程中,以存货的估计售价减去至完工估计将要发生的成本、估计的销售费用以及相关税金后的金额。存货准则特别强调企业在实际确定存货的可变现净值时,应当以取得的可靠证据为基础,并且考虑持有存货的目的、资产负债表日后事项的影响等因素。企业因持有存货的目的不同,确定存货可变现净值的处理方法也各不相同。

一是持有以备出售的存货,如商品、产成品等。对于这一类存货分为两种情况,即有合同约定（销售合同或劳务合同）的存货和没有合同约定的存货。为执行销售合同或劳务合同而持有的存货,通常应当以产成品或商品的合同价格作为其可变现净值的计量基础。但是,如果企业持有存货的数量多于销售合同订购数量,超出部分的存货可变现净值以产成品或商品的一般销售价格作为计量基础。没有销售合同或劳务合同约定的存货,其可变现净值应当以产成品或商品一般销售价格或原材料的市场价格作为计量基础。

二是将在生产过程或提供劳务过程中耗用的存货,如原材料等。在会计期末运用成本与可变现净值孰低原则对材料存货进行计量时,需要考虑材料的用途:对于用于生产而持有的材料等,应将其与所生产的产成品的期末价值减损情况联系起来;对于用于出售的材料等,则只需要将材料的成本与根据材料本身的估计售价确定的变现净值相比即可。具体来说,对于用于生产而持有的材料等按以下原则处理:① 如果用其生产的产成品的可变现净值预计高于成本,则该材料应按照成本计量。② 如果材料价格的下降表明产成品的可变现净值低于成本,则该材料应当按可变现净值计量。

3) 估计售价

可变现净值中估计售价的确定:

(1) 为执行销售合同或劳务合同而持有的存货,以合同价作为可变现净值的计量基础。

(2) 如果持有存货多于销售合同定购数量,超出部分应按一般售价作为计量的基础。

(3) 没有合同约定的存货可变现净值以一般销售价或原材料的市场价作为计量基础。

可变现价值是一种交换产出价值,它与清算价值的不同在于它们得之于不同的市场条件。可变现净值是处于正常销售经营交通常有正常利润情况下的价格,而清算价格则是一种迫售价格,即按大大降低的价格出售给顾客,或通常按大大低于成本的价格出售给顾客。

可变现价值只适用于计价那些为销售而持有的资产,如商品、投资以及企业经营上不再使用的机器设备等。此外,由于企业不可能将所有资产都按现行售价来计价,这就需要运用其他计价方法,而用不同的计价方法计价所加出的资产总额,缺乏解释意义。

会计实务中,除特殊项目和特殊情况外,一般不采用可变现净值这种计量属性。

例:甲公司期末原材料的账面余额为 100 万元,数量为 10 吨。该原材料专门用于生产与乙公司所签合同约定的 20 台 Y 产品。该合同约定:甲公司为乙公司提供 Y 产品 20 台,每台售价 10 万元(不含增值税,本题下同)。将该原材料加工成 20 台 Y 产品尚需加工成本总额为 95 万元。估计销售每台 Y 产品尚需发生相关税费 1 万元(不含增值税,本题下同)。本期期末市场上该原材料每吨售价为 9 万元,估计销售每吨原材料尚需发生相关税费 0.1 万元。期末该原材料的可变现净值为 85 万元。

解析:产成品的成本 $=100+95=195$(万元)

产成品的可变现净值 $=20\times10-20\times1=180$(万元)

期末该原材料的可变现净值 $=20\times10-20\times1-95=85$(万元)

以库存产品为例,假设甲公司期末 B 商品的账面价值为 50 万元,该批商品的市场价格为 40 万元(不含增值税),估计销售该商品将要发生的销售费用和相关税费为 8 万元(不含增值税),则 B 商品按可变现净值价为 32 万元($=40-8$)。

(1) 企业确定存货的可变现净值时应考虑的因素:

① 存货可变现净值的确凿证据;可变现净值不可以随意计算,以避免利润操纵行为

的发生。

② 持有存货的目的:目的有两个:一个是继续生产,一个是直接对外出售。

③ 资产负债表日后事项等的影响。

考虑该因素,亦即不能只根据当前情况做出分析和判断,还需要考虑日后期间的情况。比如2009年12月31日,对一批库存商品计算可变现净值,以当前的市场价格分析,可变现净值可能较高,但已经有确凿证据表明日后期间由于国家新政策的出台,产品售价将大幅度降低,发生减值迹象。

(2) 不同情况下存货可变现净值的确定:

① 持有产成品、商品等直接用于出售的商品存货,没有销售合同约定的。

$$可变现净值＝估计售价－估计的销售费用和相关税费$$

例如,企业持有一批商品,无销售合同,市场价格100万元,进一步销售中会发生的销售费用和税金为8万元,则可变现净值为92万元(＝100－8)。若账面成本为95万元,则计提3万元的存货跌价准备。

② 持有用于出售的材料等,无销售合同。

$$可变现净值＝市场价格－估计的销售费用和相关税费$$

③ 为生产产品而持有的原材料(重点)。

为生产产品而持有的材料是否计提准备,应该与产品的可变现净值结合起来。当产品的可变现净值低于成本的情况下,材料应该计提减值准备;当产品的可变现净值高于成本时,即使材料的市场价格低于材料成本,不用计提准备。

$$可变现净值＝该材料所生产的产成品的估计售价－进一步加工的成本－\\估计的销售费用和相关税费$$

④ 为执行销售合同或者劳务合同而持有的存货(重点)。

$$可变现净值＝合同价格－估计的销售费用和相关税费$$

如果企业持有的同一项存货的数量多于销售合同或劳务合同订购的数量的,应分别确定其可变现净值,并与其相对应的成本进行比较,分别确定存货跌价准备的计提或转回金额。超出合同部分的存货的可变现净值,应当以一般销售价格为基础计算。

二、壶体生产车间物料领用与半成品入库演练

1. 单据认识

1) 出库单

(1) 材料出库单。

车间生产领用材料时,车间人员依据派工单及生产订单进行领料并填写领料单,库管根据审批的领料单办理材料出库,材料出库单一式三联,一联库管留存(见下图);一联生产计划部留存;一联财务记账并作为计算成本的依据。仓管员根据"领料单"如实填写"材料出库单"一式三份,车间领料人就出库单的相应项目与仓管员核对,确认无误后在"材料

出库单"上签名,做到货、单相符,仓储经理凭手续齐全的"领料单(仓库联)"和"材料出库单"的存根联登记仓库实物台账,其余一联交财务部门,一联交生产部门。

材料出库单

单据编号:		出库类型:		仓库:		
出库日期:			派工单号:			

序号	物料名称	物料编码	出库数量	单价	金额	备注
1						
2						
3						
4						
5						
6						
7						
合计						

仓管员: 　　　　仓储部经理: 　　　　车间管理员:

第一联:仓储部存根

(2) 销售出库单。

企业在签订合同后,销售部人员会依据合同规定的时间去库管处为客户办理出库,办理出库时,销售人员应拿着合同原件到库管处办理出库手续。销售出库单一式三份,一份库管留存;一联记账;一联随货物交给客户。

(3) 其他出库单。

主要是除材料、销售出库单以外的存货出库,如视同材料重复使用的回料,作为宣传用的商品、样品等,因这些出库所结转的存货的成本计入当期费用,因此在出库时与材料、销售出库单分开来以便于核算。

2) 生产订单

生产订单是指开始制造某种物料的请求,再下达给生产车间并要求生产车间执行的生产任务,车间根据生产订单组织生产和领用物料。生产订单中包含与要生产的该物料关联的所有信息,包括来自物料清单的信息(BOM)、工序资源、工艺路线和工序的信息。

3) 物料清单

物料清单是产品结构的技术性描述文件,它不仅列出了某一产品的所有构成项目,同时也指出了这些项目之间的结构关系,即表明了产品组件、子件、零件直到原材料之间的结构关系,明确定义了每个组件所需要的下属部件的数量。

物料清单是接收客户订单、选择装配、计算累计提前期,编制生产和采购计划、配套领料、跟踪物流、追溯任务、计算成本、改变成本设计不可缺少的重要文件,上述工作涉及企业的销售、计划、生产、供应、成本、设计、工艺等部门。因此,也有这种说法,BOM 不仅是一种技术文件,还是一种管理文件,是联系与沟通各部门的纽带,企业各个部门都要用到 BOM 表。

4) 领料单

(1) 领料部门:填写实际领料的车间,如壶体车间;

(2) 领料单号及派工单号:根据背景单据填写,派工单号由生产计划部提供,领料单号由仓管员提供;

(3) 编制日期为实际领料的日期;

(4) 加工产品:填写领用该材料是用于生产什么产品,如轻巧型壶体;

(5) 编制日期与领用日期一样;

(6) 领料单,由车间生产人员填写,在本实训课程中,由"车间管理员"填写;

(7) 领料单一式二联,第一联:领料后留存生产计划部(见下图);第二联:领料后留存仓储部。

领 料 单

领料部门:		领料单号:		派工单号:		编制日期:	年 月 日	
序号	材料编码	材料名称	单位	材料规格	加工产品	领用数量	领用时间	备注

仓管员： 车间管理员：

第一联：生产计划部存留

5) 派工单

(1) 此表为生产计划部门经理填写,下达给车间管理员,由车间管理员安排生产;

(2) 此表为两联,一联由生产计划部留存,一联交车间管理员(见下图);

(3) 派工部门:填写生产计划部;

(4) 派工单号是生产计划部为了管理编的一个流水号,依据背景单据填写;

(5) "产品""车间""批次"依据背景单据填写。

派 工 单

派工部门:						
派工单号:			派工日期:	年	月	日
产品	车间	批次	生产数量	计划进度		
				开始日期	完工日期	

生产计划部经理： 车间管理员：

第二联：车间留存

6) 出库汇总表

成本会计汇总"材料出库单",填制此表(见下表),汇总后打印作为原始凭证附在记账凭证的后面。

_____出库汇总表

制单日期：

序 号	物料名称	物料编码	数 量	单 价	金 额	备 注
1						
2						
3						
4						
5						
6						
7						
8						
9						
10						
11						
12						
合计						

部门主管： 成本会计： 制单：

此汇总表可用于月末计算"全月一次平均法"的材料出库成本。

2. 壶体车间领料生产演练

(1) 12.6 任务一：壶体车间上期半成品完工入库。

车管员完工入库—生产计划经理审核完工单—仓管员填写生产入库单并办理入库—成本会计接收入库单等待月底汇总。

(2) 12.6 任务二：壶体车间物料领用。

车管员填写领料单—仓管员审核签字并发放物料—车管员在物料出库单上盖章—仓管员传递单据—成本会计接收材料出库单等待月底汇总。

(3) 12.12 任务二：壶体车间物料领用。

车管员填写领料单—仓管员审核签字并发放物料—车管员在物料出库单上盖章—仓管员传递单据—成本会计接收材料出库单等待月底汇总。

(4) 12.12 任务三：壶体车间半成品完工入库。

车管员完工入库—生产计划经理审核完工单—仓管员填写生产入库单并办理入库—成本会计接收入库单等待月底汇总。

任务二　生产完工管理

一、生产完工计价原理

生产成本（Production Cost）亦称制造成本，是指生产活动的成本，即企业为生产产品而发生的成本。生产成本是生产过程中各种资源利用情况的货币表示，是衡量企业技术和管理水平的重要指标。

生产成本由直接材料、直接人工和制造费用三部分组成。直接材料是指在生产过程中的劳动对象，通过加工使之成为半成品或成品，它们的使用价值随之变成了另一种使用价值；直接人工是指生产过程中所耗费的人力资源，可用工资额和福利费等计算；制造费用则是指生产过程中使用的厂房、机器、车辆及设备等设施及机物料和辅料，它们的耗用一部分是通过折旧方式计入成本，另一部分是通过维修、定额费用、机物料耗用和辅料耗用等方式计入成本。

会计处理如下：

（1）本科目核算企业进行工业性生产发生的各项生产成本，包括生产各种产品（产成品、自制半成品等）、自制材料、自制工具、自制设备等。

企业（农业）进行农业生产发生的各项生产成本，可将本科目改为"5001 农业生产成本"科目，并分别种植业、畜牧养殖业、林业和水产业确定成本核算对象（消耗性生物资产、生产性生物资产、公益性生物资产和农产品）和成本项目，进行费用的归集和分配。

企业（房地产开发）可将本科目改为"5001 开发成本"科目。

（2）本科目可按基本生产成本和辅助生产成本进行明细核算。

基本生产成本应当分别按照基本生产车间和成本核算对象（产品的品种、类别、订单、批别、生产阶段等）设置明细账（或成本计算单，下同），并按照规定的成本项目设置专栏。

（3）生产成本的主要账务处理。

① 企业发生的各项直接生产成本，借记本科目（基本生产成本、辅助生产成本），贷记"原材料""库存现金""银行存款""应付职工薪酬"等科目。

各生产车间应负担的制造费用，借记本科目（基本生产成本、辅助生产成本），贷记"制造费用"科目。

辅助生产车间为基本生产车间、企业管理部门和其他部门提供的劳务和产品，期（月）末按照一定的分配标准分配给各受益对象，借记本科目（基本生产成本）、"管理费用""销售费用""其他业务成本""在建工程"等科目，贷记本科目（辅助生产成本）。

企业已经生产完成并已验收入库的产成品以及入库的自制半成品，应于期（月）末，借记"库存商品"等科目，贷记本科目（基本生产成本）。

② 生产性生物资产在产出农产品过程中发生的各项费用，借记"农业生产成本"科目，贷记"库存现金""银行存款""原材料""应付职工薪酬""生产性生物资产累计折旧"等科目。

农业生产过程中发生的应由农产品、消耗性生物资产、生产性生物资产和公益性生物资产共同负担的费用,借记"农业生产成本——共同费用"科目,贷记"库存现金""银行存款""原材料""应付职工薪酬""农业生产成本"等科目。

期(月)末,可按一定的分配标准对上述共同负担的费用进行分配,借记"农业生产成本——农产品""消耗性生物资产""生产性生物资产""公益性生物资产"等科目,贷记"农业生产成本——共同费用"科目。

应由生产性生物资产收获的农产品负担的费用,应当采用合理的方法在农产品各品种之间进行分配;如有尚未收获的农产品,还应当在已收获和尚未收获的农产品之间进行分配。

生产性生物资产收获的农产品验收入库时,按其实际成本,借记"农产品"科目,贷记本科目(农产品)。

(4)本科目期末借方余额,反映企业尚未加工完成的在产品成本或尚未收获的农产品成本。

二、生产完工演练

1. 产品完工入库流程

产品完工入库是生产车间生产的产品完工后,由车间管理员与仓管员办理产品入库的一个业务。

半成品车间完工入库和产成品车间完工入库使用同样的流程和入库单。

业务流程如下表所示。

序 号	操作步骤	角 色	操作内容
1	填写完工单	车间管理员	1. 根据生产计划,填写"完工单",请参照示范表单填写; 2. "车间管理员"将"完工单"转交给"仓管员",视为完工产品交接的简化模拟手续;"仓管员"在完工单上签字,视为接收完工产品的手续。"完工单"的一联,留存给"仓管员"
2	填写入库单	仓管员	1. 根据完工单的信息,填写"生产入库单"; 2. 入库产品,可能是成品,也可能是半成品; 3. 可以参照示范单据填写"生产入库单"; 4. 将生产入库单的财务联交成本会计
3	填写物料卡片	仓管员	1. 根据入库单,更新每一种物料的"物料卡片"信息; 2. "物料卡片"可以显示每一种产品在动态物流中的实际库存。因此,每次产品入库、出库都应即时更新; 3. 请参照示范单据填写"物料卡片"
4	登记库存台账	仓管员	1. 根据"生产入库单",登记"库存台账";"库存台账"格式为列表,表上第一列为示范填写列,请参照填写; 2. "库存台账"将显示每一个生产周期产品入库、出库的具体信息。因此,每次产品入库、出库都更新"库存台账"
5	汇总入库单,登记入库汇总表	成本会计	1. 接收仓管员送交的生产入库单财务联; 2. 下载产品入库汇总表(Excel表); 3. 登记产品入库汇总表

2. 认识单据

1) 生产入库单

水壶生产有两道工序：

(1) 第一道工序是在壶体车间加工壶体，加工完成后办理完工入库；

(2) 第二道工序是组装水壶，组装完成后办理完工入库。

这两道工序完成后，都需要填写"生产入库单"进行入库。

办理入库前，核对车间出具的"完工单"和"质检报告"信息是否齐全；

完工单号指明了此次入库的是哪一个完工单完成的产品。

生产入库时无法确定产品的总成本和单位成本，因此只填数量，不填单价和金额。"生产入库单"一式三联，存根联留在仓库登记存货台账，其余一联交财务部作为成本核算的依据，一联交生产部作为产量统计的依据。

2) 完工单

(1) 完工单是由生产车间来填写，用于产品完工入库的一个证明的单据；

(2) 完工单一式两联，一联由生产计划部留存（见下表），一联由仓储部留存；

(3) 计划产量等于实际完工产量；

(4) 剩余在制品是指月末未完工的产品，本案例不涉及，全部完工；

(5) 本案例假设产品全部检验合格，因此待检验与不良产品数为零。

完 工 单

生产部门：
完工单号：　　　　　　　　　　　　编制日期：　　　年　　月　　日

产品名称	完工日期	计划产量	实际完工量	剩余在制品	待检验	不良产品数
合计						

第一联：生产计划部留存

部门经理：　　　　　　　　车间管理员：

三、组装车间领料与产成品完工入库演练

(1) 12.6 任务一：组装车间物料领用

车管员填写领料单—仓管员审核签字并发放物料—车管员在物料出库单上盖章—仓管员传递单据—成本会计接收材料出库单等待月底汇总。

(2) 12.6 任务二:组装车间上期在线产品完工入库

车管员完工入库—生产计划经理审核完工单—仓管员填写生产入库单并办理入库—成本会计接收入库单等待月底汇总。

(3) 12.12 任务二:组装车间成品完工入库

车管员完工入库—生产计划经理审核完工单—仓管员填写生产入库单并办理入库—成本会计接收入库单等待月底汇总。

(4) 12.12 任务三:组装车间物料领用

车管员填写领料单—仓管员审核签字并发放物料—车管员在物料出库单上盖章—仓管员传递单据—成本会计接收材料出库单等待月底汇总。

(5) 12.28 任务二:组装车间成品完工入库

车管员完工入库—生产计划经理审核完工单—仓管员填写生产入库单并办理入库—成本会计接收入库单等待月底汇总。

项目八

成本相关业务的原理掌握与实战演练

> **知识目标**
>
> 1. 熟悉公司成本业务核算的流程。
> 2. 掌握公司成本计算方法。
> 3. 掌握成本结转、损益结转以及企业所得税核算的基本原理。

> **技能目标**
>
> 1. 能够按照规定完成公司成本业务核算流程。
> 2. 熟练完成成本项目的归集,确定产品单位成本与总成本。
> 3. 独立完成成本结转、损益结转以及企业所得税的计提。

任务一 资产盘点业务

一、相关理论

固定资产具有价值高、使用周期长、使用地点分散、管理难度大等特点,正是由于这些原因给固定资产盘点带来极大的困难。大致表现在:制度形同虚设,有的部门设立了资产管理人员,有的部门没有设立资产管理员;由于没有严格的制度约束,在实际工作中资产管理部门、使用部门和财务部门配合得不够;资产的增加、调拨和报废工作,由于时间上没有严格的限制和管理上没有严格的惩处措施,造成单据流转速度慢,入账时间滞后,或重复进账、漏进,产生账实不符现象。

二、资产盘点实务

"固定资产管理系统"的功能特点:恩腾固定资产管理系统是以实物管理为特点,以计算机为操作平台,以"快捷""精准"和功能全面为优势的管理类软件。"恩腾固定资产管理系统"系统采用 C/S 结构,分布式数据库。

该系统通过先进的条形码技术对固定资产实物从购置、领用、清理、盘点、借用归还、维修到报废进行全方位准确监管,结合资产分类统计等报表真正实现账物相符,同时按照国内固定资产折旧的实际情况和惯例,采用平均年限法对固定资产计提折旧。

该系统不仅包揽了固定资产全部流程的管理工作、日常繁杂的统计核对,自动生成会计折旧数据等,还考虑到企业实际使用情况,提供了众多特色功能。

(1) "固定资产管理系统"的八大特点:

① 强大的实用功能。

② 先进的条形码管理方式。

③ 快捷的批量添加资产的功能。

④ 资产附加自定义属性。

⑤ 对部件和附件分开的管理。

⑥ 快捷地资产批量转移和现场转移功能。

⑦ 独特的权限管理。

⑧ 友好的用户界面,简便易学。

(2) 管理方式。

每一件新购入资产的相关数据输入计算机以后,都会由计算机自动地打印生成不干胶条形码,条码上的内容可由用户自己设定,其中包括固定资产名称、购入日期、保管(使用部门)等内容。将条形码贴在固定资产实物上,既明显地区分固定资产的使用部门,又给盘点带来极大的方便,盘点人员不必通过记录资产编码、核对账本的方式进行盘点,只需通过专门的条码识别器对固定资产上的条码进行阅读,条码信息自动存储在条形码识别器中。条码识别器与超市中所用的相类似,但又有极大的不同,这种条形码识别器是采用电池供电,不必用电线连接,盘点人员可以方便携带到任何地方,进行相互核查,读入的信息存储于条码识别器中。条码器中可以存储近5万条左右固定资产的编码,使盘点速度提高了90%以上,同时还避免了重复盘点或错盘。读入条码结束后,将条码识别器与电脑通过计算机相连接,迅速地获得资产的实际情况,通过组合查询可立即发现资产短缺、溢余等变化情况。

任务二　材料归集与分配业务

一、相关理论

对于生产过程中发生的材料费用应首先按其发生的地点和用途进行归集,然后再采用适当的方法进行分配。

二、业务描述

(1) 12.28 任务三:材料成本归集。

成本会计汇总材料出入库单—成本会计计算材料发出成本。

（2）产成品成本核算。

成本会计编制组装车间直接材料分配表—成本会计编制产成品成本计算表—成本会计填写产成品材料成本结转凭证—成本会计填写产成品生产成本结转记账凭证—财务经理审核凭证—成本会计登记明细账。

具体操作步骤见下表。

序 号	操作步骤	角 色	相关表单
1	汇总材料入库数量	成本会计	入库单、存货明细账
2	编制材料出库汇总表	成本会计	材料出库汇总表
3	编制材料成本计算表	成本会计	材料成本计算表
4	自制半成品材料成本结转	成本会计	自制半成品材料成本计算表
5	自制半成品生产成本结转	成本会计	自制半成品成本计算表
6	自制半成品出库成本核算	成本会计	自制半成品出库成本计算表
7	产成品材料成本结转	成本会计	产品直接材料分配表
8	产成品生产成本结转	成本会计	产品成本计算表
9	编制及审核记账凭证	财务会计	记账凭证
10	登记账簿子流程	财务会计	相关账簿

三、单据填写

单据填写举例截图如下。

材料成本结转计算表

加权平均单价=（期初结存存货实际成本+本期入库存货实际成本）/（期初结存存货数量+本期入库存货数量）

产品编码	存货名称	单位	期初 数量(个)	期初 单价	期初 金额	9月6日出入 出	9月6日出入 入	9月6日出入 余(个)	出	入	9月12日出入 入库单价	9月12日出入 入库金额	9月28日出入 出	9月28日出入 入	9月28日出入(一次加权) 余(个)	期 数量	出库成本核算 金额	月末结存 数量
	小计		500		3,660.00													
HF-0005	加热底盘		150	12	1,800.00	140		10	27,576	30,000	2,434	10.00	300,000.00			2,434	30,150	27,716.00	2,434.00
HC-0008	加热底盘		140	18	2,520.00	40		100	2,400	2,500	200	16.00	40,000.00			200	2,640	2,440.00	200.00
	小计		290		4,320.00								0					0	
HA-0003	铺材凭件	套	400	4	1,600.00	100		300		30,000	30,300	4.00	120,000.00	30,000		300	30,400	30,100.00	300.00
HB-0003	铺材凭件	套	300	4.5	1,350.00	100		200		14,000	14,200	4.5	63,000.00	14,000		200	14,300	14,100.00	200.00
HC-0007	铺材凭件	套	200	5	1,000.00	50		150		4,000	4,150	5.00	20,000.00	4,000		150	4,200	4,050.00	150.00
	小计		900		3,950.00								0.00					0	
	原材料合计		3,310		135,540.00	1,297	1,000	3,013	91,068	243,000	154,945		0.00	144,000	14,000	24,945	261,310	236,365.00	24,945.00

任务三 制造费用归集与分配业务

一、相关理论

制造费用是企业为生产产品和提供劳务而发生的各项间接成本。企业应当根据制造费用的性质，合理地选择制造费用分配方法，对企业各个生产单位（如生产车间）组织和管理生产活动而发生的各项间接费用进行的分配,月终按照一定的标准在各该生产单位所生产的产品或劳务成本间进行分配。

企业应设置"制造费用"账户进行总分类核算。该账户应按不同的生产单位设立明细账,账内按照费用项目设立专栏或专户,分别反映生产单位各项制造费用的发生情况。辅助生产车间如果只生产单一品种或只提供一种劳务而且制造费用数额较小,为了减少转账手续,对发生的各项制造费用,也可以不通过"制造费用"账户核算,直接记入"辅助生产成本"账户。"制造费用"账户属于成本费用类账户,借方登记归集发生的制造费用,贷方反映制造费用的分配,月末无余额。

通过制造费用账户核算各项制造费用的生产单位,对生产过程中发生的各项制造费用,应根据有关费用分配表及凭证登记"制造费用"账户及所属的明细账。由于制造费用的具体项目众多,这里只能按大类,选择有代表性的项目说明制造费用的归集。

间接材料是指企业生产单位在生产过程中耗用的,但不能或无法归入某一特定产品的材料费用,如机器的润滑油、修理备件等。间接费用的归集一般可以根据"材料费用分配表"等原始记录进行,记入制造费用的总账和明细账。

间接人工费用是指企业生产单位中不直接参与产品生产的或其他不能归入直接人工的那些人工成本,如修理工人工资、管理人员工资等。对间接人工费用应根据"工资及福利费用分配表"确定的数额,记入有关制造费用明细账,并根据"工资、福利费用分配表"编制记账凭证,据以记入"制造费用"账户。

折旧费是指固定资产在使用中由于损耗而转移到成本费用中的那部分价值。固定资产折旧费的归集是通过将按月编制的各车间、部门折旧计算明细表汇总编制整个企业的"折旧费用分配表"进行的。根据"折旧费用分配表"登记制造费用明细账和总账。

低值易耗品是指不作为固定资产核算的各种劳动手段,包括一般工具、专用工具、管理用具、劳动保护用品等。生产单位耗用的低值易耗品,由于其价值低或容易损坏,一般不用像固定资产那样严格计算其转移价值,而是采用比较简便的方法将其费用一次或分次转入产品成本。采用一次摊销法时,领用低值易耗品的价值,一般可以与领用其他材料一道,汇总编制"材料费用分配表",直接计入有关成本费用;采用分次摊销时,领用低值易耗品的价值要按其使用期限分月摊入有关成本费用。

企业生产单位的其他支出是指上述各项支出以外的支出,如水电费、差旅费、运输费、办公费、设计制图费、劳动保护费等。这些支出多数是以银行存款或现金支付,并与产品无直接关系,一般均不单独设置成本项目,应在费用发生时,根据有关的原始凭证逐笔编制记账凭证后计入"制造费用"总账及明细账。

(1) 生产车间发生的机物料消耗,借记本科目,贷记"原材料"等科目。

(2) 发生的生产车间管理人员的工资等职工薪酬,借记本科目,贷记"应付职工薪酬"科目。

(3) 生产车间计提的固定资产折旧,借记本科目,贷记"累计折旧"科目。

(4) 生产车间支付的办公费、水电费等,借记本科目,贷记"银行存款"等科目。

(5) 发生季节性的停工损失,借记本科目,贷记"原材料""应付职工薪酬""银行存款"等科目。

(6) 将制造费用分配计入有关的成本核算对象,借记"生产成本(基本生产成本、辅助生产成本)""劳务成本"科目,贷记本科目。

(7) 季节性生产企业制造费用全年实际发生数与分配数的差额,除其中属于为下一年开工生产做准备的可留待下一年分配外,其余部分实际发生额大于分配额的差额,借记"生产成本——基本生产成本"科目,贷记本科目;实际发生额小于分配额的差额,做相反的会计分录。

二、业务描述

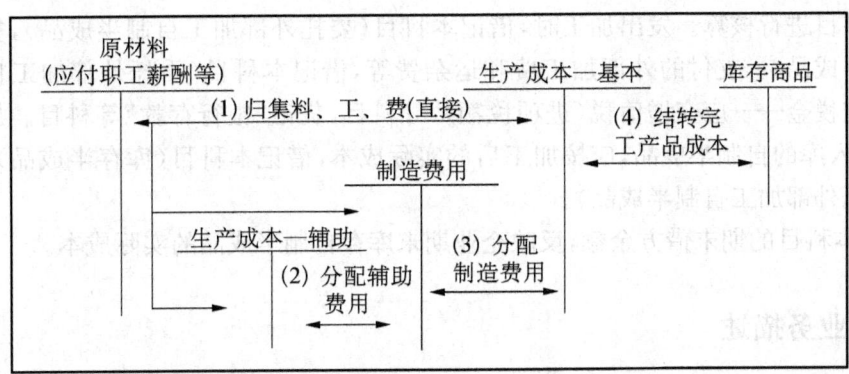

12.28 任务三:制造费用归集以及分配。

成本会计编制制造费用分配表—成本会计填写记账凭证—财务经理审核凭证—成本会计登记明细账。

借:生产成本(各车间制造费用)
　　贷:制造费用(人工,折旧)

任务四　自制半成品成本核算

一、相关理论

自制半成品是已完成一定生产加工阶段并经检验质量合格,但未形成产成品的中间产品,如纺织印染厂的棉纱、机器制造厂生产的铸件等。根据产品的性质,有的自制半成品只能在本企业继续加工;有的自制半成品既可在本企业继续加工,也可对外销售。对外销售的自制半成品,应视同产成品。根据企业的生产工艺特点,在本企业继续加工的自制半成品,有的需要一次全部转入下一生产阶段,如化工厂;有的则需要先交半成品仓库存储,待加工时再发出,如机械厂。为了反映库存自制半成品的收发结存情况,应设置"自制半成品"账户。自制半成品生产完工验收入库时,按其实际成本借记该账户,发出自制半成品时,以"加权平均法"或"先进先出法"计算其实际成本,贷记该账户。该账户借方余额表示库存自制半成品的实际成本。自制半成品应按类别或品种设置明细账户,进行明细核算。

(1) 本科目核算工业企业库存的自制半成品的实际成本。

(2) 外购的半成品(外购件)应作为原材料处理,不在本科目核算。

(3) 已经生产完成并已检验送交半成品库的自制半成品,应按实际成本,借记本科目,贷记"生产成本"科目。对于从一个车间转给另一个车间继续加工的自制半成品的成本,应在"生产成本"科目核算,不通过本科目核算。

(4) 从半成品库领用自制半成品继续加工时,应按实际成本,借记"生产成本"科目,贷记本科目。

(5) 委托外单位加工的自制半成品,应在本科目下单独设置"委托外部加工自制半成品"明细科目进行核算。发出加工时,借记本科目(委托外部加工自制半成品),贷记本科目(库存半成品)。支付的外部加工费和运杂费等,借记本科目(委托外部加工自制半成品)、"应交税金——应交增值税(进项税额)"等科目,贷记"银行存款"等科目。加工完成并已验收入库的自制半成品,应按加工后的实际成本,借记本科目(库存半成品),贷记本科目(委托外部加工自制半成品)。

(6) 本科目的期末借方余额,反映企业期末库存自制半成品的实际成本。

二、业务描述

自制半成品成本核算:
成本会计自制半成品直接材料成本—成本会计编制半成品成本计算表—成本会计编制半成品材料成本结转凭证—成本会计填写半成品生产成本结转凭证—财务经理审核凭证—成本会计登记明细账。

自制半成品材料成本分配:
借:生产成本(各明细)
　　贷:原材料(各材料)
自制半成品成本核算:
借:自制半成品(某类型壶体)
　　贷:生产成本(某类型壶体直接材料、直接人工、制造费用等)
自制半成品出库成本核算:
成本会计汇总半成品出入库数据—成本会计计算自制半成品发出成本

任务五　产成品成本核算

一、相关理论

按照经济内容分类:外购材料、外购燃料、外购动力、职工薪酬、折旧费、税金、其他支出。

按照经济用途分类:直接材料、直接人工、制造费用。

按照计入成本对象的方式分类:直接成本、间接成本。

1. 品种法

品种法是以产品品种作为成本计算对象来归集生产费用、计算产品成本的一种方法。由于品种法不需要按批计算成本,也不需要按步骤来计算半成品成本,因而这种成本计算方法比较简单。品种法主要适用于大批量单步骤生产的企业,如发电、采掘等;或者虽属于多步骤生产,但不要求计算半成品成本的小型企业,如小水泥、制砖等。品种法一般按月定期计算产品成本,也不需要把生产费用在产成品和半成品之间进行分配。

2. 分批法

分批法也称订单法,是以产品的批次或定单作为成本计算对象来归集生产费用、计算产品成本的一种方法。分批法主要适用于单件和小批的多步骤生产,如重型机床、船舶、精密仪器和专用设备等。分批法的成本计算期是不固定的,一般把一个生产周期(即从投产到完工的整个时期)作为成本计算期,定期计算产品成本。由于在未完工时没有产成品,完工后又没有在产品,产成品和在产品不会同时并存,因而也不需要把生产费用在产成品和半成品之间进行分配。

3. 分步法

分步法是按产品的生产步骤归集生产费用、计算产品成本的一种方法。分步法适用于大量或大批的多步骤生产,如机械、纺织、造纸等。分步法由于生产的数量大,在某一时间上往往既有已完工的产成品,又有未完工的在产品和半成品,不可能等全部产品完工后再计算成本。因而分步法一般是按月定期计算成本,并且要把生产费用在产成品和半成品之间进行分配。

二、业务描述

产成品成本核算:

借:生产成本(轻巧型水壶直接材料等)
　　贷:原材料(底座等)
　　　　自制半成品(壶体等)

产品成本核算:

借:库存商品(水壶等)
　　贷:生产成本(某类型水壶直接材料、直接人工、制造费用等)

三、单据填写

(1) 正确划分各会计期间成本的费用界限;

(2) 正确划分不同产品的费用界限;

(3) 正确划分完工产品和在产品的成本界限;

(4) 正确划分应计入产品成本和不应计入产品成本的费用界限。

单据填写举例截图如下。

月初在产品成本＋本月发生生产费用＝本月完工产品成本＋月末在产品成本

月初在产品成本＋本月发生生产费用－月末在产品成本＝本月完工产品成本

	项目	轻巧型壶体	经典型壶体	豪华型壶体	合计
期初在产壶体成本	直接材料	390,532.00	193,688.00	93,480.00	677,700.00
	直接人工	7,548.01	5,836.84	2,432.01	15,816.86
	制造费用-折旧	-	-	-	-
	制造费用-人工	-	-	-	-
本期壶体发生生产费用	直接材料	#REF!	#REF!	#REF!	#REF!
	直接人工	150,960.27	116,736.66	48,640.27	316,337.20
	制造费用-折旧	10,427.11	8,063.22	3,359.67	21,850.00
	制造费用-人工	3,932.40	3,040.90	1,267.04	8,240.35
期末在产壶体成本	直接材料	-	-	-	-
	直接人工	-	-	-	-
	制造费用-折旧	-	-	-	-
	制造费用-人工	-	-	-	-
本月完工壶体成本	直接材料	#REF!	#REF!	#REF!	#REF!
	直接人工	158,508.28	122,573.50	51,072.28	332,154.06
	制造费用-折旧	10,427.11	8,063.22	3,359.67	21,850.00
	制造费用-人工	3,932.40	3,040.90	1,267.04	8,240.35

任务六 销售成本结转业务

一、相关理论

销售成本是指已销售产品的生产成本或已提供劳务的劳务成本以及其他销售的业务成本，包括主营业务成本和其他业务成本两部分。主营业务成本是企业销售商品产品、半成品以及提供工业性劳务等业务所形成的成本；其他业务成本是企业销售材料、出租包装物、出租固定资产等业务所形成的成本。

产品销售成本是指企业所销售产成品的生产成本。企业为了核算这部分已销售产品的成本，设置了"产品销售成本"账户。该账户的借方登记售出产品按照先进先出法、加权平均法等成本流动假设计算的制造成本，贷方登记期末转入"本年利润"账户，由本期产品销售收入补偿的售出产品的制造成本，结转后该账户无余额。

商品销售成本的结转，有随销售随结转和定期结转两种做法。随销售随结转即在商品销售的同时结转成本，定期结转一般在月终一次结转成本。

商品销售成本结转的方式有分散结转和集中结转两种。

分散结转方式是按照库存商品明细账户逐一计算商品销售成本，逐笔登记结转的方式。这种方式计算工作量较大，但能提供每个品种的商品销售成本详细资料。

集中结转方式是按照库存商品明细账户的期末结存数量乘以进货单价,计算出期末结存金额,然后按大类汇总,在商品类目账上倒算出商品销售成本,并进行集中结转,不再逐笔计算和结转每个品种的商品销售成本的方式。这种方式工作简化,但不能提供每一种商品的销售成本。

此外,对非商品销售的发出商品的计算和结转,包括加工商品发出、商品短缺等,采用随发生随结转的方式。对其计算的单价确定有两种方法:一是采用逐日结转商品销售成本的,按商品明细账的当日结存商品的单价计算;二是采用定期结转商品销售成本的,按期初结存商品的单价计算。

二、业务描述

成本会计编制库存商品入库汇总表—成本会计编制库存商品出库汇总表—成本会计计算库存商品出库成本(全月一次加权平均)—成本会计填写库存商品销售成本结转的记账凭证—财务经理审核凭证—成本会计登记明细账。

借:主营业务成本(水壶,电饭煲等)
　　贷:库存商品(水壶,电饭煲等)

三、单据填写

单据填写举例截图如下。

销售成本结转计算表

期初金额	收入数量	收入单价	收入金额	发出数量	发出单价	发出金额	结存数量	结存单价	结存金额
2,852,298.00	387,182.00		14,408,561.02	335,899		10,929,578.33	85,246		6,331,280.69

当期应结转的主营业务成本金额。
(结存存货实际成本+本期入库存货实际成本)/(期初结存货数量+本期入库存货数量)的计算逻辑见下表:

任务七　月末损益类结转

一、相关理论

损益类科目,会计科目的一种,这类科目是为核算"本年利润"服务的,具体包括收入类科目、费用类科目;在期末(月末、季末、年末)这类科目累计余额需转入"本年利润"账户,结转后这些账户的余额应为零。

企业损益类科目是指核算企业取得的收入和发生的成本费用的科目,具体包括:
(1)收入类科目:主营业务收入、其他业务收入、投资收益、公允价值变动损益等。

(2) 费用类科目：主营业务成本、其他业务成本、资产减值损失、信用减值损失、税金及附加、销售费用、管理费用、财务费用、所得税费用等。

(3) 直接计入当期利润的利得：营业外收入、固定资产处置损益。

(4) 直接计入当期利润的损失：营业外支出、固定资产处置损益。

【注意】直接计入所有者权益的利得和损失，应记入"其他综合收益"科目，不影响损益。

根据企业会计制度的规定，损益类科目余额，应当在期末结转入"本年利润"科目。结转后，损益类科目期末余额为零。

另外，"以前年度损益调整"科目也属于损益类科目，但是，由于其核算的是以前年度的损益调整，而不是当年的损益。因此，根据企业会计准则的规定，该科目余额，在期末不能结转入本年利润科目，而应当结转入"利润分配——未分配利润"科目，并相应调整盈余公积。结转后，该科目期末余额为零。

损益类结转，或期末结转，指期末结账时将某一账户的余额或差额转入另一账户。这里涉及两个账户，前者是转出账户，后者是转入账户，一般而言，结转后，转出账户将没有余额。

二、业务描述

月末损益类结转：

总账报表会计汇总损益类发生额—总账报表会计填写记账凭证—财务经理审核凭证—各会计登记明细账。

借：本年利润
　　贷：主营业务成本
　　　　税金及附加
　　　　销售费用（人工、广告、差旅等）
　　　　管理费用、财务费用、营业外支出等
借：主营业务收入
　　投资收益
　　贷：本年利润

三、举例

首先，为了结出余额，如对存货"产成品"会计科目，要结转本月的生产成本即注销已销产品的成本，目的就是求出产成品的当前余额；其次，为了计算本期的成本，需要结转的成本费用类的科目很多，诸如制造费用、基本生产成本、辅助生产成本等都要结转到生产成本科目；再次，为了计算利润，要把当期的销售收入、销售成本、其他业务收入、其他业务成本、营业外收入、营业外支出、所得税、产品销售税金及附加期间费用（管理费用、销售费用、财务费用）等科目的发生额都要结转到本年利润科目；最后，要在会计年度末把所有会计科目的余额结转到下个会计年度。

任务八　企业所得税核算

一、相关理论

在中华人民共和国境内，企业和其他取得收入的组织（以下统称企业）为企业所得税的纳税人，依照本法的规定缴纳企业所得税。个人独资企业、合伙企业不适用本法；企业分为居民企业和非居民企业。居民企业是指依法在中国境内成立，或者依照外国（地区）法律成立但实际管理机构在中国境内的企业；非居民企业，是指依照外国（地区）法律成立且实际管理机构不在中国境内，但在中国境内设立机构、场所的，或者在中国境内未设立机构、场所，但有来源于中国境内所得的企业。

企业所得税是对我国内资企业和经营单位的生产经营所得和其他所得征收的一种税。纳税人范围比公司所得税大。企业所得税纳税人即所有实行独立经济核算的中华人民共和国境内的内资企业或其他组织，包括以下 6 类：① 国有企业；② 集体企业；③ 私营企业；④ 联营企业；⑤ 股份制企业；⑥ 有生产经营所得和其他所得的其他组织。企业所得税的征税对象是纳税人取得的所得，包括销售货物所得、提供劳务所得、转让财产所得、股息红利所得、利息所得、租金所得、特许权使用费所得、接受捐赠所得和其他所得。

企业所得税是指对中华人民共和国境内的企业（居民企业及非居民企业）和其他取得收入的组织以其生产经营所得为课税对象所征收的一种所得税。作为企业所得税纳税人，应依照《中华人民共和国企业所得税法》缴纳企业所得税。但个人独资企业及合伙企业除外。

企业所得税税率如下表所示。

企业所得税税率表

类　别	适用范围	税率（%）	法律法规依据
基本税率		25	《企业所得税法》第四条
低税率	（1）非居民企业在中国境内未设立机构、场所的，或者虽设立机构、场所但取得的所得与其所设机构、场所没有实际联系的，其来源于中国境内的所得； （2）符合条件的小型微利企业	20	《企业所得税法》第四条、《企业所得税法》第二十八条
优惠税率	国家需要重点扶持的高新技术企业	15	《企业所得税法》第二十八条
优惠税率	非居民企业取得企业所得税法第二十七条第（五）项规定的所得，亦即企业所得税法第三条第三款规定的所得，亦即非居民企业在中国境内未设立机构、场所的，或者虽设立机构、场所但取得的所得与其所设机构、场所没有实际联系的，其来源于中国境内的所得	10	《企业所得税法实施条例》第九十一条

二、业务描述

计算税金及附加：
税务会计计算税金及附加—财务经理审核税金及附加计算表—税务会计填写记账凭证—财务经理审核凭证—税务会计登记明细账。

借：税金及附加（城建等）
　　贷：应交税费（应交城建等）

所得税核算：
税务会计计算前几个季度所得税—财务经理审核所得税计算表—税务会计填写记账凭证—财务经理审核凭证—税务会计登记明细账。

借：所得税费用
　　贷：应交税费——应交所得税

项目九

期末结账

> **知识目标**
>
> 1. 熟悉公司期末结账的会计核算流程。
> 2. 明确会计科目及明细账的汇总方法。
> 3. 掌握会计报表编制的种类与方法。

> **技能目标**
>
> 1. 能够按照规定完成公司期末科目及明细账汇总。
> 2. 熟练编制资产负债表、利润表及现金流量表。
> 3. 独立完成会计凭证的整理与装订。

> **知识准备**

一、结账的概念

结账,是在把一定时期内发生的全部经济业务登记入账的基础上,计算并记录本期发生额和期末余额。结账的内容通常包括两个方面:一是结清各种损益类账户,并据以计算确定本期利润;二是结清各资产、负债和所有者权益类账户,分别结出本期发生额合计和余额。

二、结账的程序

(1) 将本期发生的经济业务事项全部登记入账,并保证其正确性。
(2) 根据权责发生制的要求,调整有关账项,合理确定本期应计的收入和应计的费用。
(3) 将损益类账户发生额转入"本年利润"账户,结平所有损益类账户。
(4) 结算出资产、负债和所有者权益账户的本期发生额和余额,并结转下期。

三、结账前的收尾工作

在结账之前还需要将月末收尾工作完成,主要包括以下内容。

1. 当月薪酬计算

(1) 12.28 任务一:计算当月薪酬。

行政助理计算车间员工绩效工资—行政助理汇总公司所有员工薪酬—行政助理汇总各部门员工薪酬—人力行政部经理审核薪酬—总经理审批薪酬。

(2) 12.28 任务一:工资分摊。

成本会计搜集各产品标准工时资料—成本会计计算直接人工并分配—薪资会计填写记账凭证—财务经理审核凭证—费用会计登记明细账—成本会计登记明细账—薪资会计登记明细账。

借:管理费用(人工费)、销售费用(人工费)、生产成本(各车间直接人工)、制造费用(人工费)等

  贷:应付职工薪酬(工资、社保、公积金)

2. 当月增值税抵扣并计算

(1) 12.28 任务二:增值税抵扣联认证。

税务会计收集抵扣联—税务会计上门认证—税务局专管员认证—税务会计装订抵扣联。

(2) 12.28 任务二:计算当月未交增值税。

税务会计计算本月应交未交增值税—财务经理审核本月未交增值税计算表—税务会计填写记账凭证—财务经理审核凭证—税务会计登记明细账。

借:应交税费——转出未交增值税

  贷:应交税费——未交增值税

任务一 银行对账业务

一、相关理论

1. 银行对账概述

银行对账是指在每月月末,企业的出纳人员将企业的银行存款日记账与开户银行发来的当月银行存款对账单进行逐笔核对,勾对已达账项,找出未达账项,并编制每月银行存款余额调节表的过程。会计软件中执行银行对账功能,具体步骤包括银行对账初始数据录入、本月银行对账单录入、对账、银行存款余额调节表的编制等。

2. 银行对账的实施步骤及注意问题

在会计信息化方式下,企业实施银行对账时应遵循以下步骤:

(1) 输入银行对账期初余额。

为了保持银行对账的连续性,必须将对账启用日期时的银行对账期初余额输入系统中,以便日后银行对账的正确进行。在此,必须要注意以下两点:

① 正确理解银行对账启用日期的含义。银行对账的启用日期应该是最后一次手工对账的截止日期的次日。例如,某企业每月月末与开户银行进行对账,如果从 2005 年 3

月份启用账务子系统银行对账的话,因为最后一次手工对账的截止日期是2005年2月28日,所以银行对账的启用日期应该是2005年3月1日。

② 正确理解银行对账期初余额的含义。银行对账期初余额包括两个方面:一是最后一次手工对账截止日期当日的银行对账单调整前余额和银行日记账调整前余额;二是至最后一次手工对账截止日期所有的未达账项。例如,在上例中,银行对账期初余额包括2005年2月28日银行对账单调整前余额、2005年2月28日银行日记账调整前余额,以及至2005年2月28日所有的未达账项。应当确保调整后的银行对账单余额等于调整后的银行日记账余额。

(2) 从开户银行获取当月银行对账单并输入系统。

企业一般在每月月末从开户银行取得银行对账单,取得银行对账单后应该将银行对账单记录逐条输入系统中,以便系统进行银行对账。对于银行业务很多的企业而言,对账单的录入速度将成为制约银行对账整体效率的瓶颈。

(3) 进行银行对账。

系统一般提供自动对账和手工对账两种对账方式。在进行银行对账时,应该遵循以下方法和顺序:

① 首先设置系统自动对账的依据及对账截止日期。自动对账一般可按金额方向相同、结算方式相同、票号相同等条件进行,只有设置好自动对账依据,才能够利用系统提供的自动对账功能进行自动对账。另外,当不能在银行对账单记录截止日及时进行银行对账的情况下,设置对账截止日期就显得格外重要了,如果设置不当,由于银行未达账截止日期和银行对账单截止日期不同,在进行自动对账时就可能会发生对账错误。假设企业每月月末与银行进行对账,银行对账单记录截止日期为每月月末。如果某月月末未能及时对账,而转到下个月对账时,下个月月初至实际对账日企业发生的银行业务将全部被误认为是未达账项。因此,企业要对这一问题引起足够的重视,为了正确对账,必须要正确设置对账截止日期。

② 利用系统提供的自动对账功能进行自动对账。在信息化方式下,自动对账极大地减少了手工对账的工作量,是提高整体银行对账效率的关键环节,因此企业必须充分利用系统提供的自动对账功能。但是,自动对账并不意味着万事大吉,这一点企业必须要格外注意。因为自动对账并不能解决一切对账问题,它只能对银行未达账文件和银行对账单文件中一对一的记录进行核对,而对于一对多、多对一或多对多的情况则显得无能为力。例如,由于某种原因,对于企业记录的两笔银行存款支出,开户行可能将其合并记录为一条记录。如果这样的话,利用自动对账功能进行自动对账时,可能会将这三条记录全部作为未达账项看待。

二、业务描述

12.28 任务三:银行对账。

出纳去银行拿对账单—银行打印银行对账单—出纳传递银行对账单给应收会计—应收会计编制余额调节表—总账报表会计审核余额调节表。

任务二 科目汇总

一、科目汇总相关概念

各种账务处理程序的主要区别在于登记总分类账的方法和程序不同(见下图),这里主要介绍两种常用的账务处理程序以及总账的登记方法,即记账凭证账务处理程序和科目汇总表账务处理程序。

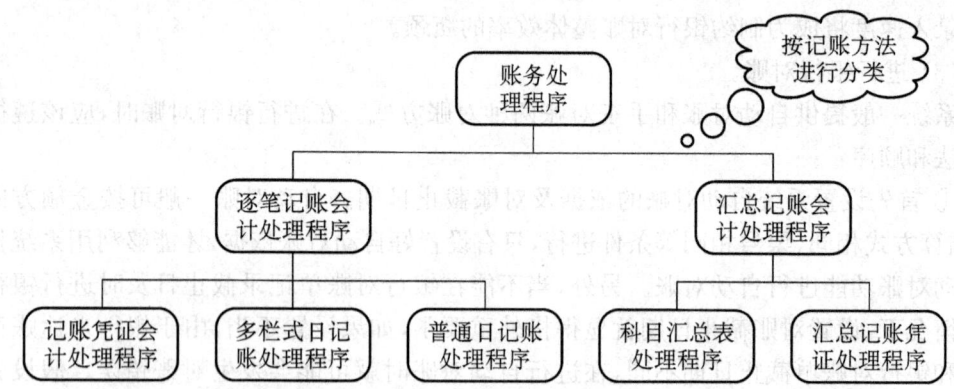

1. 记账凭证账务处理程序

1) 记账凭证账务处理程序的定义

记账凭证账务处理程序是直接根据各种记账凭证逐笔登记总分类账的程序,它是会计核算中最基本的一种核算组织程序,也是其他核算组织程序的基础。

2) 记账凭证账务处理程序流程图

记账凭证账务处理程序流程图如下图所示。

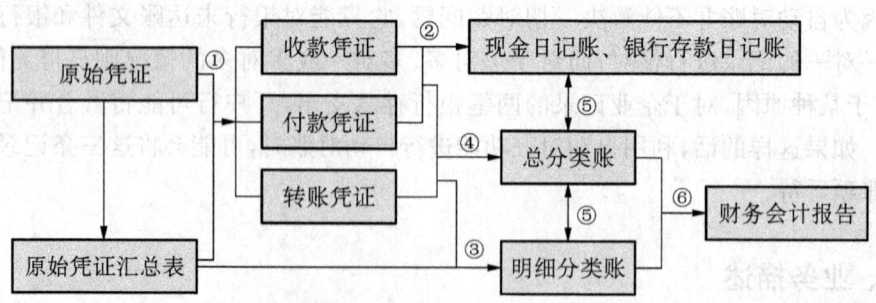

3) 记账凭证账务处理程序的步骤

(1) 根据原始凭证编制汇总原始凭证。

(2) 根据原始凭证或汇总原始凭证编制记账凭证。

(3) 根据收款凭证、付款凭证逐笔登记库存现金日记账和银行存款日记账。
(4) 根据原始凭证、汇总原始凭证和记账凭证,登记各种明细分类账。
(5) 根据记账凭证逐笔登记总分类账。
(6) 期末,将日记账和明细分类账的余额同有关总分类账的余额核对相符。
(7) 期末,根据总分类账和明细分类账的记录,编制会计报表。

4) 优缺点和使用范围

优点:直接根据记账凭证,简单、明了,容易理解,便于查账。

缺点:逐笔登记总分类账会增加登记总账的工作量,对于经济业务较多,经营规模较大的企业,总分类账的登记工作过于繁重。

特点:根据记账凭证直接登记总分类账,是最基本的会计核算形式,是其他会计核算形式的基础。

使用范围:一些规模小、业务量少、凭证不多的单位。

5) 记账凭证账务处理程序下总账的登记

在记账凭证账务处理程序下,直接根据记账凭证定期(3天、5天或10天)逐笔登记总分类账。

具体登记方法与日记账的登记方法基本相同,只是总账不要求逐日结出发生额合计及余额。其他栏目的登记方法同日记账。

2. 科目汇总表账务处理程序

1) 科目汇总表账务处理程序的定义

科目汇总表账务处理程序又称记账凭证汇总表账务处理程序,它是根据记账凭证定期编制科目汇总表,再根据科目汇总表登记总分类账的一种账务处理程序。

2) 科目汇总表账务处理程序基本流程图

科目汇总表账务处理程序基本流程图如下图所示。

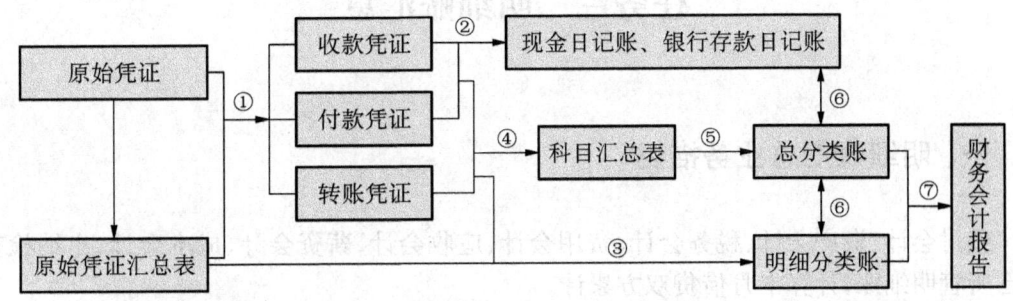

3) 科目汇总表账务处理程序的基本步骤

(1) 根据原始凭证编制汇总原始凭证。
(2) 根据原始凭证或汇总原始凭证编制记账凭证。
(3) 根据收款凭证、付款凭证逐笔登记库存现金日记账和银行存款日记账。
(4) 根据原始凭证、汇总原始凭证和记账凭证登记各种明细账。
(5) 根据各种记账凭证编制科目汇总表。

(6) 根据科目汇总表登记总分类账。

(7) 期末,将日记账和明细分类账的余额同有关总分类账的余额核对相符。

(8) 期末,根据总分类账和明细分类账的记录,编制会计报表。

4) 科目汇总表账务处理程序的优缺点和适用范围

优点:这种核算组织程序可以减少登记总分类账的工作,手续也比较简便,而且科目汇总表还起着试算平衡的作用。

缺点:只能作为登记总账和试算平衡的根据,不反映账户的对应关系及经济业务的来龙去脉,不便于查对账目。

特点:根据记账凭证汇总编制科目汇总表,根据科目汇总表登记总分类账。

适用范围:业务量较大、记账凭证较多的单位。

5) 科目汇总表账务处理程序下总账的登记

在科目汇总表账务处理程序下,根据定期汇总编制的科目汇总表登记总账。根据科目汇总表登记总账时,"日期"栏填写科目汇总表的编制日期;"凭证种类及编号"栏填写科目汇总表的编号,如"科汇1""科汇2"等;"摘要"栏填写汇总的时间范围,如"1—10日汇总""10—20日汇总"等;"借方金额"栏、"贷方金额"栏分别填写科目汇总表上本科目的借方发生额和贷方发生额。

二、业务描述

科目汇总:

总账报表会计编制T形账—总账报表会计编制科目汇总表—总账报表会计根据科目汇总表登记总账—总账报表会计核对总账与明细账、日记账。

任务三 明细账汇总

一、明细账汇总业务描述

应付会计、资产会计、税务会计、费用会计、应收会计、薪资会计、成本会计、出纳检查自己所管明细账,计算本月借贷双方累计。

二、明细账结账注意事项

1. 月结

(1) 本月没有发生额的账户,不必进行月结(不划结账线)。

(2) 不需按月结计本月发生额的账户,如各项应收、应付款及各项财产物资明细账等,每次记账都要随时结出余额,在月末最后一笔业务结出余额后,只需在本月最后一笔记录下面划一条通栏单红线，表示"本月记录到此结束"。

（3）需要按月结计本月发生额的账户，如生产成本、制造费用及各损益类明细账等，都要结计"本月合计"，具体结账方法与库存现金、银行存款日记账的月结方法相同。

（4）需要结计本年累计发生额的账户，如损益类明细账等，要按月结出本年累计发生额，在"本月合计"行下结出自年初至本月月末止的累计发生额，登记在月份发生额下面，"摘要"栏内注明"本年累计"，并在下面画一条通栏单红线。

2. 年结

年末各账户按前述方法进行月结的同时，在各账户的本年最后一笔记录下面画通栏双红线，表示"年末封账"。

三、举例

1. 月结

应收账款 明细账

明细科目：××机械

2013年		凭证		摘要	借方	贷方	借或贷	余额
月	日	种类	号数					
3	4			承前页			借	20000
	5	转	25	销售商品	10000		借	30000
	30	银收	30	收到货款		5000	借	25000
	31			本月合计	10000	5000	借	25000
4	1	转	1	销售商品	20000		借	45000
...	...	...	...					

2. 年结

应收账款 明细账

明细科目：××机械

2014年		凭证		摘要	借方	贷方	借或贷	余额
月	日	种类	号数					
1	1			上年结转			借	20000
	5	转	25	销售产品	10000		借	30000
...	...	...	...		...	...	...	
12	31			本月合计	10000	20000	借	65000
12	31			本年累计	100000	55000	借	65000
				结转下年			借	65000

任务四 编制报表

财务经理根据总账以及明细账编制报表,财务经理根据总账以及明细账审核报表。

一、财务报表的相关理论

财务报表是企业对外提供的综合反映其在某一特定日期财务状况、某一会计期间经营成果和现金流量的书面文件。编制财务报表是会计核算的一种专门方法,也是会计核算的最终环节。

1. 财务报表的构成

企业会计准则规定,企业的财务报表由四张主要报表和一个附注构成,即资产负债表、利润表、现金流量表、所有者权益变动表和财务报表附注。四张报表是财务报表的主体;财务报表附注是对财务报表所做的解释,是财务报表不可缺少的组成部分。

财务报表的编制时间不同,可分为年度报表和中期报表。年度报表在年度终了后编制;中期报表又分为半年度、季度、月度报表,分别在半年末、季度末和月末编制。资产负债表和利润表既是月度报表,又是年度报表。现金流量表和所有者权益变动表是年度报表。

2. 财务报表的编制要求

编报及时、数字真实、计算准确、内容完整。

二、财务报表的编制

1. 资产负债表编制概述

资产负债表是总括反映企业某一特定日期(月末或年末)全部资产、负债和所有者权益状况的财务报表。它是反映企业静态财务状况的一种基本报表。

1) 结构

资产负债表一般由表头、表体和表尾组成(见下表)。表头列示报表的名称、编制单位、编制时间、报表编号和货币计量单位等;表体是报表的主体部分,列示资产、负债和所有者权益的各个项目,并保持"资产=负债+所有者权益"的平衡关系;表尾是对报表有关内容的补充说明。

资产负债表

会企 01 表

单位名称： 年 月 日 单位：元

资　　产	期末余额	年初余额	负债及所有者权益	期末余额	年初余额
流动资产： 　货币资产 　交易性金融资产 　应收账款 　预付账款 　存货 　…… 流动资产合计 非流动资产： 　可供出售金融资产 　固定资产 　无形资产 　…… 非流动资产合计			流动负债： 　短期借款 　应付账款 　预收账款 　应付职工薪酬 　应交税费 　…… 流动负债合计 非流动负债： 　长期借款 　…… 非流动负债合计 所有者权益： 　实收资本 　资本公积 　盈余公积 　未分配利润 所有者权益合计		
资产总计			权益总计		

2）格式

资产负债表的格式一般有账户式和报告式两种。我国企业会计准则规定，企业的资产负债表采用账户式结构。

3）编制方法

表首分别填列单位名称、日期和货币单位。

年初数应根据上年度报表的年末数填列。

期末数应根据相关总账和明细账的期末余额填列。

（1）直接根据总分类账户余额填列，如"交易性金融资产""短期借款""应交税费"等项目。

（2）根据若干个总分类账户余额分析计算填列，如"货币资金""存货"等项目。

（3）根据若干明细分类账户余额分析计算填列，如"应收账款""预收账款""预付账款""应付账款"等项目。

（4）根据明细分类账户余额填列，如一年内到期的长期负债等项目。

2. 资产负债表的编制说明

资产负债表各项目的填制方法，包括"年初余额"的填列和"期末余额"的填列。

（1）"年初余额"栏内的各项数字，应根据上年年末资产负债表的"期末余额"栏内所列数字填列，如果本年度资产负债表规定的各个项目的名称和内容与上年不一致，应对上年年末资产负债表各个项目的名称和数字按照本年度的规定进行调整，按调整后的数字填入资产负债表的"年初余额"栏内。

（2）"期末余额"的填列方法有直接填列法和分析计算填列法两种。具体数据可以通过以下几种方式取得：根据总账账户余额直接填列；根据总账账户余额计算填列；根据明细账户余额计算填列；根据总账账户和明细账户余额分析计算填列；根据总账账户余额减去其备抵项目后的净额填列。现根据最新的"资产负债表"规定项目，提出"期末余额"各项目的具体内容和填列方法如下：

①"货币资金"项目。反映企业库存现金、银行基本存款户存款、银行一般存款户存款、外埠存款、银行汇票存款等的合计数。本项目应根据"现金""银行存款""其他货币资金"账户的期末余额合计数填列。

②"交易性金融资产"项目。反映企业为交易目的而持有的债券投资、股票投资、基金投资等交易性金融资产的公允价值。本项目应根据"交易性金融资产"账户的期末余额填列。

③"应收票据"项目。反映企业收到的未到期收款而且也未向银行贴现的商业承兑汇票和银行承兑汇票等应收票据余额，减去已计提的坏账准备后的净额。本项目应根据"应收票据"账户的期末余额减去"坏账准备"账户中有关应收票据计提的坏账准备余额后的金额填列。

④"应收账款"项目。反映企业因销售商品、提供劳务等而应向购买单位收取的各种款项，减去已计提的坏账准备后的净额。本项目应根据"应收账款"和"预收账款"账户所属各明细账户的期末借方余额合计，减去"坏账准备"账户中有关应收账款计提的坏账准备期末余额后的金额填列。

⑤"预付账款"项目。反映企业预收的款项，减去已计提的坏账准备后的净额。本项目根据"预付账款"和"应付账款"账户所属各明细账户的期末借方余额合计，减去"坏账准备"账户中有关预付账款计提的坏账准备期末余额后的金额填列。

⑥"应收利息"项目。反映企业因持有交易性金融资产、持有至到期投资和可供出售金融资产等应收取的利息。本项目应根据"应收利息"账户的期末余额填列。

⑦"应收股利"项目。反映企业应收取的现金股利和应收取其他单位分配的利润。本项目根据"应收股利"账户期末余额填列。

⑧"其他应收款"项目。反映企业对其他单位和个人的应收和暂付的款项，减去已计提的坏账准备后的净额。本项目应根据"其他应收款"账户的期末余额，减去"坏账准备"账户中有关其他应收款计提的坏账准备期末余额后的金额填列。

⑨"存货"项目。反映企业期末在库、在途和在加工中的各项存货的可变现净值，包括各种原材料、商品、在产品、半成品、发出商品、包装物、低值易耗品和委托代销商品等。本项目应根据"在途物资（材料采购）""原材料""库存商品""周转材料""委托加工物资""生产成本"和"劳务成本"等账户的期末余额合计，减去"存货跌价准备"账户期末余额后的金额填列。材料采用计划成本核算以及库存商品采用计划成本或售价核算的小企业，应按加或减材料成本差异、减商品进销差价后的金额填列。

⑩"一年内到期的非流动资产"项目。反映企业非流动资产项目中在一年内到期的金额，包括一年内到期的持有至到期投资、长期待摊费用和一年内可收回的长期应收款。本项目应根据上述账户分析计算后填列。

⑪"其他流动资产"项目。反映企业除以上流动资产项目外的其他流动资产，本项目应根据有关账户的期末余额填列。

⑫ "可供出售金融资产"项目。反映企业持有的可供出售金融资产的公允价值。本项目根据"可供出售金融资产"账户期末余额填列。

⑬ "持有至到期投资"项目。反映企业持有至到期投资的摊余价值。本项目根据"持有至到期投资"账户期末余额减去一年内到期的投资部分和"持有至到期投资减值准备"账户期末余额后填列。

⑭ "长期应收款"项目。反映企业长期应收款净额。本项目根据"长期应收款"期末余额,减去一年内到期的部分、"未确认融资收益"账户期末余额、"坏账准备"账户中按长期应收款计提的坏账损失后的金额填列。

⑮ "长期股权投资"项目。反映企业不准备在一年内(含一年)变现的各种股权性质投资的账面余额,减去减值准备后的净额。本项目应根据"长期股权投资"账户的期末余额减去"长期股权投资减值准备"账户期末余额后填列。

⑯ "固定资产"项目。反映企业固定资产的净值。本项目根据"固定资产"账户期末余额,减去"累计折旧"和"固定资产减值准备"账户期末余额后填列。

⑰ "在建工程"项目。反映企业尚未达到预定可使用状态的在建工程价值。本项目根据"在建工程"账户期末余额,减去"在建工程减值准备"账户期末余额后填列。

⑱ "工程物资"项目。反映企业为在建工程准备的各种物资的价值。本项目根据"工程物资"账户期末余额,减去"工程物资减值准备"账户期末余额后填列。

⑲ "固定资产清理"项目。反映企业因出售、毁损、报废等原因转入清理但尚未清理完毕的固定资产的账面价值,以及固定资产清理过程中所发生的清理费用和变价收入等各项金额的差额。本项目应根据"固定资产清理"账户的期末借方余额填列;如"固定资产清理"账户期末为贷方余额,以"—"号填列。

⑳ "无形资产"项目。反映企业持有的各项无形资产的净值。本项目应根据"无形资产"账户期末余额,减去"累计摊销"和"无形资产减值准备"账户的期末余额填列。

㉑ "开发支出"项目。反映企业开发无形资产过程中发生的、尚未形成无形资产成本的支出。本项目根据"开发支出"账户的期末余额填列。

㉒ "长期待摊费用"项目。反映小企业尚未摊销的摊销期限在一年以上(不含一年)的各项费用。本项目应根据"长期待摊费用"账户的期末余额减去将于一年内(含一年)摊销的数额后的金额填列。

㉓ "商誉"项目。反映企业商誉的价值。本项目根据"商誉"账户期末余额填列。

㉔ "递延所得税资产"项目。反映企业应可抵扣暂时性差异形成的递延所得税资产。本项目根据"递延所得税资产"账户期末余额填列。

㉕ "其他长期资产"项目。反映企业除以上资产以外的其他长期资产。本项目应根据有关账户的期末余额填列。

㉖ "短期借款"项目。反映企业借入尚未归还的一年期以下(含一年)的借款。本项目应根据"短期借款"账户的期末余额填列。

㉗ "交易性金融负债"项目。反映企业发行短期债券等所形成的交易性金融负债公允价值。本项目根据"交易性金融负债"账户期末余额填列。

㉘ "应付票据"项目。反映企业为了抵付货款等而开出并承兑的、尚未到期付款的应付

票据,包括银行承兑汇票和商业承兑汇票。本项目应根据"应付票据"账户的期末余额填列。

㉙ "应付账款"项目。反映企业购买原材料、商品和接受劳务供应等而应付给供应单位的款项。本项目应根据"应付账款"和"预付账款"账户所属各明细账户的期末贷方余额合计填列。

㉚ "预收账款"项目。反映企业按合同规定预收的款项。本项目根据"预收账款"和"应收账款"账户所属各明细账户的期末贷方余额合计填列。

㉛ "应付职工薪酬"项目。反映企业应付未付的工资和社会保险费等职工薪酬。本项目应根据"应付职工薪酬"账户的期末贷方余额填列,如"应付职工薪酬"账户期末为借方余额,以"一"号填列。

㉜ "应交税费"项目。反映企业期末未交、多交或未抵扣的各种税金。本项目应根据"应交税费"账户的期末贷方余额填列;如"应交税费"账户期末为借方余额,以"一"号填列。

㉝ "应付利息"项目。反映企业应付未付的各种利息。本项目根据"应付利息"账户期末余额填列。

㉞ "应付股利"项目。反映企业尚未支付的现金股利或利润。本项目应根据"应付股利"账户的期末余额填列。

㉟ "其他应付款"项目。反映企业所有应付和暂收其他单位和个人的款项。本项目应根据"其他应付款"账户的期末余额填列。

㊱ "一年内到期的非流动负债"项目。反映企业各种非流动负债在一年之内到期的金额,包括一年内到期的长期借款、长期应付款和应付债券。本项目应根据上述账户分析计算后填列。

㊲ "其他流动负债"项目。反映企业除以上流动负债以外的其他流动负债。本项目应根据有关账户的期末余额填列。

㊳ "长期借款"项目。反映企业借入尚未归还的一年期以上(不含一年)的各期借款。本项目应根据"长期借款"账户的期末余额减去一年内到期部分的金额填列。

㊴ "应付债券"项目。反映企业尚未偿还的长期债券摊余价值。本项目根据"应付债券"账户期末余额减去一年内到期部分的金额填列。

㊵ "长期应付款"项目。反映企业除长期借款、应付债券以外的各种长期应付款。本项目应根据"长期应付款"账户的期末余额,减去"未确认融资费用"账户期末余额和一年内到期部分的长期应付款后填列。

㊶ "预计负债"项目。反映企业计提的各种预计负债。本项目根据"预计负债"账户期末余额填列。

㊷ "递延所得税负债"项目。反映企业根据应纳税暂时性差异确认的递延所得税负债。本项目根据"递延所得税负债"账户期末余额填列。

㊸ "其他长期负债"项目。反映企业除以上长期负债项目以外的其他长期负债。本项目应根据有关账户的期末余额填列。

㊹ "股本"项目。反映企业各投资者实际投入的资本总额。本项目应根据"股本(实收资本)"账户的期末余额填列。

㊺ "资本公积"项目。反映企业资本公积的期末余额。本项目应根据"资本公积"账

户的期末余额填列,其中"库存股"按"库存股"账户余额填列。

㊻"盈余公积"项目。反映企业盈余公积的期末余额。本项目应根据"盈余公积"账户的期末余额填列。

㊼"未分配利润"项目。反映企业尚未分配的利润。本项目应根据"本年利润"账户和"利润分配"账户的期末余额计算填列,如为未弥补的亏损,在本项目内以"一"号填列。

3. 利润表概述

利润表是反映企业在一定期间(月度、季度、半年度、年度)的收入、费用状况及其经营成果的财务报表。它是反映企业动态经营成果的一张主要报表。

1) 结构

利润表一般由表头和表体两部分组成。表头列示报表的名称、编制单位、编制时间、报表编号和货币计量单位等;表体是报表的核心部分,列示收入、费用和利润的各个项目,并体现"收入一费用=利润"的利润形成过程。

2) 格式

利润表的格式主要有单步式和多步式两种,我国企业利润表采用多步式(见下表)。

利润表(多步式)

编制单位:　　　　　　　　　　　年　月　　　　　　　　　　　会企02表
　　　　　　　　　　　　　　　　　　　　　　　　　　　　　　单位:元

项　目	行　次	本期金额	上期金额
一、营业收入	1		
减:营业成本	2		
营业税金及附加	3		
销售费用	4		
管理费用	5		
财务费用	6		
资产减值损失	7		
加:公允价值变动收益(损失以"一"号填列)	8		
投资收益(损失以"一"号填列)	9		
其中:对联营企业和合营企业的投资收益	10		
二、营业利润(亏损以"一"号填列)	11		
加:营业外收入	12		
减:营业外支出	13		
其中:非流动资产处置损失	14		
三、利润总额(亏损总额以"一"号填列)	15		
减:所得税费用	16		
四、净利润(净亏损以"一"号填列)	17		

4. 利润表的编制及编制说明

1) 利润表的编制

(1) 表首分别填列单位名称、日期和货币单位。

(2) 上期金额应根据上期利润表的"本期金额"栏数字填列。

(3) 本期金额依据有关损益类账户的本期发生额填列。

(4) "营业收入"项目。根据"主营业务收入"和"其他业务收入"账户的本期发生额分析填列。

(5) "营业成本"项目。根据"主营业务成本"和"其他业务成本"账户的本期发生额分析填列。

(6) 其他项目根据"……"账户的本期发生额分析填列。

(7) 有关利润项目要计算填列。

2) 利润表的编制说明

(1) "营业收入"项目,反映企业经营主要业务和其他业务所确认的收入总额。本项目应根据"主营业务收入"和"其他业务收入"科目的发生额分析填列。企业一般应当以"主营业务收入"和"其他业务收入"总账科目的贷方发生额之和,作为利润表中"营业收入"的项目金额。当年发生销售退回的,以应冲减销售退回主营业务收入后的金额,填列"营业收入"项目。

(2) "营业成本"项目,反映企业经营主要业务和其他业务所发生的成本总额。本项目应根据"主营业务成本"和"其他业务成本"科目的发生额分析填列。企业一般应当以"主营业务成本"和"其他业务成本"总账科目的借方发生额之和,作为利润表中"营业成本"的项目金额。当年发生销售退回的,应加上销售退回商品成本后的金额,填列"营业成本"项目。

(3) "税金及附加"项目,反映企业经营业务应负担的消费税、城市维护建设税、资源税、教育费附加及房产税、土地使用税、车船使用税、印花税等相关税费等。

本项目应根据"税金及附加"科目的发生额分析填列。

(4) "销售费用"项目,反映企业在销售商品过程中发生的包装费、广告费等费用和为销售本企业商品而专设的销售机构的职工薪酬、业务费等经营费用。本项目应根据"销售费用"科目的发生额分析填列。

(5) "管理费用"项目,反映企业为组织和管理生产经营发生的管理费用。本项目应根据"管理费用"的发生额分析填列。

(6) "财务费用"项目,反映企业筹集生产经营所需资金等而发生的筹资费用。

本项目应根据"财务费用"科目的发生额分析填列。

(7) "资产减值损失"项目,反映企业各项资产发生的减值损失。本项目应根据"资产减值损失"科目的发生额分析填列。企业应当以"资产减值损失"总账科目借方发生额减去贷方发生额后的余额,作为利润表中"资产减值损失"的项目金额。

(8) "公允价值变动收益"项目,反映企业应当计入当期损益的资产或负债公允价值变动收益。本项目应根据"公允价值变动损益"科目的发生额分析填列,企业应当以"公允价值变动收益"总账科目贷方发生额减去借方发生额后的余额,作为利润表中"公允价值变动收益"的项目金额。相减后如为负数,表示(借方)净损失,本项目以"－"号填列。

(9)"投资收益"项目,反映企业以各种方式对外投资所取得的收益。本项目应根据"投资收益"科目的发生额分析填列。如为(借方)投资损失,本项目以"－"号填列。

(10)"营业利润"项目,反映企业实现的营业利润。如为亏损,本项目以"－"号填列。

(11)"营业外收入"项目,反映企业发生的与经营业务无直接关系的各项收入。本项目应根据"营业外收入"科目的发生额分析填列。

(12)"营业外支出"项目,反映企业发生的与经营业务无直接关系的各项支出。本项目应根据"营业外支出"科目的发生额分析填列。

(13)"利润总额"项目,反映企业实现的利润。如为亏损,本项目以"－"号填列。

(14)"所得税费用"项目,反映企业应从当期利润总额中扣除的所得税费用。本项目应根据"所得税费用"科目的发生额分析填列。

(15)"净利润"项目,反映企业实现的净利润。如为亏损,本项目以"－"号填列。

三、财务报表分析基本思路

1. 财务报表分析的一般程序
(1)明确分析目的,确定分析方案。
(2)搜集、整理和核实分析资料。
(3)确定分析评价基准。
(4)选择适当的分析方法,进行分析工作。
(5)撰写财务报表分析报告,提出相关意见建议。

2. 财务报表分析的要点
(1)注重纵向比较。对企业自身至少3年以上的财务指标进行纵向比较,通过趋势分析判断企业各项能力和管理水平,找出问题和可改进之处。
(2)注重横向比较。将企业数据与同行业企业比对,尤其注重对同行业标杆企业的比较分析,找出差距,发现问题。
(3)注重财务指标和非财务指标的结合。

3. 财务报表分析的30个基本指标
1) 盈利分析
(1) 盈利能力分析。
① 销售净利率＝(净利润÷销售收入)×100%,该比率越大,企业的盈利能力越强。
② 资产净利率＝(净利润÷总资产)×100%,该比率越大,企业的盈利能力越强。
③ 权益净利率＝(净利润÷股东权益)×100%,该比率越大,企业的盈利能力越强。
④ 总资产报酬率＝(利润总额＋利息支出)÷平均资产总额×100%,该比率越大,企业的盈利能力越强。
⑤ 营业利润率＝(营业利润÷营业收入)×100%,该比率越大,企业的盈利能力越强。

⑥ 成本费用利润率=(利润总额÷成本费用总额)×100%,该比率越大,企业的经营效益越高。

(2) 盈利质量分析。

① 全部资产现金回收率=(经营活动现金净流量÷平均资产总额)×100%。

② 盈利现金比率=(经营现金净流量÷净利润)×100%,该比率越大,企业盈利质量越强,其值一般应大于1。

③ 销售收现比率=(销售商品或提供劳务收到的现金÷主营业务收入净额)×100%,数值越大,表明销售收现能力越强,销售质量越高。

2) 偿债能力分析

(1) 净运营资本=流动资产－流动负债=长期资本－长期资产,对比企业连续多期的值,进行比较分析。

(2) 流动比率=流动资产÷流动负债。

(3) 速动比率=速动资产÷流动负债。

(4) 现金比率=(货币资金+交易性金融资产)÷流动负债。

(5) 现金流量比率=经营活动现金流量÷流动负债。

(6) 资产负债率=(总负债÷总资产)×100%,该比值越低,企业偿债越有保证,贷款越安全。

(7) 产权比率和权益乘数。产权比率=总负债÷股东权益;权益乘数=总资产÷股东权益。产权比率越低,企业偿债越有保证,贷款越安全。

(8) 利息保障倍数=息税前利润÷利息费用=(净利润+利息费用+所得税费用)÷利息费用。利息保障倍数越大,利息支付越有保障。

(9) 现金流量利息保障倍数=经营活动现金流量÷利息费用。现金流量利息保障倍数越大,利息支付越有保障。

(10) 经营现金流量债务比=(经营活动现金流量÷债务总额)×100%。比率越高,偿还债务总额的能力越强。

3) 营运能力分析

(1) 应收账款周转率。应收账款周转次数=销售收入÷应收账款。应收账款周转天数=365÷(销售收入÷应收账款)。应收账款与收入比=应收账款÷销售收入。

(2) 存货周转率。存货周转次数=销售收入÷存货。存货周转天数=365÷(销售收入÷存货)。

(3) 流动资产周转率。流动资产周转次数=销售收入÷流动资产。流动资产周转天数=365÷(销售收入÷流动资产)。

(4) 净营运资本周转率。净营运资本周转次数=销售收入÷净营运资本。净营运资本周转天数=365÷(销售收入÷净营运资本)。

(5) 非流动资产周转率。非流动资产周转次数=销售收入÷非流动资产。非流动资产周转天数=365÷(销售收入÷非流动资产)。

(6) 总资产周转率。总资产周转次数=销售收入÷总资产。总资产周转天数=365÷(销售收入÷总资产)。

4）发展能力分析

（1）股东权益增长率＝(本期股东权益增加额÷股东权益期初余额)×100％,对比企业连续多期的值,分析发展趋势。

（2）资产增长率＝(本期资产增加额÷资产期初余额)×100％,对比企业连续多期的值,分析发展趋势。

（3）销售增长率＝(本期营业收入增加额÷上期营业收入)×100％,对比企业连续多期的值,分析发展趋势。

（4）净利润增长率＝(本期净利润增加额÷上期净利润)×100％,对比企业连续多期的值,分析发展趋势。

（5）营业利润增长率＝(本期营业利润增加额÷上期营业利润)×100％,对比企业连续多期的值,分析发展趋势。

任务五　装订凭证

全体成员共同装订手工凭证、账簿及其他资料。会计凭证装订要求如下：

（1）用"三针引线法"装订,装订凭证应使用棉线,在左上角部位打上三个针眼,实行三眼一线打结,结扣应是活扣,并放在凭证封皮的里面,装订时尽可能缩小所占部位,使记账凭证及其附件保持尽可能大的显露面,以便于事后查阅。

（2）凭证外面要加封面,封面纸,用好的牛皮纸印制,封面规格略大于所附记账凭证。

（3）装订凭证厚度一般 1.5 cm,方可保证装订牢固,美观大方,会计凭证的装订一般每月装订一次,装订好的凭证按年分月妥善保管归档。

模块三 VBSE财会实训知识业务拓展

项目一
备用金的出借与直接报销的会计处理区别

预支备作差旅费、零星采购等用的备用金,一般按估计需用数额领取,支用后一次报销,多退少补。前账未清,不得继续预支。对于零星开支用的备用金,可实行定额备用金制度,即由指定的备用金负责人按照规定的数额领取,支用后按规定手续报销,补足原定额。实行定额备用金制度的单位,备用金领用部门支用备用金后,应根据各种费用凭证编制费用明细表,定期向财会部门报销,领回所支用的备用金。对于预支的备用金,拨付时可记入"备用金"(或"其他应收款")科目的借方;报销和收回余款时记入该科目的贷方。在实行定额备用金制度的单位,除拨付、增加或减少备用金定额时通过"备用金"科目核算外,日常支用报销补足定额时,都无须通过该科目而将支用数直接记入有关成本类科目、费用类科目。

出差前预借差旅费账务处理如下:

借:其他应收款——××(借款人)
    贷:库存现金/银行存款

出差归来,报销差旅费,账务处理如下:

借:管理费用——差旅费(实际核销金额)
    库存现金(退回多余现金)
    贷:其他应收款——××(原预借金额)
        库存现金(补付现金)

项目二

印章的使用办法

一、发票专用章的样式要求是什么？去哪里印刻？

根据《国家税务总局关于发票专用章式样有关问题的公告》（国家税务总局公告2011年第7号），发票专用章的形状为椭圆形，长轴为40 mm、短轴为30 mm、边宽1 mm，印色为红色。发票专用章中央刊纳税人识别号；外刊纳税人名称，自左而右环行，如名称字数过多，可使用规范化简称；下刊"发票专用章"字样。使用多枚发票专用章的纳税人，应在每枚发票专用章正下方刊顺序编码，如"(1)、(2)……"字样（见右图）。

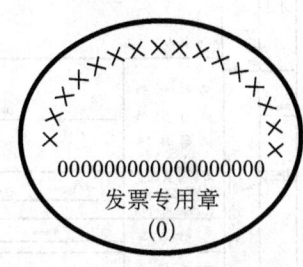

发票专用章所刊汉字，应当使用简化字，字体为仿宋体；"发票专用章"字样字高4.6 mm、字宽3 mm；纳税人名称字高4.2 mm、字宽根据名称字数确定；纳税人识别号数字为Arial体，数字字高为3.7 mm，字宽1.3 mm。发票专用章的刻制只要是公安机关备案的刻章点都可以刻制。

二、申领发票时发票专用章印模需要留存备查？

根据《中华人民共和国发票管理办法》第十五条规定，需要领购发票的单位和个人，应当持税务登记证件、经办人身份证明、按照国务院税务主管部门规定式样制作的发票专用章的印模，向主管税务机关办理发票领购手续。主管税务机关根据领购单位和个人的经营范围和规模，确认领购发票的种类、数量以及领购方式，在5个工作日内发给发票领购簿。

根据《中华人民共和国发票管理办法实施细则》（国家税务总局令第25号）第十四条规定，税务机关对领购发票单位和个人提供的发票专用章的印模应当留存备查。

三、发票的哪些联次需要加盖发票专用章？

根据《中华人民共和国发票管理办法实施细则》（国家税务总局令第25号）第二十八条规定，单位和个人在开具发票时，必须做到按照号码顺序填开，填写项目齐全，内容真实，字迹清楚，全部联次一次打印，内容完全一致，并在发票联和抵扣联加盖发票专用章。

特殊情况：机动车销售统一发票

根据《国家税务总局关于使用新版机动车销售统一发票有关问题的通知》（国税函〔2006〕479号）第一条规定，凡从事机动车零售业务的单位和个人，从2006年8月1日起，在销售机动车（不包括销售旧机动车）收取款项时，必须开具税务机关统一印制的新版《机动车销售统一发票》，并在发票联加盖发票专用章，抵扣联和报税联不得加盖印章。

根据《国家税务总局关于〈机动车销售统一发票〉注册登记联加盖开票单位印章问题的通知》（国税函〔2006〕813号）规定，《机动车销售统一发票》注册登记联一律加盖开票单位印章（见下图）。

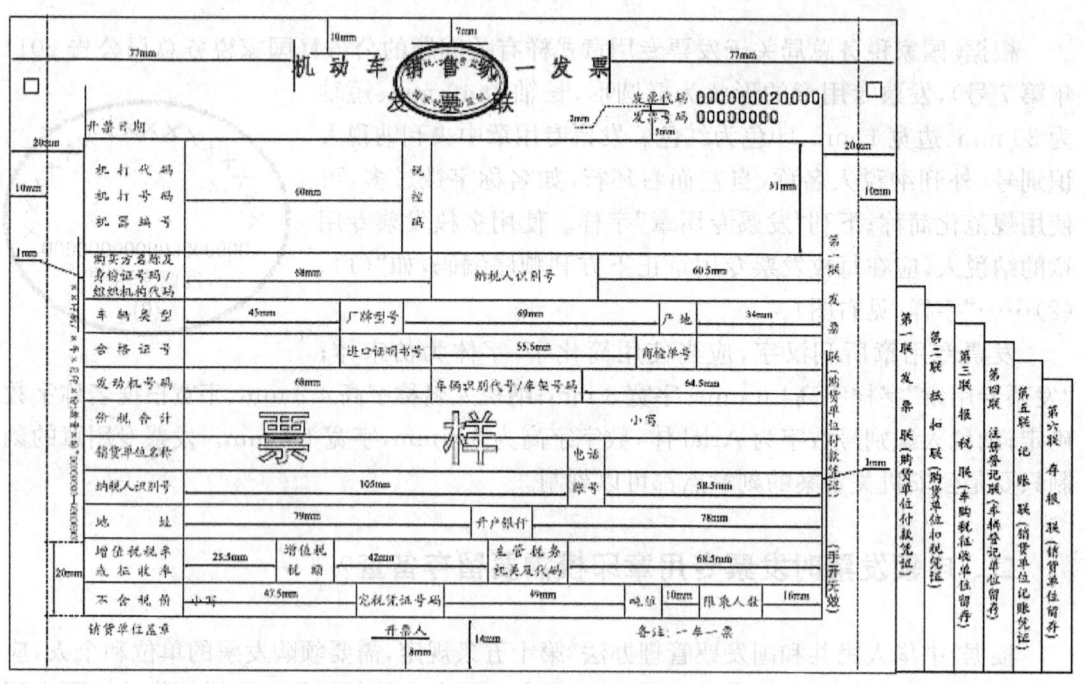

四、电子发票不需要加盖发票专用章？

根据《国家税务总局关于推行通过增值税电子发票系统开具的增值税电子普通发票有关问题的公告》（国家税务总局公告2015年第84号）的规定："三、增值税电子普通发票的开票方和受票方需要纸质发票的，可以自行打印增值税电子普通发票的版式文件，其法律效力、基本用途、基本使用规定等与税务机关监制的增值税普通发票相同"。

消费者从企业购买商品或服务后，收到的电子发票上有税控签名和企业电子签章（见下图），不需要另外再加盖发票专用章。

XX增值税电子普通发票

（发票样式表格）

五、企业取得的发票上的发票专用章加盖不清，又重新加盖了一个，票面存在两个发票专用章是否可以正常使用？

根据《中华人民共和国发票管理办法》（中华人民共和国国务院令第587号）第二十二条规定，开具发票应当按照规定的时限、顺序、栏目，全部联次一次性如实开具，并加盖发票专用章。《中华人民共和国发票管理办法实施细则》（国家税务总局令第25号）第二十八条规定，单位和个人开具发票时，必须做到按照号码顺序填开，填写项目齐全，内容真实，字迹清楚，全部联次一次打印，内容完全一致，并在发票联和抵扣联加盖发票专用章。综上，因发票专用章加盖不清重复加盖的发票，可正常使用。

六、专用发票的记账联也需要加盖发票章吗？

根据《国家税务总局关于修订〈增值税专用发票使用规定〉的通知》（国税发〔2006〕156号）第十一条规定，专用发票应按下列要求开具：（一）项目齐全，与实际交易相符；（二）字迹清楚，不得压线、错格；（三）发票联和抵扣联加盖财务专用章或者发票专用章；（四）按照增值税纳税义务的发生时间开具。对不符合上列要求的专用发票，购买方有权拒收。

因此，专用发票记账联不需要加盖财务专用章或者发票专用章。

七、公司名称变更，按照变更后的公司名称开发票，但用原来公司的发票章盖章，可以吗？

根据《中华人民共和国发票管理办法》（中华人民共和国国务院令第587号）第二十一

条规定,不符合规定的发票,不得作为财务报销凭证,任何单位和个人有权拒收;第二十二条规定,开具发票应当按照规定的时限、顺序、栏目,全部联次一次性如实开具,并加盖发票专用章;第三十五条第(一)款规定,应当开具而未开具发票,或者未按照规定的时限、顺序、栏目,全部联次一次性开具发票,或者未加盖发票专用章的,由税务机关责令改正,可以处1万元以下的罚款;有违法所得的予以没收。

根据《中华人民共和国发票管理办法实施细则》(国家税务总局令第25号)第二十八条规定,单位和个人在开具发票时,必须做到按照号码顺序填开,填写项目齐全,内容真实,字迹清楚,全部联次一次打印,内容完全一致,并在发票联和抵扣联加盖发票专用章。

根据《国家税务总局关于进一步加强普通发票管理工作的通知》(国税发〔2008〕80号)第四条第(一)款规定,收款方在收取款项时,应如实填开发票,不得以任何理由拒开发票,不得开具与实际内容不符的发票。

因此,如果公司名称变更,发票专用章也需要变更,否则发票无法正常使用。

项目三

增值税与个税调整相关应用

第一部分 增值税的相关应用

国家税务总局《关于增值税发票管理等有关事项的公告》国家税务总局公告 2019 年第 33 号将增值税发票管理等有关事项公告如下：

一、符合《财政部 税务总局关于明确生活性服务业增值税加计抵减政策的公告》（财政部 税务总局公告 2019 年第 87 号）规定的生活性服务业纳税人，应在年度首次确认适用 15% 加计抵减政策时，通过电子税务局（或前往办税服务厅）提交《适用 15% 加计抵减政策的声明》（见附件）。

二、增值税一般纳税人取得海关进口增值税专用缴款书（以下简称"海关缴款书"）后如需申报抵扣或出口退税，按以下方式处理：

（一）增值税一般纳税人取得仅注明一个缴款单位信息的海关缴款书，应当登录本省（区、市）增值税发票选择确认平台（以下简称"选择确认平台"）查询、选择用于申报抵扣或出口退税的海关缴款书信息。通过选择确认平台查询到的海关缴款书信息与实际情况不一致或未查询到对应信息的，应当上传海关缴款书信息，经系统稽核比对相符后，纳税人登录选择确认平台查询、选择用于申报抵扣或出口退税的海关缴款书信息。

（二）增值税一般纳税人取得注明两个缴款单位信息的海关缴款书，应当上传海关缴款书信息，经系统稽核比对相符后，纳税人登录选择确认平台查询、选择用于申报抵扣或出口退税的海关缴款书信息。

三、稽核比对结果为不符、缺联、重号、滞留的异常海关缴款书按以下方式处理：

（一）对于稽核比对结果为不符、缺联的海关缴款书，纳税人应当持海关缴款书原件向主管税务机关申请数据修改或核对。属于纳税人数据采集错误的，数据修改后再次进行稽核比对；不属于数据采集错误的，纳税人可向主管税务机关申请数据核对，主管税务机关会同海关进行核查。经核查，海关缴款书票面信息与纳税人实际进口货物业务一致的，纳税人登录选择确认平台查询、选择用于申报抵扣或出口退税的海关缴款书信息。

（二）对于稽核比对结果为重号的海关缴款书，纳税人可向主管税务机关申请核查。经核查，海关缴款书票面信息与纳税人实际进口货物业务一致的，纳税人登录选择确认平台查询、选择用于申报抵扣或出口退税的海关缴款书信息。

（三）对于稽核比对结果为滞留的海关缴款书，可继续参与稽核比对，纳税人不需申请数据核对。

四、增值税一般纳税人取得的 2017 年 7 月 1 日及以后开具的海关缴款书，应当自开具之日起360日内通过选择确认平台进行选择确认或申请稽核比对。

五、增值税小规模纳税人（其他个人除外）发生增值税应税行为，需要开具增值税专用发票的，可以自愿使用增值税发票管理系统自行开具。选择自行开具增值税专用发票的小规模纳税人，税务机关不再为其代开增值税专用发票。

增值税小规模纳税人应当就开具增值税专用发票的销售额计算增值税应纳税额，并在规定的纳税申报期内向主管税务机关申报缴纳。在填写增值税纳税申报表时，应当将当期开具增值税专用发票的销售额，按照3%和5%的征收率，分别填写在《增值税纳税申报表》（小规模纳税人适用）第2栏和第5栏"税务机关代开的增值税专用发票不含税销售额"的"本期数"相应栏次中。

六、本公告第一条自2019年10月1日起施行，本公告第二条至第五条自2020年2月1日起施行。《国家税务总局 海关总署关于实行海关进口增值税专用缴款书"先比对后抵扣"管理办法有关问题的公告》（国家税务总局 海关总署公告2013年第31号）第二条和第六条、《国家税务总局关于扩大小规模纳税人自行开具增值税专用发票试点范围等事项的公告》（国家税务总局公告2019年第8号）第一条自2020年2月1日起废止。

第二部分　关于《国家税务总局关于增值税发票管理等有关事项的公告》的解读

一、《公告》出台的背景为进一步优化营商环境，落实有关税收政策，规范税收秩序，保护纳税人合法权益，发布本公告。

二、按照《公告》规定，适用15%加计抵减政策纳税人应提交的填报资料是什么？近期，我局会同财政部发布了《关于明确生活性服务业增值税加计抵减政策的公告》（财政部·税务总局公告2019年第87号，以下简称87号公告）自2019年10月1日起，符合条件的生活性服务业纳税人可以适用15%加计抵减政策。按照纳税人自主判断、自主申报、自主享受的原则，本公告明确，符合87号公告规定的生活性服务业纳税人，应在本年首次适用15%加计抵减政策时，向税务机关提交《适用15%加计抵减政策的声明》。其他仍适用10%加计抵减政策的纳税人，继续按照现行规定适用政策。需要说明的是，按照87号公告规定，纳税人以后年度是否继续适用15%加计抵减政策，需要根据上年度销售额计算确定。已经提交《适用15%加计抵减政策的声明》并享受15%加计抵减政策的纳税人，在2020年、2021年，是否继续适用，应分别根据其2019年、2020年销售额确定。如果符合规定，需再次在当年首次适用政策时，提交《适用15%加计抵减政策的声明》。

三、通过选择确认平台查询到的海关缴款书信息与实际情况不一致或未查询到对应信息的，税务机关提供了哪些方式让纳税人上传海关缴款书信息？纳税人通过选择确认平台查询到的海关缴款书信息与实际情况不一致或未查询到对应信息的，可通过选择确认平台上传海关缴款书信息，也可通过向主管税务机关报送海关缴款书电子数据的方式申请稽核比对。

四、对于稽核比对异常的海关缴款书，是否还有申请数据修改或者核对的时间限制？本公告取消了《国家税务总局·海关总署关于实行海关进口增值税专用缴款书"先比对后抵扣"管理办法有关问题的公告》（国家税务总局·海关总署公告2013年第31号）中关于

"对于稽核比对结果为不符、缺联的海关缴款书,纳税人应于产生稽核结果的180日内,持海关缴款书原件向主管税务机关申请数据修改或者核对,逾期的其进项税额不予抵扣"的规定。本公告实施前,因申请数据修改或者核对超过180日限制导致不能抵扣的纳税人,可以向主管税务机关重新申请数据修改或核对,并按照规定流程进行后续处理。

五、小规模纳税人自行开具增值税专用发票有什么注意事项?(一)所有小规模纳税人(其他个人除外)均可以选择使用增值税发票管理系统自行开具增值税专用发票。(二)自愿选择自行开具增值税专用发票的小规模纳税人,税务机关不再为其代开。需要特别说明的是,货物运输业小规模纳税人可以根据自愿原则选择自行开具增值税专用发票;未选择自行开具增值税专用发票的纳税人,按照《国家税务总局关于发布〈货物运输业小规模纳税人申请代开增值税专用发票管理办法〉的公告》(国家税务总局公告2017年第55号,国家税务总局公告2018年第31号修改并发布)相关规定,向税务机关申请代开。(三)自愿选择自行开具增值税专用发票的小规模纳税人销售其取得的不动产,需要开具增值税专用发票的,税务机关不再为其代开。

第三部分 2019年增值税优惠政策的原文解读和增值税优惠政策汇总

2019上半年增值税优惠政策汇总 2019年国家实施更大规模减税降费,推出一系列增值税优惠政策,包括小微企业普惠性税收优惠,税率下调、加计抵减、国内旅客运输服务纳入抵扣范围、不动产一次性抵扣等深化增值税改革相关政策,以及重点领域、重点群体等优惠政策。

以下是对2019年增值税优惠政策的原文解读。

一、小微企业普惠性税收优惠政策

为进一步支持小微企业发展,实施普惠性税收减免政策,《财政部税务总局关于实施小微企业普惠性税收减免政策的通知》(财税〔2019〕13号)规定,自2019年1月1日至2021年12月31日,对月销售额10万元以下(含本数,下同)的增值税小规模纳税人,免征增值税。《国家税务总局关于小规模纳税人免征增值税政策有关征管问题的公告》(国家税务总局公告2019年第4号,以下简称4号公告)明确了此项优惠的具体征管措施,主要涉及销售额确定、纳税期限选择、发票开具管理及特定事项安排等。

1. 销售额确定

适用普惠性增值税优惠的销售额为月销售额未超过10万元(以1个季度为1个纳税期的,季度销售额未超过30万元,下同)。需要注意三类特殊情形,一是剔除不动产销售的影响。小规模纳税人发生增值税应税销售行为,合计月销售额超过10万元,但扣除本期发生的销售不动产的销售额后未超过10万元的,其销售货物、劳务、服务、无形资产取得的销售额免征增值税。二是以差额后的销售额确定。适用增值税差额征税政策的小规模纳税人,以差额后的销售额确定是否可以享受本公告规定的免征增值税政策。纳税人填报《增值税纳税申报表(小规模纳税人适用)》时,以差额后的销售额填入"免税销售额"相关栏次。三是其他个人出租不动产分期确认收入。《中华人民共和国增值税暂行条例实施细则》第九条所称的其他个人,采取一次性收取租金形式出租不动产取得的租金收入,可在对应的租赁期内平均分摊,分摊后的月租金收入未超过10万元的,免征增值税。此项政策延续了《国家税务总局关于营改增试点若干征管问题的公告》(国家税务总局公告2016年第53号)的规定,4号公告将免税标准从月租金收入不超过3万元进一步上调至10万元。

需要注意的是,该项普惠性税收优惠同样适用于预缴情形。小规模纳税人中的单位和个体工商户销售不动产,按现行政策规定应预缴增值税的,凡在预缴地实现的月销售额未超过10万元的,当期无须预缴税款。4号公告下发前已预缴税款的,可以向预缴地主管税务机关申请退还。其他个人销售不动产,继续按照现行规定征免增值税。例如,其他个人将购买2年以上(含2年)的普通住房对外销售等符合免税条件的,仍可继续享受免税;如不符合免税条件,则应按现行政策规定纳税。

2. 纳税期限选择

为确保小规模纳税人充分享受政策,公告明确按固定期限纳税的小规模纳税人可根据其实际经营情况选择以1个月或1个季度为纳税期限。一经选择,一个会计年度内不得变更。

3. 发票开具管理

按现行政策规定,纳税人自行开具或申请代开增值税专用发票,应就其所开具发票对应的应税行为缴纳增值税。小规模纳税人月销售额未超过10万元,当期因代开普通发票已经缴纳的税款,可在办理纳税申报时向主管税务机关申请退还;当期因开具增值税专用发票已经缴纳的税款,申请退税的前提条件是追回所开具的增值税专用发票全部联次或者按规定开具红字专用发票。小规模纳税人月销售额超过10万元的,使用增值税发票管理系统开具增值税普通发票、机动车销售统一发票、增值税电子普通发票。已经使用增值税发票管理系统的小规模纳税人,月销售额未超过10万元的,可以继续使用现有税控设备开具发票;已经自行开具增值税专用发票的,可以继续自行开具增值税专用发票,并就开具增值税专用发票的销售额计算缴纳增值税。

4. 特定事项安排

《国家税务总局关于统一小规模纳税人标准等若干增值税问题的公告》(国家税务总局公告2018年第18号)规定,转登记纳税人按规定再次登记为一般纳税人后,不得再转登记为小规模纳税人。4号公告对转登记日前连续12个月(以1个月为1个纳税期)或者连续4个季度(以1个季度为1个纳税期)累计销售额未超过500万元的一般纳税人,允许在2019年12月31日前,再次选择转登记为小规模纳税人。即曾在2018年选择转登记的纳税人,在2019年仍可选择转登记。但2019年选择转登记的,再次登记为一般纳税人后,就不得再转登记为小规模纳税人了。

二、深化增值税改革相关政策

《财政部税务总局海关总署关于深化增值税改革有关政策的公告》(财政部税务总局

海关总署公告2019年第39号,以下简称39号公告)下调了增值税税率,同步出台了加计抵减、旅客运输服务纳入可抵扣范围、不动产一次性抵扣、农产品加计扣除等配套措施,并试行增值税期末留抵税额退税制度。

1. 税率下调

39号公告进一步调整增值税税率,自2019年4月1日起,增值税一般纳税人发生增值税应税销售行为或者进口货物,原适用16%税率的,税率调整为13%;原适用10%税率的,税率调整为9%。《国家税务总局关于深化增值税改革有关事项的公告》(国家税务总局公告2019年第14号,以下简称14号公告)就降低税率政策实施后,纳税人开具红字发票的税率选择问题予以明确。增值税一般纳税人在增值税税率调整前已按原16%、10%适用税率开具的增值税发票,发生销售折让、中止或者退回等情形需要开具红字发票的,按照原适用税率开具红字发票;开票有误需要重新开具的,先按照原适用税率开具红字发票后,再重新开具正确的蓝字发票。纳税人在增值税税率调整前未开具增值税发票的增值税应税销售行为,需要补开增值税发票的,应当按照原适用税率补开。增值税发票税控开票软件税率栏次默认显示调整后税率,纳税人发生上述所列情形的,可以手工选择原适用税率开具增值税发票。

2. 加计抵减

增值税加计抵减政策是推进增值税实质性减税的重要举措之一,适用于"四项服务"行业中选择一般计税方法计税的增值税一般纳税人,政策执行期限自2019年4月1日至2021年12月31日。"四项服务"是指邮政服务、电信服务、现代服务、生活服务等生产、生活性服务业。对于存在除上述四项服务之外的兼营情形,纳税人提供四项服务所取得的销售额占全部销售额的比重必须超过50%,即纳税人的生产经营以提供上述四项服务为主,方可享受增值税加计抵减政策。加计抵减政策按年适用,但对2019年4月1日(含)后设立的纳税人,自设立之日起3个月或取得首笔经营收入起3个月内,其四项服务的销售额占比超过50%的,自登记为一般纳税人之日起适用增值税加计抵减政策。

加计抵减的计算公式主要有两个,分别为:当期计提加计抵减额=当期可抵扣进项税额×10%;当期可抵减加计抵减额=上期末加计抵减额余额+当期计提加计抵减额-当期调减加计抵减额。抵减计算分为两步,第一步计算抵减前的应纳税额;第二步分情形抵减一般计税方法计算的应纳税额。

适用加计抵减政策需重点把握四个方面:一是加计抵减额不同于进项税额,加计抵减额直接抵减应纳税额,而进项税额用于抵扣销项税额。为确保留抵税额的真实准确,需维持进项税额的正常核算,避免加计抵减对出口退税和留抵退税的影响。二是发生进项税额转出时,其相应的加计抵减额应同步调减。三是加计抵减政策仅适用于境内环节,出口、跨境业务对应的进项税额均不得加计抵减。还需注意的是,加计抵减的境内进项税额并不限于四项服务所取得的进项税,而是涵盖纳税人取得的,按增值税现行规定允许从销项税额中抵扣的全部进项税额。四是要准确核算加计抵减额的计提、抵减、调减、结余等变动情况,申报时按规定填报加计抵减台账,控制当期可计提的加计抵减额。

14号公告规定,适用加计抵减政策的生产、生活性服务业纳税人,应在年度首次确认适用加计抵减政策时,通过电子税务局(或前往办税服务厅)提交《适用加计抵减政策的声明》。适用加计抵减政策的纳税人,同时兼营邮政服务、电信服务、现代服务、生活服务的,应按照四项服务中收入占比最高的业务在《适用加计抵减政策的声明》中勾选确定所属行业。

3. 旅客运输服务纳入可抵扣范围

纳税人购进国内旅客运输服务,其进项税额允许从销项税额中抵扣。纳税人取得不同的运输服务票据,其进项税额的计算方法有所不同,具体如下:纳税人取得增值税专用发票或电子普通发票的,为发票上注明的税额;取得航空运输电子客票行程单的,为"(票价+燃油附加费)÷(1+9%)×9%";取得铁路车票的,为"票面金额÷(1+9%)×9%";取得公路、水路等其他客票的,考虑此类运输单位多选择简易征税方式,且客票票面无法判断运输单位使用何种计税方法,暂按3%征收率换算不含税价款,其进项税额为"票面金额÷(1+3%)×3%"。

旅客运输服务的进项抵扣需关注以下六个方面:一是该政策仅适用于国内旅客运输服务。二是除增值税专用发票或电子普通发票外,其他旅客运输服务扣税凭证,必须注明旅客身份信息,方可计税抵扣,手写无效。三是因民航发展基金属于政府性基金,不计入航空企业的营业收入,故航空运输服务可抵扣进项税额的计算基数不包括民航发展基金。四是旅客运输服务进项抵扣需符合进项税额抵扣的基本规定,如用于免税、简易计税等项目的旅客运输服务,其进项税额不得抵扣。五是旅客运输服务必须是与本单位建立合法用工关系人员发生的。六是票据必须是2019年4月1日之后取得的。

4. 不动产一次性抵扣

自2019年4月1日起,纳税人取得不动产或者不动产在建工程的进项税额不再分2年抵扣。此前按照上述规定尚未抵扣完毕的待抵扣进项税额,可自2019年4月税款所属期起从销项税额中抵扣。这里需要把握两点,一是2019年4月1日(含)以后购入的不动产进项税额应一次性申报抵扣;二是2019年4月1日(不含)以前购入的不动产,其尚未抵扣的进项税额,可以自2019年4月税款所属期起的任一月份申报抵扣,但必须将尚未抵扣的进项税额一次性在该月申报抵扣,不得为调节税款而分次申报抵扣。

14号公告明确,已抵扣进项税额的不动产,发生非正常损失,或者改变用途,专用于简易计税方法计税项目、免征增值税项目、集体福利或者个人消费的,按照下列公式计算不得抵扣的进项税额,并从当期进项税额中扣减:不得抵扣的进项税额=已抵扣进项税额×不动产净值率,其中不动产净值率=(不动产净值÷不动产原值)×100%。按照规定不得抵扣进项税额的不动产,发生用途改变,用于允许抵扣进项税额项目的,在改变用途的次月计算可抵扣进项税额,可抵扣进项税额=增值税扣税凭证注明或计算的进项税额×不动产净值率。

5. 农产品加计扣除

2019年4月1日起,农产品适用税率调整为9%。纳税人购进农产品,原适用10%扣除率的,扣除率同步调整为9%。考虑到农产品深加工行业的特殊性,39号公告规定,纳税人购进用于生产或委托加工13%税率货物的农产品,按照10%的扣除率计算进项税额,即对农产品深加工给予1%的加计扣除。

农产品加计扣除是基于其进项税额计算而得。农产品进项税额依据扣除凭证不同,其进项税额的确定也有所不同,主要包括以下三种类型:一是取得一般纳税人开具的增值税专用发票或海关进口增值税专用缴款书的,以增值税专用发票或海关进口增值税专用缴款书上注明的增值税额为进项税额。二是取得(开具)农产品销售发票或收购发票的,以农产品销售发票或收购发票上注明的农产品买价和9%的扣除率计算进项税额。需要注意的是,不论收购或销售发票,必须是农业生产者销售自产农产品适用免税政策开具的普通发票。取得批发零售环节纳税人销售免税农产品开具的免税发票,不得计算抵扣进项税额。三是从按简易计税方法依3%征收率缴纳增值税的小规模纳税人处取得增值税专用发票的,以增值税专用发票上注明的金额和9%的扣除率计算进项税额。这里强调取得的必须是专用发票,如果取得的是小规模纳税人开具的增值税普通发票,不得计算抵扣进项税额。

6. 试行期末留抵退税制度

自2019年4月1日起,符合39号公告规定条件的纳税人,可向主管税务机关申请退还增量留抵税额。允许退还的增量留抵税额=增量留抵税额×进项构成比例×60%。这里的增量留抵税额,是指与2019年3月底相比新增加的期末留抵税额;进项构成比例,是指2019年4月至申请退税前一税款所属期内已抵扣的增值税专用发票(含税控机动车销售统一发票)、海关进口增值税专用缴款书、解缴税款完税凭证注明的增值税额占同期全部已抵扣进项税额的比重。

《国家税务总局关于办理增值税期末留抵税额退税有关事项的公告》(国家税务总局公告2019年第20号)对期末留抵退税制度予以具体明确。纳税人申请办理留抵退税,应于符合留抵退税条件的次月起,在增值税纳税申报期内,完成本期增值税纳税申报后,通过电子税务局或办税服务厅提交《退(抵)税申请表》。纳税人出口货物劳务、发生跨境应税行为,适用免抵退税办法的,可以在同一申报期内,既申报免抵退税又申请办理留抵退税。申请办理留抵退税的纳税人,出口货物劳务、跨境应税行为适用免抵退税办法的,应当按期申报免抵退税。当期可申报免抵退税的出口销售额为零的,应办理免抵退税零申报。

此外,为保证增值税期末留抵退税政策有效落实,《财政部税务总局关于增值税期末留抵退税有关城市维护建设税教育费附加和地方教育附加政策的通知》(财税〔2018〕80号)规定,自2018年7月27日起,对实行增值税期末留抵退税的纳税人,允许其从城市维护建设税、教育费附加和地方教育附加的计税(征)依据中扣除退还的增值税税额。

7. 出口退税率的调整

39号公告还同步下调了出口退税率,原适用16%税率且出口退税率为16%的出口货物劳务,出口退税率调整为13%;原适用10%税率且出口退税率为10%的出口货物、跨境应税行为,出口退税率调整为9%。39号公告对此给予过渡期安排,2019年6月30日前(含2019年4月1日前),纳税人出口前款所涉货物劳务、发生前款所涉跨境应税行为,适用增值税免退税办法的,购进时已按调整前税率征收增值税的,执行调整前的出口退税率,购进时已按调整后税率征收增值税的,执行调整后的出口退税率;适用增值税免抵退税办法的,执行调整前的出口退税率,在计算免抵退税时,适用税率低于出口退税率的,适用税率与出口退税率之差视为零,参与免抵退税计算。

此外,适用13%税率的境外旅客购物离境退税物品,退税率为11%;适用9%税率的境外旅客购物离境退税物品,退税率为8%。退税率的执行时间,以退税物品增值税普通发票的开具日期为准。2019年6月30日前,按调整前税率征收增值税的,执行调整前的退税率;按调整后税率征收增值税的,执行调整后的退税率。

三、重点领域、重点群体及其他优惠政策

2019年上半年出台的增值税优惠政策,除小微企业普惠性税收优惠、深化增值税改革相关政策外,还有针对重点领域、重点群体创业就业及其他优惠政策,具体如下。

1. 养老机构免征增值税等优惠

《财政部税务总局关于明确养老机构免征增值税等政策的通知》(财税〔2019〕20号)规定,自2019年2月1日至2020年12月31日,医疗机构接受其他医疗机构委托,按照不高于地(市)级以上价格主管部门会同同级卫生主管部门及其他相关部门制定的医疗服务指导价格(包括政府指导价和按照规定由供需双方协商确定的价格等),提供《全国医疗服务价格项目规范》所列的各项服务,免征增值税。

财税〔2019〕20号文件同时还规定,自2019年2月1日至2020年12月31日,对企业集团内单位(含企业集团)之间的资金无偿借贷行为,免征增值税。保险公司开办一年期以上返还性人身保险产品,在列入财政部和税务总局发布的免征营业税名单或办理免税备案手续后,此前已缴纳营业税中尚未抵减或退还的部分,可抵减以后月份应缴纳的增值税。

2. 扶持退役士兵自主就业优惠

《财政部税务总局退役军人部关于进一步扶持自主就业退役士兵创业就业有关税收政策的通知》(财税〔2019〕21号)的政策执行期限为2019年1月1日至2021年12月31日。纳税人在2021年12月31日享受本通知规定税收优惠政策未满3年的,可继续享受至3年期满为止。

就扶持自主就业退役士兵创业就业,政策分以下两类情形:

(1) 自主就业退役士兵从事个体经营的,自办理个体工商户登记当月起,在3年(36个月,下同)内按每户每年12 000元为限额依次扣减其当年实际应缴纳的增值税、城市维护建设税、教育费附加、地方教育附加和个人所得税。限额标准最高可上浮20%,各省、自治区、直辖市人民政府可根据本地区实际情况在此幅度内确定具体限额标准。纳税人年度应缴纳税款小于上述扣减限额的,减免税额以其实际缴纳的税款为限;大于上述扣减限额的,以上述扣减限额为限。纳税人的实际经营期不足1年的,应当按月换算其减免税限额。换算公式为:减免税限额=年度减免税限额÷12×实际经营月数。自主就业退役士兵在企业工作不满1年的,应当按月换算减免税限额。计算公式为:企业核算减免税总额=$\sum$每名自主就业退役士兵本年度在本单位工作月份÷12×具体定额标准。

(2) 企业招用自主就业退役士兵,与其签订1年以上期限劳动合同并依法缴纳社会保险费的,自签订劳动合同并缴纳社会保险当月起,在3年内按实际招用人数予以定额依

次扣减增值税、城市维护建设税、教育费附加、地方教育附加和企业所得税优惠。定额标准为每人每年6 000元,最高可上浮50%,各省、自治区、直辖市人民政府可根据本地区实际情况在此幅度内确定具体定额标准。企业按招用人数和签订的劳动合同时间核算企业减免税总额,在核算减免税总额内每月依次扣减增值税、城市维护建设税、教育费附加和地方教育附加。企业实际应缴纳的增值税、城市维护建设税、教育费附加和地方教育附加小于核算减免税总额的,以实际应缴纳的增值税、城市维护建设税、教育费附加和地方教育附加为限;实际应缴纳的增值税、城市维护建设税、教育费附加和地方教育附加大于核算减免税总额的,以核算减免税总额为限。

该政策的适用需把握以下两点,一是纳税年度终了,如果企业实际减免的增值税、城市维护建设税、教育费附加和地方教育附加小于核算减免税总额,企业在企业所得税汇算清缴时以差额部分扣减企业所得税。当年扣减不完的,不再结转以后年度扣减。二是企业招用自主就业退役士兵既可以适用本通知规定的税收优惠政策,又可以适用其他扶持就业专项税收优惠政策的,企业可以选择适用最优惠的政策,但不得重复享受。

3. 支持促进重点群体创业就业优惠

《财政部税务总局人力资源社会保障部国务院扶贫办关于进一步支持和促进重点群体创业就业有关税收政策的通知》(财税〔2019〕22号)的政策执行期限为2019年1月1日至2021年12月31日。纳税人在2021年12月31日享受本通知规定税收优惠政策未满3年的,可继续享受至3年期满为止。

就进一步支持和促进重点群体创业就业,政策分以下两类情形:

(1) 建档立卡贫困人口、持《就业创业证》(注明"自主创业税收政策"或"毕业年度内自主创业税收政策")或《就业失业登记证》(注明"自主创业税收政策")的人员,从事个体经营的,自办理个体工商户登记当月起,在3年(36个月,下同)内按每户每年12 000元为限额依次扣减其当年实际应缴纳的增值税、城市维护建设税、教育费附加、地方教育附加和个人所得税。限额标准最高可上浮20%,各省、自治区、直辖市人民政府可根据本地区实际情况在此幅度内确定具体限额标准。纳税人年度应缴纳税款小于上述扣减限额的,减免税额以其实际缴纳的税款为限;大于上述扣减限额的,以上述扣减限额为限。

(2) 企业(属于增值税纳税人或企业所得税纳税人的企业等单位)招用建档立卡贫困人口,以及在人力资源社会保障部门公共就业服务机构登记失业半年以上且持《就业创业证》或《就业失业登记证》(注明"企业吸纳税收政策")的人员,与其签订1年以上期限劳动合同并依法缴纳社会保险费的,自签订劳动合同并缴纳社会保险当月起,在3年内按实际招用人数予以定额依次扣减增值税、城市维护建设税、教育费附加、地方教育附加和企业所得税优惠。定额标准为每人每年6 000元,最高可上浮30%,各省、自治区、直辖市人民政府可根据本地区实际情况在此幅度内确定具体定额标准。城市维护建设税、教育费附加、地方教育附加的计税依据是享受本项税收优惠政策前的增值税应纳税额。按上述标准计算的税收扣减额应在企业当年实际应缴纳的增值税、城市维护建设税、教育费附加、地方教育附加和企业所得税税额中扣减,当年扣减不完的,不得结转下年使用。

需要注意的是，企业招用就业人员既可以适用本通知规定的税收优惠政策，又可以适用其他扶持就业专项税收优惠政策的，企业可以选择适用最优惠的政策，但不得重复享受。

4. 延续供热企业增值税等税收优惠

《财政部税务总局关于延续供热企业增值税房产税城镇土地使用税优惠政策的通知》（财税〔2019〕38号）规定，自2019年1月1日至2020年供暖期结束，对供热企业向居民个人（以下称居民）供热取得的采暖费收入免征增值税。向居民供热取得的采暖费收入，包括供热企业直接向居民收取的、通过其他单位向居民收取的和由单位代居民缴纳的采暖费。免征增值税的采暖费收入，应当按照《中华人民共和国增值税暂行条例》第十六条的规定单独核算。通过热力产品经营企业向居民供热的热力产品生产企业，应当根据热力产品经营企业实际从居民取得的采暖费收入占该经营企业采暖费总收入的比例，计算免征的增值税。需明确两个概念，一是供暖期，指当年下半年供暖开始至次年上半年供暖结束的期间。二是供热企业，指热力产品生产企业和热力产品经营企业。热力产品生产企业包括专业供热企业、兼营供热企业和自供热单位。

5. 农村饮水安全工程增值税优惠

《财政部税务总局关于继续实行农村饮水安全工程税收优惠政策的公告》（财政部税务总局公告2019年第67号）规定，自2019年1月1日至2020年12月31日，对饮水工程运营管理单位向农村居民提供生活用水取得的自来水销售收入，免征增值税。所称饮水工程，是指为农村居民提供生活用水而建设的供水工程设施；饮水工程运营管理单位，是指负责饮水工程运营管理的自来水公司、供水公司、供水（总）站（厂、中心）、村集体、农民用水合作组织等单位。对于既向城镇居民供水，又向农村居民供水的饮水工程运营管理单位，依据向农村居民供水收入占总供水收入的比例免征增值税；依据向农村居民供水量占总供水量的比例免征契税、印花税、房产税和城镇土地使用税。无法提供具体比例或所提供数据不实的，不得享受上述税收优惠政策。符合上述条件的饮水工程运营管理单位自行申报享受减免税优惠，相关材料留存备查。

6. 鼓励创业创新增值税优惠

为进一步鼓励创业创新，自2019年1月1日至2021年12月31日，《财政部税务总局科技部教育部关于科技企业孵化器大学科技园和众创空间税收政策的通知》（财税〔2018〕120号）规定，对国家级、省级科技企业孵化器、大学科技园和国家备案众创空间，向在孵对象提供孵化服务取得的收入，免征增值税。适用该政策需明确孵化服务和在孵对象两个概念。孵化服务指为在孵对象提供的经纪代理、经营租赁、研发和技术、信息技术、鉴证咨询服务。在孵对象是指符合认定和管理办法规定的孵化企业、创业团队和个人。国家级、省级科技企业孵化器、大学科技园和国家备案众创空间，享受孵化服务收入免征增值税政策，应当单独核算孵化服务收入。

国家级科技企业孵化器、大学科技园，享受优惠的起始时间视其认定时间不同，具体如下：2018年12月31日以前认定的，自2019年1月1日起享受；2019年1月1日以后认定的（含省级科技企业孵化器和国家备案众创空间），自认定之日次月起享受。如2019年1月1日以后被取消资格的，自取消资格之日次月起停止享受。

7. 冬奥会和冬残奥会相关增值税优惠

《财政部税务总局关于冬奥会和冬残奥会企业赞助有关增值税政策的通知》(财税〔2019〕6号)就《财政部税务总局海关总署关于北京2022年冬奥会和冬残奥会税收政策的通知》(财税〔2017〕60号)所规定的,冬奥会和冬残奥会企业赞助有关增值税政策予以明确。对赞助企业及参与赞助的下属机构根据赞助协议及补充赞助协议向北京冬奥组委免费提供的,与北京2022年冬奥会、冬残奥会、测试赛有关的服务,免征增值税。适用免征增值税政策的服务,仅限于赞助企业及下属机构与北京冬奥组委签订的赞助协议及补充赞助协议中列明的服务。赞助企业及下属机构应对上述服务单独核算,未单独核算的,不得适用免税政策。以上规定与财税〔2017〕60号文的适用时间相同,均自2017年7月12日起执行。按照上述规定应予免征的增值税,凡在2019年1月18日以前已经征收入库的,从纳税人以后纳税期应缴纳的增值税税款中抵减。纳税人如果已经向购买方开具了增值税专用发票,应将专用发票追回后方可申请办理免税。凡专用发票无法追回的,一律照章征收增值税。

国家对增值税政策随时会出台新政策,大家需随时关注国家相关具体政策,遵照执行。

第四部分　个人所得税的相关应用

2019年12月27日,财政部公布了《关于个人所得税法修改后有关优惠政策衔接问题的通知》(下称《通知》),明确了在2021年12月31日前,个人拿到的年终奖不并入当年综合所得,依法单独计税。自2022年1月1日起,年终奖应并入当年综合所得计税。这意味着年终个税优惠政策将延续3年,这对工薪族来说就是年终奖可以少交个税,实际到手的年终奖更多。不过这一优惠政策只延续3年,2022年开始将并入综合所得计税,不少人年终奖税负会有所增加。

上述《通知》称,居民个人取得全年一次性奖金,符合《国家税务总局关于调整个人取得全年一次性奖金等计算征收个人所得税方法问题的通知》(国税发〔2005〕9号)规定的,在2021年12月31日前,不并入当年综合所得,以全年一次性奖金收入除以12个月得到的数额,按照本通知所附按月换算后的综合所得税率表(见下表),确定适用税率和速算扣除数,单独计算纳税(计算公式为:应纳税额=股权激励收入×适用税率-速算扣除数)。简言之,就是以前的年终奖个税优惠政策延续三年。

这一优惠政策延续对个人拿到手的年终奖到底有何影响?简单说,缴税更少,拿到手的收入更多。

以一位年应纳税所得额(税前收入扣除三险一金、6万元起征点、专项附加扣除等后的计税税基)15万元的个人为例,假设他的年终奖为3万元,如果没有这一个税优惠计税政策,那按照综合所得的税率表,这3万元适用20%的税率,缴纳个税为6 000元,也就是最终拿到手的年终奖是2.4万元。

上述个人同样的情况,假设有了这一个税优惠计税政策,根据《通知》可以得出这3万元年终奖适用3%的税率,缴纳个税为900元,最终拿到手的年终奖是2.91万元。

按月换算后的综合所得税率表

级 数	全月应纳税所得额	税率(%)	速算扣除数
1	不超过 3 000 元的	3	0
2	超过 3 000 元至 12 000 元的部分	10	210
3	超过 12 000 元至 25 000 元的部分	20	1 410
4	超过 25 000 元至 35 000 元的部分	25	2 660
5	超过 35 000 元至 55 000 元的部分	30	4 410
6	超过 55 000 元至 80 000 元的部分	35	7 160
7	超过 80 000 元的部分	45	15 160

因此在上述的案例中,年应纳税所得额 15 万元的个人,享有年终奖个税优惠政策,将比没有优惠政策少缴 5 100 元个税。

不过这一优惠政策只有 3 年。《通知》明确,自 2022 年 1 月 1 日起,居民个人取得全年一次性奖金,应并入当年综合所得计算缴纳个人所得税。这对那些收入主要来自平时工资薪金、年终奖相对来说少的个人来说,很可能要缴更多的个税。

当然,《通知》也允许 2019 开始,居民个人取得全年一次性奖金,也可以选择并入当年综合所得计算纳税。这对平时月收入很低、但年终奖非常高的个人来说,可以更省税,让不同情况的纳税人更充分地选择适合自己的计税方式。

比如一位年应纳税所得额只有 3 万元的个人来说,假设他的年终奖是 15 万元,如果选择享用个税优惠计税政策的话,年终奖 15 万元将适用 20%的个税税率,那应缴个税是 3 万元,最终拿到手年终奖是 12 万元。如果选择并入当年综合所得计税的话,那根据超额累进税率(见下表),这笔收入的不同部分适用 3%、10%和 20%三档税率,最终应缴个税是 18 180 元,最终拿到手的年终奖约 13.2 万元。

因此,对于年应纳税所得额 3 万元,年终奖 15 万元的个人来说,不采用个税优惠而将年终奖并入综合所得计税反而可以少缴个税。

个人所得税税率表一(综合所得适用)

级 数	全年应纳税所得额	税率(%)
1	不超过 36 000 元的	3
2	超过 36 000 元至 144 000 元的部分	10
3	超过 144 000 元至 300 000 元的部分	20
4	超过 300 000 元至 420 000 元的部分	25
5	超过 420 000 元至 660 000 元的部分	30
6	超过 660 000 元至 960 000 元的部分	35
7	超过 960 000 元的部分	45

所谓工资、薪金所得,是指个人因任职或者受雇而取得的工资、薪金、奖金、年终加薪、

劳动分红、津贴、补贴以及与任职或者受雇有关的其他所得。个人所得的形式，包括现金、实物、有价证券和其他形式的经济利益。

所得为实物的，应当按照取得的凭证上所注明的价格计算应纳税所得额；无凭证的实物或者凭证上所注明的价格明显偏低的，参照市场价格核定应纳税所得额。所得为有价证券的，根据票面价格和市场价格核定应纳税所得额。所得为其他形式的经济利益的，参照市场价格核定应纳税所得额。本文结合现行税收政策，将工资、薪金所得有关的个人所得税优惠政策梳理如下。

一、按照国家统一规定发放的补贴、津贴

《中华人民共和国个人所得税法》（主席令第四十八号，以下简称《个人所得税法》）第四条第三项规定：按照国家统一规定发给的补贴、津贴免纳个人所得税。

《中华人民共和国个人所得税法实施条例》（国务院令第600号，以下简称《个人所得税法实施条例》）第十三条规定，税法第四条第三项所说的按照国家统一规定发给的补贴、津贴，是指按照国务院规定发给的政府特殊津贴、院士津贴、资深院士津贴，以及国务院规定免纳个人所得税的其他补贴、津贴。

二、离、退休人员工资薪金所得

根据《个人所得税法》第四条第七项的规定，按照国家统一规定发给干部、职工的安家费、退职费、退休工资、离休工资、离休生活补助费免征个人所得税。

关于安家费的标准，目前无最新规定，一般仍遵循《国务院关于安置老弱病残干部的暂行办法》（国发〔1978〕104号）第九条规定：离休、退休干部易地安家的，一般由原工作单位一次发给150元的安家补助费，由大中城市到农村安家的，发给300元。退职干部易地安家的，可以发给本人两个月的标准工资，作为安家补助费。退职费是指符合《国务院关于工人退休、退职的暂行办法》规定的退职条件，并按该办法规定的退职费标准所领取的退职费。另外需要说明的是：离、退休人员免征个人所得税仅限于离、退休人员从原离、退休单位取得的退休工资和生活补助部分。

根据《国家税务总局关于离退休人员取得单位发放离退休工资以外奖金补贴征收个人所得税的批复》（国税函〔2008〕723号）规定：离退休人员除按规定领取离退休工资或养老金外，另从原任职单位取得的各类补贴、奖金、实物，不属于可以免税的退休工资、离休工资、离休生活补助费；离退休人员从原任职单位取得的各类补贴、奖金、实物，应在减除费用扣除标准后，按"工资、薪金所得"应税项目缴纳个人所得税。

另外，提前退休取得的一次性补贴收入，根据《国家税务总局关于个人提前退休取得补贴收入个人所得税问题的公告》（国家税务总局公告2011年第6号）的规定，个人提前退休补贴按下列规定计算缴纳个人所得税：① 机关、企事业单位对未达到法定退休年龄、正式办理提前退休手续的个人，按照统一标准向提前退休工作人员支付一次性补贴，不属于免税的离退休工资收入，应按照"工资、薪金所得"项目征收个人所得税。② 个人因办

理提前退休手续而取得的一次性补贴收入,应按照办理提前退休手续至法定退休年龄之间所属月份平均分摊计算个人所得税。计税公式:应纳税额={[(一次性补贴收入÷办理提前退休手续至法定退休年龄的实际月份数)－费用扣除标准]×适用税率－速算扣除数}×提前办理退休手续至法定退休年龄的实际月份数。离、退休人员再任职的,根据《国家税务总局关于个人兼职和退休人员再任职取得收入如何计算征收个人所得税问题的批复》(国税函〔2005〕382号)的规定,退休人员再任职取得的收入,在减除按个人所得税法规定的费用扣除标准后,按"工资、薪金所得"应税项目缴纳个人所得税。

三、延长离退休年龄的高级专家从所在单位取得的工资、补贴等

《财政部、国家税务总局关于个人所得税若干政策问题的通知》(财税字〔1994〕020号)规定,达到离休、退休年龄,但确因工作需要,适当延长离休退休年龄的高级专家(指享受国家发放的政府特殊津贴的专家、学者),其在延长离休退休期间的工资、薪金所得,视同退休工资、离休工资免征个人所得税。

《财政部、国家税务总局关于高级专家延长离休退休期间取得工资薪金所得有关个人所得税问题的通知》(财税〔2008〕7号)规定:延长离休退休年龄的高级专家是指享受国家发放的政府特殊津贴的专家、学者和中国科学院、中国工程院院士。延长离休退休年龄的高级专家按下列规定征免个人所得税:① 对高级专家从其劳动人事关系所在单位取得的,单位按国家有关规定向职工统一发放的工资、薪金、奖金、津贴、补贴等收入,视同离休、退休工资,免征个人所得税;② 除上述1项所述收入以外各种名目的津补贴收入等,以及高级专家从其劳动人事关系所在单位之外的其他地方取得的培训费、讲课费、顾问费、稿酬等各种收入,依法计征个人所得税。

四、个人福利费

《个人所得税法》第四条第四项规定,福利费免征个人所得税。《个人所得税法实施条例》第十四条规定,所说的福利费,是指根据国家有关规定,从企业、事业单位、国家机关、社会团体提留的福利费或者工会经费中支付给个人的生活补助费;生活补助费是指由于某些特定事件或原因而给纳税人或其家庭的正常生活造成一定困难,其任职单位按国家规定从提留的福利费或者经费中向其支付的临时性生活困难补助。下列收入不属于免税的福利费范围,应当并入纳税人的工资、薪金收入,计征个人所得税:超出国家规定的比例或基数计提的福利费、工会经费中支付给个人的各种补贴、补助;从福利费和工会经费中支付给本单位职工的人人有份的补贴、补助;单位为个人购买汽车、住房、电子计算机等不属于临时性生活困难补助性质的支出。

五、独生子女补贴、托儿补助费

为执行国家计划生育政策,给部分独生子女家庭的员工发放独生子女补贴,同时为了

让员工安心上班,给有子女的员工发放托儿费,根据《国家税务总局关于印发〈征收个人所得税若干问题的规定〉的通知》(国税发〔1994〕89号)规定:个人按规定标准取得独生子女补贴和托儿补助费,不征收个人所得税。但超过规定标准发放的部分应当并入工资薪金所得。独生子女补贴、托儿补助费具体标准根据当地规定。

六、差旅费津贴

根据《国家税务总局关于修订〈征收个人所得税若干问题的规定〉的公告》(国税发〔1994〕089号)规定,"差旅费津贴"不属于工资、薪金性质的补贴、津贴或者不属于纳税人本人工资、薪金所得项目的收入,不征个人所得税。

由于目前差旅费发放标准并没有全国统一的规定,在执行中,各地税务机关对差旅费津贴的个税处理不一,主要有以下几种方式:

一是企业发放的差旅费津贴不超过各地财政部门制定的《党政机关和事业单位差旅费管理办法》规定的标准,不征收个人所得税。

二是企业能够证明其自行建立的《差旅费管理办法》中规定的差旅费津贴标准符合企业实际经营需要的,在标准内实际支付出差人员的差旅费津贴允许税前扣除。

三是纳税人按照所在单位规定的标准取得的差旅费津贴,不征收个人所得税。所在单位没有相关规定的,按各地财政部门制定的《党政机关和事业单位差旅费管理办法》规定的差旅费津贴标准执行。

四是税务机关直接规定明确的不征收个人所得税差旅费津贴标准,超过部分计入"工资、薪金"所得征收个人所得税。例如,《四川省地方税务局关于企业差旅费津贴企业所得税税前扣除有关问题的批复》(川地税函〔2010〕195号)规定:"企业应建立《差旅费管理办法》,对制定有《差旅费管理办法》,且其中规定的差旅费津贴标准符合企业实际经营需要的,在标准内实际支付出差人员的差旅费津贴允许税前扣除,否则,参照《四川省省级行政事业单位差旅费管理办法》规定的标准执行。"具体扣除标准应根据当地文件规定。

七、误餐补助

根据《国家税务总局关于修订〈征收个人所得税若干问题的规定〉的公告》(国税发〔1994〕089号)规定,"误餐补助"不属于工资、薪金性质的补贴、津贴或者不属于纳税人本人工资、薪金所得项目的收入,不征个人所得税。

《财政部、国家税务总局关于误餐补助范围确定问题的通知》(财税字〔1995〕82号)规定,不征税的误餐补助,是指按财政部门规定,个人因公在城区、郊区工作,不能在工作单位或返回就餐,确实需要在外就餐的,根据实际误餐顿数,按规定的标准领取的误餐费。一些单位以误餐补助名义发给职工的补贴、津贴,应当并入当月工资、薪金所得,计征个人所得税。

误餐补助标准国家税务总局无统一规定的标准,具体标准应当根据当地规定。

八、执行公务员工资制度未纳入基本工资总额的补贴、津贴差额和家属成员的副食品补贴

根据《国家税务总局关于印发〈征收个人所得税若干问题的规定〉的通知》（国税发〔1994〕089号）规定，执行公务员工资制度未纳入基本工资总额的补贴、津贴差额和家属成员的副食品补贴，是不属于工资薪金性质的补贴、津贴或者不属于纳税人本人工资薪金所得项目的收入，不征个人所得税。

对于免征个人所得税的"执行公务员工资制度未纳入基本工资总额的补贴、津贴差额"，由于项目多，各地标准不一致。有的省份进行了明确，如《山东省地方税务局关于统一免征个人所得税工资、薪金所得的"未纳入基本工资总额的补贴、津贴差额"标准的通知》（鲁地税所字〔1995〕第100号）规定，对"执行公务员工资制度未纳入基本工资总额的补贴、津贴差额"全省统一确定标准，标准为每人80元；企事业单位职工的工资、薪金所得计税扣除项目亦可比照办理。

九、军人的转业费、复员费

根据《个人所得税法》第四条的规定，军人的转业费、复员费免纳个人所得税。根据《财政部、国家税务总局关于军队干部工资薪金收入征收个人所得税问题的通知》（财税〔1996〕14号）的规定，属于军队干部的免税项目或者不属于本人所得的补贴、津贴有8项：政府特殊津贴；福利补助；夫妻分居补助；随军家属无工作，生活困难补助；独生子女保健费；子女保教补助费；机关在职军以上干部公勤费（保姆用费）；军粮差价补贴。暂不征税的补贴、津贴5项：军人职业津贴；军队设立的艰苦地区补助；专业性补助；基层军官岗位津贴（营连排长岗位津贴）；伙食补贴。

十、"老外"工资薪金个人所得税减免

根据《个人所得税法》《个人所得税法实施条例》和（国税发〔1994〕148号）等文件的规定，境外人员的下列所得免征个人所得税：① 按照我国有关法律规定应当免税的各国驻华使馆、领事馆的外交代表、领事官员和其他人员的所得。② 在中国境内无住所，但是在一个纳税年度中在中国境内连续或者累计居住不超过90天的个人，其来源于中国境内的所得，由境外雇主支付并且不由该雇主在中国境内的机构、场所负担的部分，免予缴纳个人所得税。

按照《财政部、国家税务总局关于个人所得税若干政策问题的通知》（财税字〔1994〕第020号）、《国家税务总局关于世界银行、联合国直接派遣来华工作的专家享受免征个人所得税有关问题的通知》（国税函发〔1996〕417号）以及《国家税务总局关于外籍个人取得有关补贴征免个人所得税执行问题的通知》（国税发〔1997〕054号）规定，境外人员的下列所得，暂免征收个人所得税：① 外籍个人以非现金形式或者实报实销形式取得的合理的住

房补贴、伙食补贴、搬迁费、洗衣费，暂免征收个人所得税。对于住房补贴、伙食补贴、洗衣费，应由纳税人在首次取得上述补贴或上述补贴数额、支付方式发生变化的月份的次月进行工资薪金所得纳税申报时，向主管税务机关提供上述补贴的有效凭证，由主管税务机关核准确认免税。对于搬迁费，应由纳税人提供有效凭证，由主管税务机关审核认定，就其合理的部分免税。② 外籍个人按合理标准取得的境内、境外出差补贴，暂免征收个人所得税。对此类补贴，应由纳税人提供出差的交通费、住宿费凭证或企业安排出差的有关计划，由主管税务机关确认免税。③ 外籍个人取得的探亲费、语言训练费、子女教育费等，经当地税务机关审核批准为合理的部分，暂免征收个人所得税。对探亲费，应由纳税人提供探亲的交通支出凭证（复印件），由主管税务机关审核，对其实际用于本人探亲，且每年探亲的次数和支付的标准合理的部分给予免税。对于语言训练费和子女教育费，应由纳税人提供在中国境内接受上述教育的支出凭证和期限证明材料，由主管税务机关审核，对其在中国境内接受语言培训以及子女在中国境内接受教育取得的语言培训费和子女教育费补贴，且在合理数额内的部分给予免税。④ 符合国家规定的外籍专家的工资、薪金所得，暂免征收个人所得税。具体是指：a. 根据世界银行专项贷款协议由世界银行直接派往我国工作的外国专家的工资、薪金所得，暂免征收个人所得税。所谓"直接派往"指世界银行与该专家签订提供技术服务协议或与该专家的雇主签订技术服务协议，并指定该专家为有关项目提供技术服务，由世界银行支付该外国专家工资、薪金。该外国专家在办理免税手续时，应当提供其与世界银行签订的有关合同和其工资、薪金所得由世界银行支付、负担的证明。b. 联合国组织直接派往我国工作的专家的工资、薪金所得，暂免征收个人所得税。所谓"直接派往"指联合国组织与该专家签订提供技术服务协议或与该专家的雇主签订技术服务协议，并指定该专家为有关项目提供技术服务，由联合国组织支付该外国专家工资、薪金。联合国组织是指联合国的有关组织，包括联合国开发计划署、联合国人口活动基金、联合国儿童基金会、联合国技术合作部、联合国工业发展组织、联合国粮农组织、世界粮食计划署、世界卫生组织、世界气象组织、联合国教科文组织等。该外国专家在办理免税手续时，应当提供其与联合国组织签订的有关合同和其工资、薪金所得由联合国组织支付、负担的证明。c. 为联合国援助项目来华工作的专家的工资、薪金所得，暂免征收个人所得税。d. 援助国派往我国专为该国无偿援助项目工作的专家的工资、薪金所得，暂免征收个人所得税。e. 根据两国政府签订的文化交流项目来华两年以内的文教专家，其工资、薪金所得由该国负担的，对其工资、薪金所得，暂免征收个人所得税。f. 根据我国大专院校国际交流项目来华工作的专家，其工资、薪金所得由该国负担的，对其工资、薪金所得，暂免征收个人所得税。g. 通过民间科研协定来华工作的专家，其工资、薪金所得由该国政府负担的，对其工资、薪金所得，暂免征收个人所得税。依照我国有关法律规定应予免税的各国驻华使馆、领事馆的外交代表、领事官员和其他人员的所得。

十一、残疾、孤老人员和烈属的工资薪金所得

根据《个人所得税法》第五条规定：残疾、孤老人员和烈属的所得经批准可以减征个人所得税。其中减征个人所得税包括残疾、孤老人员和烈属的工资薪金所得。《个人所得税

法实施条例》第十六条规定："税法第五条所说的减征个人所得税,其减征的幅度和期限由省、自治区、直辖市人民政府规定。"

十二、个人因公务用车和通讯制度改革而取得的公务用车、通讯补贴收入

《国家税务总局关于个人因公务用车制度改革取得补贴收入征收个人所得税问题的通知》(国税函〔2006〕245号)规定:因公务用车制度改革而以现金、报销等形式向职工个人支付的收入,均应视为个人取得公务用车补贴收入,按照"工资、薪金所得"项目计征个人所得税。

具体计征方法,按《国家税务总局关于个人所得税有关政策问题的通知》(国税发〔1999〕58号)第二条"关于个人取得公务交通、通信补贴收入征税问题"的有关规定执行。《国家税务总局关于个人所得税有关政策问题的通知》(国税发〔1999〕58号)规定,个人因公务用车和通信制度改革而取得的公务用车、通信补贴收入,扣除一定标准的公务费用后,按照"工资、薪金"所得项目计征个人所得税;按月发放的,并入当月"工资、薪金"所得计征个人所得税;不按月发放的,分解到所属月份并与该月份"工资、薪金"所得合并后计征个人所得税。公务费用的扣除标准,由省级地方税务局根据纳税人公务交通、通信费用的实际发生情况调查测算,报经省级人民政府批准后确定,并报国家税务总局备案。

上述文件明确了不论是以现金形式还是票据报销等方式取得由于公务用车制度改革而发生的"车补",都是个人所得税应税收入,在支付个人车补时,扣除一定标准的公务费用后,按照"工资、薪金"所得项目计算和代扣代缴个人所得税。公务用车补贴之所以要扣除一定标准,是因为公务用车补贴在内的公务交通补贴中包含一定比例的公务费用,这部分公务费用应由公司承担,不构成员工的个人所得,也不征收个人所得税。具体扣除标准应咨询当地税务机关。

十三、个人因与用人单位解除劳动关系而取得的一次性补偿收入

根据《财政部、国家税务总局关于个人与用人单位解除劳动关系取得的一次性补偿收入征免个人所得税问题的通知》(财税〔2001〕157号)规定,个人因与用人单位解除劳动关系而取得的一次性经济补偿收入、退职费、安置费等所得要按照以下方法计算缴纳个人所得税:① 个人因与用人单位解除劳动关系而取得的一次性补偿收入(包括用人单位发放的经济补偿金、生活补助费和其他补助费用),其收入在当地上年职工平均工资3倍数额以内的部分,免征个人所得税;超过的部分按照《国家税务总局关于个人因解除劳动合同取得经济补偿金征收个人所得税问题的通知》(国税发〔1999〕178号)的有关规定,计算征收个人所得税。即可视为一次取得数月的工资、薪金收入,允许在一定期限内进行平均。具体平均办法:以个人取得的一次性经济补偿收入,除以个人在本企业的工作年限数,以其商数作为个人的月工资、薪金收入,按照税法规定计算缴纳个人所得税。个人在本企业的工作年限数按实际工作年限数计算,超过12年的按12年计算;② 个人领取一次性补

偿收入时按照国家和地方政府规定的比例实际缴纳的住房公积金、医疗保险费、基本养老保险费、失业保险费,可以在计征其一次性补偿收入的个人所得税时予以扣除。个人在解除劳动合同后又再次任职、受雇的,对个人已缴纳个人所得税的一次性经济补偿收入,不再与再次任职、受雇的工资、薪金所得合并计算补缴个人所得税。

十四、从破产企业取得的安置费收入

根据《国家税务总局关于个人与用人单位解除劳动关系取得的一次性补偿收入征免个人所得税问题的通知》(财税〔2001〕157号)规定,企业依照国家有关法律规定宣告破产,企业职工从该破产企业取得的一次性安置费收入,免征个人所得税。

十五、股权激励所得

员工获得股票期权、限制性股票和股票增值权,作为工资薪金所得,以在一个公历月份中取得的股票期权工资薪金所得为一次,区分本月的其他工资薪金,单独计算应纳税额。个人在纳税年度内第一次取得股票期权、股票增值权所得和限制性股票所得的,上市公司应按照下列公式计算扣缴其个人所得税:应纳税额=(股票期权形式的工资薪金应纳税所得额÷规定月份数×适用税率−速算扣除数)×规定月份数。公式中的规定月份数,是指员工取得来源于中国境内的股票期权形式工资、薪金所得的境内工作期间月份数,长于12个月的,按12个月计算;公式中的适用税率和速算扣除数,以股票期权形式的工资、薪金应纳税所得额除以规定月份数后的商数,对照工资、薪金适用的个人所得税税率表确定。个人在纳税年度内两次以上(含两次)取得股票期权、股票增值权和限制性股票等所得,包括两次以上(含两次)取得同一种股权激励形式所得或者同时兼有不同股权激励形式所得的,上市公司应将其纳税年度内各次股权激励所得合并,应按以下公式计算应纳税款:应纳税款=(本纳税年度内取得的股票期权形式工资薪金所得累计应纳税所得额÷规定月份数×适用税率−速算扣除数)×规定月份数−本纳税年度内股票期权形式的工资薪金所得累计已纳税款。对上市公司高管人员取得股票期权和限制性股票在行权时,纳税确有困难的,经主管税务机关审核,可自其股票期权行权之日起,在不超过6个月的期限内分期缴纳个人所得税。股权激励个人所得税优惠仅适用于上市公司(含所属分支机构)和上市公司控股企业的员工。这里要注意,第一,上市公司占控股企业股份比例最低为30%;第二,间接控股限于上市公司对二级子公司的持股,间接持股比例,按各层持股比例相乘计算,上市公司对一级子公司持股比例超过50%的,按100%计算。

十六、低价出售本单位职工的住房

《财政部、国家税务总局关于单位低价向职工售房有关个人所得税问题的通知》(财税〔2007〕13号)规定:根据住房制度改革政策的有关规定,国家机关、企事业单位及其他组织在住房制度改革期间,按照所在地县级以上人民政府规定的房改成本价格向职工出售

公有住房,职工因支付的房改成本价格低于房屋建造成本价格或市场价格而取得的差价收益,免征个人所得税。除上述规定情形外,单位按低于购置或建造成本价格出售住房给职工,职工因此而少支出的差价部分(职工实际支付的购房价款低于该房屋的购置或建造成本价格的差额),属于个人所得税应税所得,应按照"工资、薪金所得"项目缴纳个人所得税。对职工取得的上述应税所得,比照《国家税务总局关于调整个人取得全年一次性奖金等计算征收个人所得税方法问题的通知》(国税发〔2005〕9 号)规定的全年一次性奖金的征税办法,计算征收个人所得税,即先将全部所得数额除以 12,按其商数并根据个人所得税法规定的税率表确定适用的税率和速算扣除数,再根据全部所得数额、适用的税率和速算扣除数,按照税法规定计算征税。

十七、"五险一金"

《财政部、国家税务总局关于基本养老保险费、基本医疗保险费、失业保险费、住房公积金有关个人所得税政策的通知》(财税〔2006〕10 号)规定:企事业单位按照国家或省(自治区、直辖市)人民政府规定的缴费比例或办法实际缴付的基本养老保险费、基本医疗保险费和失业保险费,免征个人所得税;个人按照国家或省(自治区、直辖市)人民政府规定的缴费比例或办法实际缴付的基本养老保险费、基本医疗保险费和失业保险费,允许在个人应纳税所得额中扣除。企事业单位和个人超过规定的比例和标准缴付的基本养老保险费、基本医疗保险费和失业保险费,应将超过部分并入个人当期的工资、薪金收入,计征个人所得税。单位和个人分别在不超过职工本人上一年度月平均工资 12%的幅度内实际缴存的住房公积金,允许在个人应纳税所得额中扣除。单位和职工个人缴存住房公积金的月平均工资不得超过职工工作地所在设区城市上一年度职工月平均工资的 3 倍,具体标准按照各地有关规定执行。单位和个人超过上述规定比例和标准缴付的住房公积金,应将超过部分并入个人当期的工资、薪金收入,计征个人所得税。个人实际领(支)取原提存的基本养老保险金、基本医疗保险金、失业保险金和住房公积金时,免征个人所得税。根据《工伤保险条例》和生育保险相关规定;根据《工伤保险条例》和生育保险相关规定,工伤保险和生育保险由单位缴个人不缴。对单位按规定缴纳的工伤保险、生育保险,不涉及个人所得税。但个人领取生育保险性质的津贴、补贴,根据《财政部、国家税务总局关于生育津贴和生育医疗费有关个人所得税政策的通知》(财税〔2008〕8 号)规定:生育妇女按照县级以上人民政府根据国家有关规定制定的生育保险办法取得的生育津贴、生育医疗费或其他属于生育保险性质的津贴、补贴免征个人所得税。根据《中华人民共和国个人所得税法》第四条规定,保险赔款免纳个人所得税。

十八、企业年金、职业年金

企业年金、职业年金递延纳税,也属于一种税收优惠。递延纳税是指在年金缴费环节和年金基金投资收益环节暂不征收个人所得税,将纳税义务递延到个人实际领取年金的环节。根据《财政部、人力资源社会保障部、国家税务总局关于企业年金、职业年金个人所得税有关问题的通知》(财税〔2013〕103号)规定,在年金缴费环节,对单位根据国家有关政策规定为职工支付的企业年金或职业年金缴费,在计入个人账户时,个人暂不缴纳个人所得税;个人根据国家有关政策规定缴付的年金个人缴费部分,在不超过本人缴费工资计税基数的4%标准内的部分,暂从个人当期的应纳税所得额中扣除;在年金基金投资环节,企业年金或职业年金基金投资运营收益分配计入个人账户时,暂不征收个人所得税;在年金领取环节,个人达到国家规定的退休年龄领取的企业年金或职业年金,按照"工资、薪金所得"项目适用的税率,计征个人所得税。

十九、个人捐赠

根据《个人所得税法》第六条第二款规定,个人将其所得对教育事业和其他公益事业捐赠的部分,按照国务院有关规定从应纳税所得中扣除。根据《个人所得税法实施条例》第二十四条规定:税法第六条第二款所说的个人将其所得对教育事业和其他公益事业的捐赠,是指个人将其所得通过中国境内的社会团体、国家机关向教育和其他社会公益事业以及遭受严重自然灾害地区、贫困地区的捐赠。捐赠额未超过纳税义务人申报的应纳税所得额30%的部分,可以从其应纳税所得额中扣除。另外,根据《财政部、国家税务总局民政部关于公益性捐赠税前扣除有关问题的通知》(财税〔2008〕160号)第八条规定:公益性社会团体和县级以上人民政府及其组成部门和直属机构在接受捐赠时,应按照行政管理级次分别使用由财政部或省、自治区、直辖市财政部门印制的公益性捐赠票据,并加盖本单位的印章;对个人索取捐赠票据的,应予以开具。新设立的基金会在申请获得捐赠税前扣除资格后,原始基金的捐赠人可凭捐赠票据依法享受税前扣除。部分经过批准的基金会,如农村义务教育基金会、宋庆龄基金会、中国福利会、中国红十字会等,个人向其捐赠的所得,按照规定可以在计算个人应纳税所得时全额税前扣除。

特殊捐赠的扣除:根据《国家税务总局关于个人向地震灾区捐赠有关个人所得税征管问题的通知》(国税发〔2008〕55号)的规定,个人通过扣缴单位统一或直接通过政府机关、非营利组织向灾区的捐赠,凭政府机关或非营利组织开具捐赠凭据、扣缴单位记载的个人捐赠明细表等,允许扣缴单位代扣代缴或个人申报缴纳个人所得税时据实扣除。

二十、"特殊党费"

根据《国家税务总局关于中国共产党党员交纳抗震救灾"特殊党费"在个人所得税前扣除问题的通知》(国税发〔2008〕60号)的规定,党员个人通过党组织交纳的抗震救灾"特殊党费",允许在个人所得税税前扣除。

二十一、远洋运输船员工资薪金所得

根据《个人所得税法》及其实施条例、《国家税务总局关于远洋运输船员工资薪金所得个人所得税费用扣除问题的通知》(国税发〔1999〕202号)规定,对远洋运输船员(含国轮船员和外派船员,下同)取得的工资、薪金所得采取按年计算、分月预缴的方式计征个人所得税。考虑到远洋运输具有跨国流动的特性,因此,对远洋运输船员每月的工资、薪金收入在统一扣除 5 000 元费用的基础上,准予再扣除税法规定的附加减除费用标准即 1 300 元,即总减除费用为 4 800 元。由于船员的伙食费统一用于集体用餐,不发给个人,故特案允许该项补贴不计入船员个人的应纳税工资、薪金收入。

二十二、附加减除费用

附加减除费用,是指对纳税人取得的工资薪金所得,每月在减除税法规定的减除费用 5 000 元/月的基础上,再减除规定数额的费用即 1 300 元。《个人所得税法实施条例》第二十八条规定:附加减除费用适用的范围是指:① 在中国境内的外商投资企业和外国企业中工作的外籍人员;② 应聘在中国境内的企业、事业单位、社会团体、国家机关中工作的外籍专家;③ 在中国境内有住所而在中国境外任职或者受雇取得工资、薪金所得的个人;④ 国务院财政、税务主管部。

国家税务总局对个人所得税的政策规定会随着经济的发展做出补充规定,财务人员应随时关注新政策的变化,与税务主管部门密切联系,了解政策实施细节,做好税务筹划。

项目四
实务中预防管理费用出错的详细解释

一、管理人员工资

管理人员工资指企业行政管理部门的人员工资,如管理人员、技术人员、工人、应由费用列支的服务人员(如食堂炊事人员),临时抽调在行政管理部门助勤人员、全厂性仓库人员等的工资。但技工学校、中小学及托儿所、幼儿园、厂外浴池、理发室及职工医院人员的工资不包括在本项目内。

二、职工福利费

职工福利费是指企业为职工提供的除职工工资、奖金、津贴、纳入工资总额管理的补贴、职工教育经费、社会保险费和补充养老保险费(年金)、补充医疗保险费及住房公积金以外的福利待遇支出,包括发放给职工或为职工支付的以下各项现金补贴和非货币性集体福利,不超过工资薪金的14%准予扣除。

三、差旅费

按照规定支付行政管理部门职工因公外出所产生的各种差旅费、住宿费、通勤费、伙食费、公杂费等等;按规定支付职工及其家属的调转、搬家费;按规定支付患职业病的职工去外地就医的交通费、宿费、伙食补贴等。

四、办公费

办公费指行政管理部门的文具、纸张印刷品(包括各种规程、制度、报表、票据、账簿等的印刷费和购置费)、邮电通信费(包括邮票、邮费、电报、电话费、市话初装费,以及调度通信话路以外的话路租金等)、办公用品等办公费用。

五、折旧费

折旧费指按规定由行政管理部门列支的各项固定资产(包括文教、卫生、福利部门固定资产)的折旧费用。

六、修理费

修理费指行政管理部门所用固定资产的修理费用。

七、物料消耗

物料消耗指车间为进行生产和维护生产设备、环境等所消耗的各种一般材料[不包括修理(主要指配件)和劳动保护用材料]。

八、低值易耗品摊销

低值易耗品摊销指行政管理部门所使用的低值易耗品、工具、低值设备因磨损而减少的价值及修理费。

九、工会经费

工会经费指按照职工工资总额2%计提并拨交给工会的经费。

十、职工教育经费

职工教育经费指企业为职工学习先进技术和提高文化水平而支付的费用,按照职工工资总额的8%计提。

十一、劳动保险费

劳动保险费指企业缴纳的养老保险金、退休金等有关离退休人员的费用支出,还核算丧葬补助费、抚恤费。支付给离退休职工的退休金(包括按规定交纳的离退休统筹金)、价格补贴、医药费(包括企业支付离退休人员参加医疗保险的费用)、职工退职金、6个月以上病假人员工资,职工死亡丧葬补助费、抚恤费一次性补偿金等。

十二、董事会费

董事会费指企业最高权力机构(如董事会)及其成员为执行职能而发生的日常开支,包括差旅费、会议费、交通费等。

十三、咨询费

咨询费指企业向有关咨询机构进行科学技术、经营管理咨询所发生的费用，包括聘请经济技术顾问、法律顾问等支付的费用。

十四、审计费

审计费指企业聘请注册会计师进行查账验资以及进行资产评估等发生的各项费用。

十五、诉讼费

诉讼费指企业因起诉或者应诉而发生的各项费用。

十六、排污费

排污费指企业按照规定缴纳的排污费用。

十七、绿化费

绿化费指与生产经营有关的、合理的厂区绿化费用。

十八、税金

税金指企业按照规定支付的房产税/城市房地产税、车船使用税/车船使用牌照税、土地使用税/土地使用费、印花税。（注："/"前注明的税种是内资企业适用的税种，"/"后注明的项目为外资企业适用的税费）

十九、技术开发费

技术开发费指企业研究开发新产品、新技术、新工艺所发生的费用。

二十、无形资产摊销

无形资产摊销指专利权、商标权、著作权、土地使用权、非专利技术等无形资产的摊销。

二十一、业务招待费

业务招待费指企业的所属部门为企业业务经营的合理需要而支付的费用。按照发生额的60%扣除，但最高不得超过当年销售（营业）收入的5‰。

二十二、仓储费用

仓储费用指企业材料、半成品及其产成品仓库为进行保管、整理等工作所耗用的材料、工具、备品和其他费用。

二十三、保险费

保险费指行政管理部门（包括福利部门）应负担的财产保险费、车辆保险（不包括采购物资的途中保险费）。

二十四、水电费

水电费指行政管理部门由于消耗水、电和照明用材料等而支付的费用。

二十五、运输费

运输费指行政管理部门应负担的厂内运输部门和厂外运输机构所提供的运输费用，包括其办公用车辆的养路费、管理费、耗用燃料及其他材料等费用。不计入材料采购成本的市内运杂费。

二十六、取暖费

取暖费指行政管理部门所支付的取暖费，包括取暖用燃料、蒸汽、热水、炉具等的支出。

二十七、警卫消防费

警卫消防费指企业警卫、消防部门的维护费用和日常经费，如消耗的消防用材料物资、预防用材料物资、预防宣传费用、警卫消防人员服装和门卫费用等。

二十八、会议费

会议费指企业因召开会议按照规定支付的各种费用,其中包括会议伙食补助费、会议公杂费、住宿费和会场租赁费、会议交通费等。

二十九、职工交通费

职工交通费指按照地方规定的范围和标准支付给职工的市内交通补贴,为职工上下班工厂自备车和职工私车所耗用的汽油费、养路费等交通费以及职工探亲旅费等。

三十、劳动保护费

劳动保护费指按照规定标准和范围支付给职工的劳动保护用品,防暑降温、保健饮食品(含外购矿泉饮水)的费用和劳动保护宣传费用。

三十一、租赁费

租赁费指行政管理部门使用的从外部租入的各种固定资产和用具等按规定在管理费用中列支的租金。

三十二、环保卫生费

环保卫生费指企业为预防职业病而发生的工业卫生费;为保护工厂环境而发生的环境保护费用;"三废"费用;厂区清洁费用等。

三十三、坏账损失

坏账损失指企业经批准实际转销的确实无法收回的应收款项或按规定提取的坏账准备金。

三十四、存货盘亏(减盘盈)

存货盘亏(减盘盈)指企业的原材料、自制半成品、在产品及产成品等盘亏、毁损、报废扣除过失人及保险公司赔款与上述存货盘盈相抵后的净损失。

三十五、试验检验费

试验检验费指企业对材料或产品进行化验、检验、试验而发生的费用。

三十六、计提的存货跌价准备

计提的存货跌价准备指企业按规定提取的存货跌价准备金。

三十七、其他支出

其他支出是指除上述费用支出项目以外应列入管理费用的支出项目。

项目五

实务中从财务报表视角看产品的竞争力

产品竞争力的核心是什么？是产品。供应链的核心是什么？也是产品。产品在会计核算里属于"存货"，下图反映了一家公司的整个业务流程和每个会计科目之间的关系。

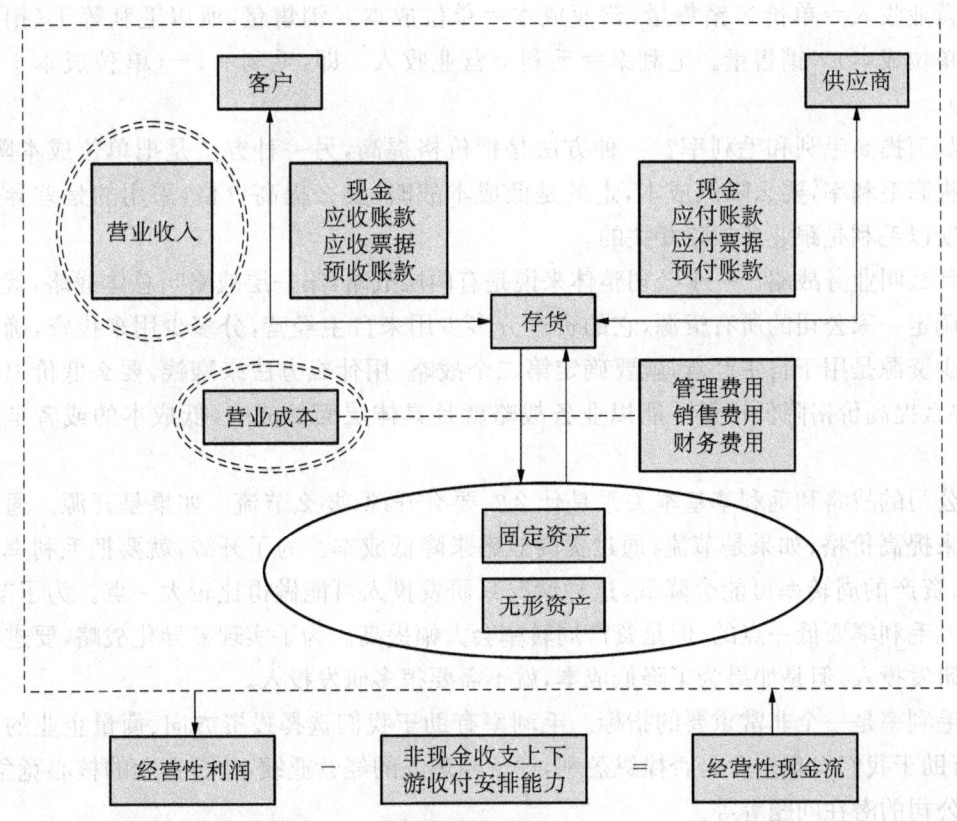

从上图可以看到，存货处在整个图的正中央，它的一边连接着供应商，另一边连接着客户。一家公司从供应商购买原材料，需要给供应商付款，如果没办法付款，会以应付票据和应付账款的形式形成欠款。公司拿到原材料之后要生产成品，就需要相应的固定资产或专利技术。

所以有一个箭头指向"固定资产"和"无形资产"，存货里面的原材料通过固定资产和无形资产变成了产成品。产成品卖给客户，就会得到营业收入。在"营业收入"框的右边的框里能够看到，公司销售产品后会收到现金，或者如果收不到现金，客户会欠公司的钱，形成应收账款或应收票据。

一个产品的竞争力会反映在什么方面呢？第一是毛利率，第二是上下游的收付款安排能力。

一、毛利率

毛利＝营业收入－营业成本。营业成本等于单位成本乘以销售量。例如：每一个单品的成本是 10 元，一共卖了 100 个，那么营业成本就是 1 000 元。这里的营业成本不包含市场营销费用、差旅费，营业成本也不包括研发费用，只包括为了生产这个产品，发生了多少工时、多少人工、多少原材料、多少电费、多少折旧。但是，出售这个产品所发生的广告费、渠道费、佣金应该列入销售费用。

营业收入＝单价×销售量，营业成本＝单位成本×销售量，所以毛利等于（销售价格－单位成本）×销售量。毛利率＝毛利÷营业收入。即：毛利＝1－（单位成本÷销售价格）。

如何提高毛利和毛利率？一种方法是把价格提高，另一种方法是把单位成本降低。为了提高毛利率，要么降低成本，走的是低成本战略；要么提高价格，采用的是差异化战略。所以毛利是跟业务战略相关的。

什么叫业务战略。一个公司整体来说是有两层战略，第一层战略叫总体战略，就是我们要确定一家公司的所有资源，它的资产分多少用来自主经营，分多少用来投资，确定了有多少资源是用于自主经营，就要确定第二个战略，用什么方法来赚钱，要么低价追求销量；要么提高价格降低销量。所以业务战略就是具体层面的战略，低成本的或者是差异化的。

公司的战略和毛利率基本关系是什么？要么开源，要么节流。如果是开源。通过差异化来提高价格；如果是节流，通过提高效率来降低成本。为了开源，就要把毛利率做得很高，资产的周转率可能会降低，这种情况只研发投入可能做得比较大一点。为了节流，有可能毛利率要低一点的，但是资产周转率会大幅提高。为了实现差异化战略，要进行大幅的研发投入，但是如果为了降低成本，就不需要很多研发投入。

毛利率是一个非常重要的指标。毛利率有助于我们选择投资方向、衡量企业的成长性，有助于我们发现企业是否操纵盈利，评价经理人的经营业绩，分析企业的核心竞争力，发现公司的潜在问题等等。

我们具体看一下 2014 年格力电器的毛利率，其 2014 年的营业收入是 1 378 亿元，营业成本是 880 亿元，所以毛利率高达 36%。对于一个传统的家电制造业来说，36% 的毛利率是非常高的。

我们再看一下另外一家公司长虹电器 2014 年的合并利润表。公司的营业收入为 595 亿元，营业成本是 509 亿元。毛利率为 14%。格力的销售收入在 1 378 亿元的情况下毛利率仍然可以保持 36%，而长虹的销售收入只有 595 亿元，毛利率只有 14%。所以从毛利率和销售收入这两个指标很明显就能看出来，这两家公司的竞争力相差巨大。

二、上下游的收付款安排能力

第二个重要指标是对上下游的议价能力。产品竞争力越高对上下游的议价能力越好。

上游的供应商通过现金、应付账款、应付票据、预付账款会对公司形成存货。公司进行采购,采购完了以后这个存货通过固定资产、无形资产形成产成品。公司把产成品销售给客户就会得到现金,如果不能收回现金,就会收到应收账款或者应收票据。如果公司的产品非常好,比如说像茅台,客户不预付款是拿不到货的,所以公司会有预收账款,发生了销售收入的同时会确认营业成本。还有三大期间费用,管理费用、销售费用、财务费用,这就是整个供应链的体系。

公司的上游是供应商,跟供应商有关的财务指标是现金、应付账款、应付票据和预付账款。公司的下游是客户,最主要的指标是营业收入和现金,还有应收账款、应收票据和预收账款。

销售收入是怎么来的?其实销售收入除了现金之外是由三个财务指标来共同推动的,一个是应收账款,一个是应收票据,一个是预收账款。分析收账金额和收入之间的差距,比较应收账款、应收票据和预收账款以及销售收入,就能够比较出来公司对下游的回款安排能力如何。

对应收账款有很多指标,其中一个是应收账款周转率。应收账款周转率=营业收入÷平均的应收账款。

但是这个指标有问题,第一个最重要的问题,应收账款反映的是余额,但是营业收入反映的是会计期间的发生额。

比如有两家公司,一家是A公司,一家是B公司。A公司的期初应收账款是100元,期末是200元,一年发生的销售收入是300元,它的平均应收账款是150元。然后用300元的营业收入÷150元的平均应收账款,A公司的应收账款周转率是2。

B公司的期初是200元,期末是100元,同样它的营业收入也是300元。算出来的应收账款周转率也是2。如果我们只是拿应收账款周转率来比较的话,A公司和B公司,它们应收账款的质量是一样的。但是事实不是这样,因为对于A公司来说,期初是100元、期末是200元,它的应收账款是增加了。但是,B公司期初是200元、期末是100元,所以它的应收账款是减少了。很明显,对于B公司来说它的收账的有效性要比A公司好,这就是应收账款周转率一个非常重要的问题。

第二个问题:因为公司的销售收入其实是由应收账款、应收票据和预收账款共同推动的,为什么只算一个应收账款的周转率来体现公司的收账的效率呢?

第三个问题是增值税的问题。因为我国的增值税是价外税,公司有代扣代缴的义务,比如说公司卖了100万元的产品,这100万元的产品应该要交17万元的税,但是这17万元的税应该是公司的下游、公司的客户应该交给公司的。会计分录:

借:应收账款   1 170 000
    贷:营业收入   1 000 000

　　　　应交增值税——销项税额　　　　　　　　　　　　　　　　　　　　　170 000

　　公司的营业收入其实已经低于公司的应收账款了，因为公司的应收账款是117万元，但是公司的销售收入是100万元。所以使用应收账款周转率作为评价公司应收账款效率的指标也会存在问题。

　　但是这个方法是有问题的。下面跟大家介绍另外一种比较简单有效率的方法，通过应收账款、应收票据、预收账款以及收入的比较，来分析公司对于下游客户的回款安排能力。

　　还是格力，应收票据期初是463亿元，期末是545亿元，应收账款期初是18亿元，期末是27亿元。期初预收账款是120亿元，期末预收账款是64亿元。

　　把应收账款、应收票据、预收账款和营业收入做一个比较，营业收入1 378亿元，我们把所有的这些内容列到一张表里面，就可以发现营业收入产生的是1 378亿元，应收票据增加了82亿元，应收账款增加了9亿元，预收账款减少了56亿元。

　　总体来说，格力在2014年的时候增加了91亿元的应收账款和应收票据，减少了56亿元的预收，但是它带来了1 378亿元的销售。也就是说，收不回来的钱增加了147亿元，但是它带来了1 378亿元的销售。大概有10%的营业收入没有收回来，公司的回款安排总体来说是非常良好的。

　　公司所增加的应收的和预收的金额，跟公司的营业收入进行比较，就可以看出公司卖出去的货大概有多少没有收回来现金。2014年大概有10%的销售没有收回来，这对于格力这样的一家千亿级别的公司来说，它的回款安排是非常好的。

　　相类似的，我们可以看一下公司对于上游供应商的付款安排能力。一个公司的存货采购，或者说包括原材料、半成品，或者产成品，或者是成品的采购，主要也是由三个财务指标来推动的。一个是预付账款，先付款，后发货。第二是应付票据，第三个是应付账款，这个其实跟刚才我们说的下游是相类似的。

　　以格力为例，格力的应付票据期末余额是69亿元，应付账款期末余额是268亿元。预付账款是16亿元左右，存货是86亿元，把所有的资料做成一个表。因为应付账款可能与在建工程有关，但是2014年全年在建工程和固定资产的增量并不大，所以应付票据、应付账款主要都是用于存货的购买。

　　存货86亿元，应付票据＋应付账款－预付账款＝310多亿元，从这一点上来说，就可以认为是应付票据和应收账款远远大于存货，所以公司对供应商是有很强的付款安排能力。

　　结合公司对供应商和客户的收付款的安排能力来看，应是一个在整个供应链里面非常强势的一家公司。一方面它对供应商有很强的付款安排能力，另外一方面它对客户也有很强的收款安排能力。所以证明这家公司在整个商业生态链里面有很强的话语权，因为它的产品够好。

　　如果大家有兴趣的话，可以去看一下海尔，看一下长虹，会发现这两家公司收付款的安排能力远远低于格力。为什么呢？因为格力的产品确实比海尔、长虹的要好。

　　所以，结合毛利率和公司对上下游的收付款的安排能力，可以分析出一家公司的产品竞争力。

参考文献

[1] https://mp.weixin.qq.com/s/_oU3QnQM_V-rFC6eXejf5w,专注于财会成长的会计有翅膀.

[2] https://mp.weixin.qq.com/s/inUlKZgm8rp4elJSztYYOA,企业管理杂志.

[3] 中级会计实务教材.